Die steuerliche Behandlung von Scheinauslandsgesellschaften

Schriften zum Gesellschafts-, Bilanz- und Unternehmensteuerrecht

Herausgegeben von Joachim Hennrichs

Band 12

PL ACADEMIC RESEARCH

Ruth Winter

Die steuerliche Behandlung von Scheinauslandsgesellschaften

Eine Untersuchung zur doppelansässigen Kapitalgesellschaft

PL ACADEMIC RESEARCH

Bibliografische Information der Deutschen Nationalbibliothek
Die Deutsche Nationalbibliothek verzeichnet diese Publikation in der Deutschen Nationalbibliografie; detaillierte bibliografische Daten sind im Internet über http://dnb.d-nb.de abrufbar.

Zugl.: Köln, Univ., Diss., 2012

D 38
ISSN 1867-500X
ISBN 978-3-631-64067-8

PL Academic Research ist ein Imprint der Peter Lang GmbH.

Peter Lang – Frankfurt am Main · Bern · Bruxelles · New York · Oxford · Warszawa · Wien

www.peterlang.de

Meinen Eltern

Vorwort

Die Arbeit wurde im Sommersemester 2012 von der Rechtswissenschaftlichen Fakultät der Universität zu Köln als Dissertation angenommen. Rechtsprechung und Literatur sind bis September 2012 berücksichtigt.

Mein Dank gilt zunächst meinem Doktorvater Prof. Dr. Joachim Hennrichs für die gute Betreuung während der Erstellung dieser Arbeit, die stets wertvollen Anregungen und Hinweise und die Aufnahme der Dissertation in die Schriftenreihe zum Gesellschafts-, Bilanz- und Unternehmensteuerrecht. Frau Prof. Dr. Johanna Hey danke ich für die zügige Erstellung des Zweitgutachtens.

Herr Professor Dr. Ulrich Preis hat die Erstellung dieser Arbeit als Geschäftsführer des Großen Examens- und Klausurenkurses während meiner dortigen Tätigkeit als wissenschaftliche Mitarbeiterin ebenfalls begleitet und gefördert. Hierfür und für die stets vertrauensvolle Zusammenarbeit danke ich ihm sehr. Zudem bedanke ich mich bei meinen damaligen Kollegen am Großen Examens- und Klausurenkurs für die gute gemeinsame Zeit.

Oliver Büchl danke ich für seine Geduld, sein Verständnis und seine Ruhe; er hat mich in meinem Vorhaben stets bestärkt.

Von Herzen bedanken möchte ich mich ganz besonders bei meinen Eltern, deren bedingungslose und unermüdliche Unterstützung, stetiger Rückhalt und uneingeschränktes Vertrauen maßgeblich zum Gelingen dieser Arbeit beigetragen haben. Ihnen ist diese Arbeit gewidmet.

Ruth Winter

Inhaltsverzeichnis

Erstes Kapitel: Einleitung/Gang der Untersuchung

In den letzten Jahren haben die Gesellschaftsformen in Deutschland Zuwachs erhalten. Gerade im Zuge der durch die Rechtsprechung des Europäischen Gerichtshofs eröffneten neuen Möglichkeiten prägen nicht mehr nur die bekannten inländischen juristischen Personen des Privatrechts das Bild, vielmehr machen Unternehmen immer häufiger davon Gebrauch, sich in ein ausländisches Rechtsgewand zu kleiden. Dabei erfreut sich vor allem die englische „Private Company Limited by Shares" (kurz: „Limited", Ltd.) großer Beliebtheit: Auch wenn ihre tatsächliche Anzahl kaum verlässlich ermittelt werden kann, ist davon auszugehen, dass derzeit mehrere Zehntausend dieser Gesellschaften englischen Rechts in Deutschland aktiv sind.[1] Andererseits ist es mittlerweile auch deutschen Kapitalgesellschaften möglich, einen ausländischen Verwaltungssitz zu wählen.

Ob die Entscheidung für die Gesellschaftsform beispielsweise einer Limited tatsächlich immer ein Glücksgriff ist (sie der deutschen GmbH möglicherweise sogar den Rang ablaufen kann) und es letztlich zu einem „Delaware-Effekt" bzw. einem „race to the bottom" durch die Wahl des laxesten Gesellschaftsrechts im Rahmen eines Wettbewerbs der Gesellschaftsrechte[2] kommt – wie dies nicht selten vorhergesagt oder zumindest angedacht wird[3] – , muss sich zeigen, kann allerdings zumindest bezweifelt werden. Denn neben den zunächst auf der Hand liegenden Vorteilen, dass die Gründung einer Limited kostengünstig ist, quasi kein Stammkapital erfordert, die Handelsregistereintragung schnell erfolgt, ein flexibles Kapitalerhaltungsrecht gilt und das deutsche Mitbestimmungsrecht umgangen werden kann[4], sind doch auch die vielleicht erst auf den zweiten Blick sichtbaren Nachteile einer solchen ausländischen Gesellschaftsform zu beachten. Zu nennen sind – neben den Unsicherheiten in der Rechtspraxis – die teilweise beträchtlichen Folgekosten, die die Ersparnisse bei der Gründung leicht wieder aufzehren können, zudem die kaum kalkulierbare Gefahr der Durchgriffshaftung, das aufwändige Anmeldeverfahren (doppelte Registrierung), Probleme bei der Vererbung von Geschäftsanteilen, die Auseinandersetzung mit fremdem Recht, der insgesamt erhöhte Abwicklungs- und Verwaltungsaufwand (z.B. auch die Pflicht zur Einreichung eines sog. Annual Return zusammen mit den Accounts in England und dazu die Erstellung deutscher Jahresabschlüsse) und

---

1 Vgl. z.B. Stehle, JURA 2009, 8.

2 Zu diesem Begriff auch *Eidenmüller*, in: Eidenmüller, Ausländische Kapitalgesellschaften im deutschen Recht, § 1 Rn. 10-23.

3 Statt vieler *Dautzenberg*, Anm. z. EuGH, Urt. v. 09.03.1999 – C-212/97 – Centros, FR 1999, 451, 452.

4 *Ebert/Levedag*, GmbHR 2003, 1337, 1343, 1346; *Maul/Schmidt*, BB 2003, 2297, 2298; *Creutz*, Handelsblatt v. 01.06.2005, S. 36; *Flick/v.Oertzen*, FAZ v. 03.01.2006, S. 23; FAZ v. 15.02.2006, S. 13.

ggf. auch die steuerlichen Folgen.[5] Ferner ist auch in England anerkannt, dass sich die Rechtsform der Limited gerade für kleinere Unternehmen nicht eignet.[6] Schließlich darf der Imageaspekt nicht unberücksichtigt bleiben, denn gerade das oben genannte „Plus" der 1-£-Gründung ist den Banken und potentiellen zukünftigen Geschäftspartnern und Kunden bekannt und beeinflusst die Einschätzung der Bonität und Solidität der gegründeten Firma; es kann sich daher schnell ins Gegenteil verkehren.[7] So ist also für jeden Einzelfall abzuwägen, ob die Wahl einer ausländischen Rechtsform im Ergebnis tatsächlich vorteilhafter ist. Dies gilt umso mehr seit der durch das MoMiG[8] in § 5a GmbHG geschaffenen GmbH-Sonderform der „Unternehmergesellschaft (haftungsbeschränkt)", die vor allem im Hinblick auf den Verzicht auf ein nennenswertes Stammkapital zu einer international konkurrenzfähigen Gesellschaftsform erwachsen soll.[9] Auch wenn diese Entwicklung letztlich abzuwarten bleibt, so ändert dies nichts daran, dass die Möglichkeit zur Gründung einer Gesellschaft nach ausländischem Recht besteht und derzeit auch rege genutzt wird.

Dies erfordert im Zusammenhang mit der wachsenden Zahl grenzüberschreitend tätiger Unternehmen mit neuen Vertriebs- und Kommunikationsformen eine intensivere Auseinandersetzung mit der rechtlichen Einordnung dieser Gesellschaftsformen. Für den Bereich des Steuerrechts gilt dies insbesondere auch deshalb, weil die Doppelansässigkeit – die daraus folgt, dass die unbeschränkte Steuerpflicht sowohl durch den Sitz als auch durch den Ort der Geschäftsleitung begründet werden kann – zwar aufgrund von Einordnungsschwierigkeiten durchaus ungewollt eintreten kann, aber eben auch als bewusste und gezielte Einsatzmöglichkeit besteht.[10]

Ziel dieser Arbeit ist es daher, einen Überblick über die zentralen Punkte bei der steuerlichen Behandlung dieser sog. „Scheinauslandsgesellschaften" zu geben, problematische Konstellationen zu benennen und zu untersuchen und konkrete zukunftsfeste Lösungsvorschläge anzubieten. Dazu ist aufgrund der untrennbaren Verknüpfung zunächst die gesellschaftsrechtliche Einordnung zu klären, auf deren Grundlage dann die steuerlichen Fragestellungen beantwortet werden. Die Bearbeitung befasst sich dabei allein mit Kapitalgesellschaftsformen und lässt Personengesellschaften ebenso außen vor wie die Europäische Gesellschaft (SE). Die Ausführungen konzentrieren sich dann

---

5 Kritisch auch *Binge/Thölke*, DNotZ 2004, 21, 30-32; *Dautzenberg*, Anm. z. EuGH, Urt. v. 09.03.1999 – C-212/97 – Centros, FR 1999, 451, 452; *Ebert/Levedag*, GmbHR 2003, 1337, 1339, 1346; *Gosch*, StBp 2002, 374, 377; *Kessler/Eicke*, DStR 2005, 2101-2108, insbes. 2107 f.; *Maul/Schmidt*, BB 2003, 2297, 2298, 2299; *Rohde*, INF 2006, 24-29; *Zöllner*, GmbHR 2006, 1, 3-10; *Creutz*, Handelsblatt v. 01.06.2005, S. 36; FAZ v. 20.12.2005, S. 13; *Flick/v.Oertzen*, FAZ v. 03.01.2006, S. 23; FAZ v. 15.02.2006, S. 13. Zu den Vor- und Nachteilen ferner *Pohl*, FS Raupach, S. 375, 377.

6 *Maul/Schmidt*, BB 2003, 2297, 2298; ferner *Müller*, BB 2006, 837, 843.

7 *Lutter*, BB 2003, 7, 10.

8 S. noch unter Drittes Kapitel D.IV.2.

9 Hierzu z.B. *Herrler/Schneider*, DStR 2009, 2433-2440, die zu einer (Rück-)Überführung von der Ltd. in eine GmbH oder UG (haftungsbeschränkt) raten. Ferner *Weber*, BB 2009, 842-848.

10 *Göttsche*, DStR 1999, 1403, 1408; *Hey*, Der Konzern 2004, 577, 578.

wegen der stark durch das Europarecht geprägten Entwicklung zunächst auf EU-ausländische Gesellschaften. Erörterungen zu Scheinauslandsgesellschaften mit Drittstaatenbezug schließen sich aber zur Vervollständigung im letzten Kapitel an.

Die Arbeit beginnt nach einer Begriffserläuterung mit der Bestimmung der gesellschaftsrechtlichen Ausgangslage für Scheinauslandsgesellschaften in Anwendung des Internationalen Privatrechts. Aufgrund des Einflusses der EuGH-Rechtsprechung auf das Internationale Gesellschaftsrecht erfolgt in diesem Zusammenhang vorab eine Darstellung der für die Arbeit relevanten europarechtlichen Grundlagen, bevor dann die Folgen für das deutsche Internationale Privatrecht beleuchtet werden. Im Sinne eines möglichst umfassenden Überblicks bleiben die Ausführungen hierzu jedoch nicht auf den EU-Bereich beschränkt.

Nach einem überleitenden allgemeinen Abschnitt zum Verhältnis von Zivil- und Steuerrecht folgt sodann der im Zentrum der Arbeit stehende steuerrechtliche Teil. Besondere Bedeutung im Rahmen der steuerlichen Prüfung kommt naturgemäß zu Beginn der Frage der Körperschaftsteuersubjektivität bzw. der Qualifikation der Scheinauslandsgesellschaft im Rahmen des Katalogs des § 1 Abs. 1 Körperschaftsteuergesetz (KStG) zu. Die Kernfrage in diesem Zusammenhang ist die nach der europarechtlichen Zulässigkeit des bisher für die Einordnung herangezogenen Typenvergleichs, der ganz wesentlich von der Rechtsprechung entwickelt bzw. geprägt wurde.

Ein weiterer Schwerpunkt liegt in der Folge bei Problemen im Zusammenhang mit der Wegzugsbesteuerung nach § 12 Abs. 1 KStG. Es wird vor allem der Frage nachgegangen, welche Auswirkungen die Rechtsprechung des Bundesfinanzhofs zur Aufgabe der finalen Entnahmetheorie bzw. der finalen Betriebsaufgabe auf den Anwendungsbereich des § 12 Abs. 1 KStG im Falle der Verlegung des Ortes der Geschäftsleitung hat. Ferner spielt auch hier die Prüfung der Europarechtskonformität der Vorschrift eine große Rolle, wobei im Einzelnen auf die Besteuerung der stillen Reserven dem Grunde nach, auf die Nichtberücksichtigung nachträglicher Wertminderungen sowie auf die Aspekte der Sofortversteuerung und der Sicherheitsleistung eingegangen wird.

In den sich anschließenden Ausführungen zur Einkunftsart und zur Gewinnermittlung der europäischen Scheinauslandsgesellschaft steht im Rahmen eines Exkurses die Frage nach der Rechnungslegung bzw. nach einer (handels- oder steuerrechtlich begründeten) Buchführungspflicht nach HGB im Vordergrund. Abgesehen von der internationalprivatrechtlichen Einordnung des Bilanzrechts wird u.a. geprüft, inwiefern sich auch hier aus der europarechtlichen Niederlassungsfreiheit Vorgaben entwickeln lassen. Ferner wird die Bedeutung der Vorschrift des § 325a HGB in diesem Zusammenhang ermittelt.

Einen weiteren zentralen Punkt der Bearbeitung bildet ferner die Regelung der Organschaft gemäß den §§ 14 ff. KStG. An diesen Vorschriften entspinnt sich gerade im Hinblick auf das Erfordernis des Gewinnabführungsvertrags und des doppelten Inlandsbezugs bei Organgesellschaften ebenfalls eine europarechtliche Problematik, bei der es im Kern um den Komplex der grenzüberschreitenden Verlustberücksichtigung geht.

Im letzten Teil der Untersuchung wird – korrespondierend zum gesellschaftsrechtlichen Ausgangskapitel und um den Kreis insoweit gleichsam wieder zu schließen – die Behandlung der Drittstaatengesellschaften begrenzt auf die Qualifikation im Rahmen des § 1 Abs. 1 KStG und wiederum die Zulässigkeit des Typenvergleichs erörtert. Mangels Relevanz europarechtlicher Vorgaben ist in diesem Zusammenhang insbesondere die Wirkung von bilateral vereinbarten Diskriminierungsverboten und Meistbegünstigungsklauseln von Bedeutung.

Am Ende dieser Arbeit soll schließlich ein Orientierung bietender Leitfaden für die steuerliche Behandlung von Scheinauslandsgesellschaften in Deutschland stehen.

Zweites Kapitel: Die Scheinauslandsgesellschaft

Bevor ihre steuerliche Behandlung besprochen wird, soll in diesem Kapitel zunächst kurz darauf eingegangen werden, was genau unter dem Begriff der Scheinauslandsgesellschaft überhaupt zu verstehen ist und warum dieses Phänomen in der aktuellen Diskussion immer mehr an Bedeutung gewinnt.

Bei der Scheinauslandsgesellschaft handelt es sich um eine nach ausländischem Recht gegründete juristische Person, die ihren Verwaltungssitz im Inland hat.[11] Angesprochen sind mithin Konstellationen, in denen eine Kapitalgesellschaft ausländischer Rechtsform im Ausland nur ihren Satzungssitz hat, ihre geschäftliche Tätigkeit aber ausschließlich im Inland entfaltet und hier ihren Verwaltungssitz hat.[12] Eine solche Situation kann sich auch für originär deutsche Kapitalgesellschaften ergeben, die durch die Wahl eines ausländischen Verwaltungssitzes zwar ihre Eigenschaft als inländische Gesellschaft nicht verlieren, sich aus der Sicht des „Zuzugsstaates" aber ebenfalls gleichsam als Scheinauslandsgesellschaft darstellen. Ihre rechtliche Behandlung nach nationalem Recht ist für eine vollständige Bearbeitung des Themas daher ebenfalls von Relevanz. Im Übrigen kann grundsätzlich noch zwischen nachträglichen und ursprünglichen Scheinauslandsgesellschaften unterschieden werden.[13] Jene meinen Fälle der Sitzverlegung, d. h. des Zu- oder Wegzugs, diese erfassen die anfängliche Divergenz von Satzungs- und tatsächlichem Sitz.[14] Bezüglich der Bezeichnung als Scheinauslandsgesellschaft sei daher nur noch einmal klarstellend angemerkt, dass sich dahinter keineswegs bloß scheinbare ausländische Rechtsträger verbergen, sondern vielmehr echte und wirkliche (Auslands-) Gesellschaften und eben reale Verbandspersönlichkeiten.[15] Die beschriebene Konstellation des Auseinanderfallens von Satzungs- und Verwaltungssitz (bzw. Ort der Geschäftsleitung) in zwei Staaten wird – vor allem im Steuerrecht – auch unter dem Stichwort der „doppelansässigen Kapitalgesellschaft" diskutiert.[16]

Ihren Ausgangspunkt nahm die Entwicklung dieser Art der Gesellschaftserrichtung in den USA, wo sie hauptsächlich mit dem Ziel praktiziert wurde, die liberale gesellschaftsrechtliche Gesetzgebung des US-Bundesstaates Dela-

---

11 MünchKomm/*Kindler* IntGesR Rn. 486; Palandt/*Thorn* Anh zu EGBGB 12 (IPR) Rn. 10. Der Begriff wird auch in der Rechtsprechung so verwandt, vgl. z.B. BGH NZG 2007, 752, 753; OLG Düsseldorf NZG 2010, 1226, 1227; LG Duisburg NZG 2007, 637, 638; AG Hamburg NZG 2009, 197.

12 *Leuering*, ZRP 2008, 73.

13 *Eidenmüller*, ZIP 2002, 2233, 2239, 2242, 2243; *Kindler*, in: FS Lorenz, S. 343, 347; *ders.*, IPRax 2003, 41, 42.

14 *Eidenmüller*, ZIP 2002, 2233, 2239, 2243.

15 *K.Schmidt*, in: Lutter, Europäische Auslandsgesellschaften in Deutschland, S. 15, 16 f.

16 Statt vieler *Göttsche*, DStR 1999, 1403, 1408; *Hey*, Der Konzern 2004, 577, 578; *Sedemund*, BB 2003, 1362, 1363.

ware zu nutzen.[17] Dies sollte durch eine dortige Inkorporation der Gesellschaft und eine entsprechende Festlegung des statutarischen Sitzes erreicht werden, wobei dann die wirtschaftliche Betätigung von einem abweichenden effektiven Verwaltungssitz aus gesteuert wurde.[18] Aufgrund dieses US-amerikanischen Ursprungs ist auch in unserem Rechtskreis die Bezeichnung als sog. „pseudo-foreign-corporation" durchaus gebräuchlich.[19] Aber auch im kontinentaleuropäischen Bereich bestand das Problem solcher „Oasenländer", wenn auch in modifizierter Form.[20] Man denke z.B. an Gesellschaftsgründungen in Liechtenstein, Andorra, Liberia, Panama, Curaçao, Bahamas oder den Bermudas und die tatsächliche alleinige wirtschaftliche Betätigung in den hochentwickelten Industriestaaten mit ausgewogenen und interessengerechten Rechtssystemen, mit dem Ziel, die jeweils strengere Rechtsordnung zu unterlaufen und die Einhaltung behindernder Rechtsvorschriften zu vermeiden.[21]

Schon dies zeigt, dass das Phänomen der Scheinauslandsgesellschaft keineswegs neu ist.[22] Allerdings ist – wie eingangs erwähnt – zu beobachten, dass in Deutschland ausländische Rechtsformen, insbesondere eben die der englischen „Limited", auf dem Vormarsch sind bzw. dass dieser propagiert wird, was nicht zuletzt auch auf die später noch zu diskutierende Rechtsprechung des Europäischen Gerichtshofs zurückzuführen ist. Diese bildet auch den Hintergrund für die vom deutschen Gesetzgeber neu eröffnete Möglichkeit der Wahl eines ausländischen Verwaltungssitzes.

---

17 Auch heute noch steht der US-Bundesstaat Delaware auf Platz eins der Steueroasen weltweit, s. FAZ v. 03.11.2009, S. 22.

18 MünchKomm/*Kindler* IntGesR Rn. 370.

19 MünchKomm/*Kindler* IntGesR Rn. 368, 370, 486; *K. Schmidt*, Gesellschaftsrecht, § 1 II 8 a); *Göttsche*, DStR 1999, 1403, 1404.

20 MünchKomm/*Kindler* IntGesR Rn. 372.

21 MünchKomm/*Kindler* IntGesR Rn. 372.

22 Hingewiesen sei hier auch auf den bereits vor etwa 100 Jahren unternommenen Versuch, das Moulin-Rouge-Varietétheater in Paris als englische Ltd. zu betreiben, vgl. hierzu *Leuering*, ZRP 2008, 73.

Drittes Kapitel: Die gesellschafts- und europarechtliche Ausgangslage

Der Frage nach der steuerlichen Behandlung der Scheinauslandsgesellschaft kann nicht nachgegangen werden, ohne zuvor die gesellschaftsrechtliche Basis darzustellen. Dies ist Aufgabe des folgenden Kapitels.

A. Bestimmung des Personalstatuts nach Internationalem Privatrecht (allgemein)

Bei einer Scheinauslandsgesellschaft stellt sich das Problem, nach welchem Recht sie zu behandeln ist, da aufgrund dieser Konstellation mit Auslandsberührung auch ein anderes als das nationale Recht Anwendung finden könnte. Richtungsweisend ist hier das Internationale Gesellschaftsrecht als Teil des seinerseits nationalen Internationalen Privatrechts, das sog. Kollisionsnormen enthält.[23] Dabei ist zunächst festzuhalten, dass sich im geschriebenen Recht jedenfalls derzeit keine derartigen kollisionsrechtlichen Regelungen über juristische Personen finden.[24] Einig ist man sich ferner aber insoweit, als eine juristische Person ein „Heimatrecht" besitzt, das für ihre inneren Beziehungen und gesellschaftsrechtlichen Außenbeziehungen maßgeblich ist, das sog. Gesellschaftsstatut (Personalstatut).[25] Es umfasst im Sinne der Einheitslehre alle mit der Gesellschaft in Zusammenhang stehenden Fragen, insbesondere die Gründung und Auflösung der Gesellschaft, ihre Rechts- und Handlungsfähigkeit, Namen und Firma, die Organisationsverfassung, bei den internen Beziehungen namentlich diejenigen zwischen der Gesellschaft und ihren Mitgliedern, die Haftung aus der Verletzung gesellschaftsrechtlicher Vorschriften, die Haftung für ihre Schul-

---

23 MünchKommAktG/*Doralt/Diregger* Einl. Rn. 90-92; *K. Schmidt*, Gesellschaftsrecht, § 1 II 8 a); *Eisenhardt*, Gesellschaftsrecht, § 1 Rn. 10c; *Windbichler*, Gesellschaftsrecht, § 1 Rn. 19.

24 Hachenburg/*Behrens* Einl Rn. 107; MünchKommAktG/*Doralt/Diregger* Einl. Rn. 92; Erman/*Hohloch* EGBGB Anh II Art. 12 Rn. 1; Baumbach/Hueck/*Hueck/Fastrich* Einl Rn. 59; Soergel/*Lüderitz* Anh Art. 10 Rn. 7; Rowedder/Schmidt-Leithoff/*Schmidt-Leithoff* Einl Rn. 302; Palandt/*Thorn* Anh zu EGBGB 12 (IPR) Rn. 1; Scholz/*Westermann* Einl Rn. 87; *Kropholler*, Internationales Privatrecht, § 55 I 1; *Rauscher*, Internationales Privatrecht, Rn. 626. Es gibt aber Bestrebungen zur Entwicklung eines Internationalen Gesellschaftsrechts, vgl. hierzu den Gesetzentwurf zum Internationalen Privatrecht der Gesellschaften, Vereine und juristischen Personen unter www.bmj.bund.de, s.u. Drittes Kapitel D.IV.1.

25 MünchKommAktG/*Doralt/Diregger* Einl. Rn. 90, 92; Staudinger/*Großfeld* IntGesR Rn. 16 f.; MünchKomm/*Kindler* IntGesR Rn. 351; Palandt/*Thorn* Anh zu EGBGB 12 (IPR) Rn. 1; *K. Schmidt*, Gesellschaftsrecht, § 1 II 8 a); *Rauscher*, Internationales Privatrecht, Rn. 626; *Eidenmüller*, ZIP 2002, 2233, 2234. Vgl. auch den nach dem Referentenentwurf zum Internationalen Privatrecht der Gesellschaften, Vereine und juristischen Personen vorgesehenen Art. 10 Abs. 1 EGBGB.

den, die Vertretung der aufgrund ihrer Organisation handelnden Organe sowie die Durchgriffshaftung der Gesellschafter für Gesellschaftsschulden.[26] Die Einigkeit endet dann allerdings bei der Anknüpfungsmethode, nach der dieses Gesellschaftsstatut zu bestimmen ist. Hier haben sich im Wesentlichen zwei Ansätze herausgebildet.

I. Sitztheorie

Nach der Sitztheorie ist der tatsächliche Verwaltungssitz der Gesellschaft der entscheidende Anknüpfungspunkt.[27] Um diesen zu bestimmen, ist nicht auf den satzungsmäßigen Sitz, sondern auf die tatsächlichen Gegebenheiten abzustellen.[28] Als Gesellschaftsstatut ist somit das Recht des Staates anwendbar, in dem sich der Schwerpunkt des körperschaftlichen Lebens befindet, von dem aus die von der Unternehmensleitung, dem Geschäftsführer oder dem Vorstand getroffenen grundlegenden Entscheidungen effektiv in laufende Geschäftsführungsakte umgesetzt werden; dabei sind jeweils die Umstände des Einzelfalls zu berücksichtigen.[29] Folge der Sitztheorie bei Sitzverlegung in ein anderes Land ist ein Statutenwechsel.[30] Dieser kann grundsätzlich – je nachdem, ob dies nach den Regeln sowohl des alten wie des neuen Sitzes statthaft ist – entweder zum Fortbestand der juristischen Person unter Wahrung ihrer Identität führen oder aber zur Auflösung mit Abwicklung und Neugründung.[31] Dabei liegt der Sitztheorie die Annahme zugrunde, eine Gesellschaft müsse grundsätzlich die am

---

26 Hachenburg/*Behrens* Einl Rn. 129; Erman/*Hohloch* EGBGB Anh II Art. 12 Rn. 23 f. (i.V.m. Rn. 15, 17); Rowedder/Schmidt-Leithoff/*Schmidt-Leithoff* Einl Rn. 301; Palandt/*Thorn* Anh zu EGBGB 12 (IPR) Rn. 10-19; Scholz/*Westermann* Einl Rn. 87, 110-155c; *Kropholler*, Internationales Privatrecht, § 55 II; *Rauscher*, Internationales Privatrecht, Rn. 640-644; *Siehr*, Internationales Privatrecht, § 40 II 3; *Wiedemann*, Gesellschaftsrecht, II § 1 IV 1 c). Beispielhaft auch die (nicht abschließende) Aufzählung in Art. 10 Abs. 2 EGBGB nach dem Referentenentwurf zum Internationalen Privatrecht der Gesellschaften, Vereine und juristischen Personen.

27 BGHZ 53, 181, 183; Hachenburg/*Behrens* Einl Rn. 109; Baumbach/Hueck/*Hueck/Fastrich* Einl Rn. 59; MünchKomm/*Kindler* IntGesR Rn. 357, 420; Soergel/*Lüderitz* Anh Art. 10 Rn. 4; Rowedder/Schmidt-Leithoff/*Schmidt-Leithoff* Einl Rn. 303; Palandt/*Thorn* Anh zu EGBGB 12 (IPR) Rn. 1, 2, 3; Scholz/*Westermann* Einl Rn. 94; *Eisenhardt*, Gesellschaftsrecht, § 1 Rn. 10c; *Windbichler*, Gesellschaftsrecht, § 1 Rn. 19; *Rauscher*, Internationales Privatrecht, Rn. 629; *Eidenmüller*, ZIP 2002, 2233, 2234; *Göttsche*, DStR 1999, 1403.

28 *Rauscher*, Internationales Privatrecht, Rn. 629.

29 BGHZ 97, 269, 272; OLG Hamm IPRax 1998, 358, 359; Erman/*Hohloch* EGBGB Anh II Art. 12 Rn. 13; MünchKomm/*Kindler* IntGesR Rn. 456; Soergel/*Lüderitz* Anh Art. 10 Rn. 15; Palandt/*Thorn* Anh zu EGBGB 12 (IPR) Rn. 3; *Rauscher*, Internationales Privatrecht, Rn. 629; *Fleischer/Schmolke*, JZ 2008, 233, 235; *Göttsche*, DStR 1999, 1403.

30 Staudinger/*Großfeld* IntGesR Rn. 608; Erman/*Hohloch* EGBGB Anh II Art. 12 Rn. 18; *Kegel/Schurig*, Internationales Privatrecht, § 17 II 2; *Kropholler*, Internationales Privatrecht, § 55 I 2 b); *Rauscher*, Internationales Privatrecht, Rn. 629.

31 Staudinger/*Großfeld* IntGesR Rn. 608 f.; Erman/*Hohloch* EGBGB Anh II Art. 12 Rn. 18; *Kegel/Schurig*, Internationales Privatrecht, § 17 II 2; *Kropholler*, Internationales Privatrecht, § 55 I 2 b); *Rauscher*, Internationales Privatrecht, Rn. 634-636.

Ort ihres Sitzes geltenden Normativbestimmungen erfüllen.[32] Die Vorzüge dieses Ansatzes liegen in seiner Sachnähe und in der Möglichkeit der wirksamen Kontrolle durch den Staat der über den Sitz hauptbeteiligten Rechtsordnung, was auch der Einordnung der Sitztheorie als Schutztheorie entspricht; sie soll die Flucht in ein regelungsärmeres Recht sowie ausländische Eingriffe in die inländische Sozialstruktur verhindern.[33]

II. Gründungstheorie

Der Sitztheorie steht die Gründungstheorie (auch Inkorporationstheorie) gegenüber, nach welcher die Rechtsordnung zur Anwendung gelangt, auf deren Grundlage die juristische Person gegründet und ausgestaltet worden ist.[34] Dabei ist der Gründungsort nur insoweit relevant, als konstitutive staatliche Akte zur Inkorporierung nur in dem Staat vorgenommen werden können, nach dessen Rechtsordnung die Gründung erfolgte.[35] Da sich die Verlegung des Verwaltungssitzes im Bereich der Gründungstheorie kollisionsrechtlich nicht auswirkt, ergibt sich aus ihr die Möglichkeit, dass eine Gesellschaft nach einer Rechtsordnung gegründet wird, obwohl sie ihre gesamte geschäftliche Tätigkeit im Ausland entfaltet bzw. dass sie zwar im Staat der Gründungsrechtsordnung zunächst geschäftlich aktiv wird, später aber „umzieht".[36] Nach wirksamer Errichtung an ihrem Gründungsort (Satzungssitz) bleibt die Gesellschaft so lange rechtsfähig, bis ihr diese Rechtsfähigkeit von ihrem Gründungsstaat wieder entzogen wird.[37] Dieser Ansatz muss sich zwar u.a. entgegenhalten lassen, aufgrund der Überantwortung der Rechtsverhältnisse der Gesellschaft an das gewählte Gründungsrecht das Risiko der Manipulation und des Rechtsmissbrauchs zu bergen.[38] Er kann jedoch auch für sich in Anspruch nehmen, der Parteiautonomie und dem Gründerwillen durch die Wahl von Gründungsstaat und Gründungsrecht einen

---

32 *K. Schmidt*, Gesellschaftsrecht, § 1 II 8 a); *Wiedemann*, Gesellschaftsrecht, II § 1 IV 1 b) bb).

33 Staudinger/*Großfeld* IntGesR Rn. 20, 41-43; MünchKomm/*Kindler* IntGesR Rn. 421-423; Soergel/*Lüderitz* Anh Art. 10 Rn. 4; Palandt/*Thorn* Anh zu EGBGB 12 (IPR) Rn. 1; Kölner Komm. AktG/*Zöllner* Einl Rn. 190; *Kropholler*, Internationales Privatrecht, § 55 I 4; *Wiedemann*, Gesellschaftsrecht, II 31 IV 1 b) bb); *Göttsche*, DStR 1999, 1403, 1404; *Großfeld/Luttermann*, Anm. z. EuGH, Urt. v. 27.09.1988 – Rs. 81/87 – Daily Mail, JZ 1989, 386; *Leuering*, ZRP 2008, 73, 74.

34 MünchKommAktG/*Doralt/Diregger* Einl. Rn. 94; Erman/*Hohloch* EGBGB Anh II Art. 12 Rn. 3; MünchKomm/*Kindler* IntGesR Rn. 359; Soergel/*Lüderitz* Anh Art. 10 Rn. 5; Scholz/*Westermann* Einl Rn. 97; *Eisenhardt*, Gesellschaftsrecht, § 1 Rn. 10c; *Rauscher*, Internationales Privatrecht, Rn. 627; *Windbichler*, Gesellschaftsrecht, § 1 Rn. 19; *Eidenmüller*, ZIP 2002, 2233, 2234; *Göttsche*, DStR 1999, 1403; *Gosch*, StBp 2002, 374.

35 *Rauscher*, Internationales Privatrecht, Rn. 627.

36 *Rauscher*, Internationales Privatrecht, Rn. 614, 632; *Siehr*, Internationales Privatrecht, § 40 II 4.

37 *Gosch*, StBp 2002, 374; *Göttsche*, DStR 1999, 1403; *Knobbe-Keuk*, ZHR 154 (1990), 325, 327.

38 MünchKomm/*Kindler* IntGesR Rn. 368-374; Palandt/*Thorn* Anh zu EGBGB 12 (IPR) Rn. 1. S. ferner Staudinger/*Großfeld* IntGesR Rn. 52-57.

größeren Spielraum zu eröffnen.[39] Auch dem Interesse Dritter wird durch die Gründungstheorie jedenfalls insoweit Rechnung getragen, als Satzungssitz und Registrierungsort für sie in der Regel leichter feststellbar sind als der tatsächliche Verwaltungssitz und somit Rechtsunsicherheiten bei der Feststellung der Anknüpfungsvoraussetzungen vermieden werden.[40] Schließlich fördert sie auch die Mobilität und den internationalen Handelsverkehr, indem sie den Erhalt der Rechtspersönlichkeit bei Sitzverlegung ermöglicht und damit die sonst entstehenden Schwierigkeiten vermeidet.[41]

B. Die in der Bundesrepublik Deutschland „traditionell" verfolgte Linie

Während die Gründungstheorie hauptsächlich im anglo-amerikanischen Rechtskreis, aber beispielsweise auch in den Niederlanden und der Schweiz praktiziert wird, haben sich die meisten kontinentaleuropäischen Staaten, zu nennen sind hier u.a. Österreich, Frankreich, Belgien, Luxemburg, Griechenland und Portugal, der Sitztheorie angeschlossen.[42] Auch in Deutschland war die Rechtsprechung grundsätzlich fest auf dem Boden der Sitztheorie verankert,[43] was mit der herrschenden Meinung im Schrifttum in Einklang stand.[44]

Dies bedeutete, dass aus der Sicht des deutschen Rechts sowohl die Sitzverlegung einer juristischen Person aus dem Inland ins Ausland, wie auch jene vom Ausland ins Inland jedenfalls letztlich die Auflösung und Neugründung mit den an diese Akte geknüpften gesellschaftsrechtlichen und steuerrechtlichen Folgen nach sich zog;[45] eine identitätswahrende Sitzverlegung über die Gren-

---

39 Palandt/*Thorn* Anh zu EGBGB 12 (IPR) Rn. 1; *Kropholler*, Internationales Privatrecht, § 55 I 4; *Wiedemann*, Gesellschaftsrecht, II § 1 IV 1 b) aa); *Eidenmüller*, ZIP 2002, 2233, 2235; *Göttsche*, DStR 1999, 1403; *Leuering*, ZRP 2008, 73, 74.

40 Hachenburg/*Behrens* Einl Rn. 125; Kölner Komm. AktG/*Zöllner* Einl Rn. 190; *Kropholler*, Internationales Privatrecht, § 55 I 4.

41 Hachenburg/*Behrens* Einl Rn. 125; *Kropholler*, Internationales Privatrecht, § 55 I 4.

42 MünchKomm/*Kindler* IntGesR Rn. 509-512; Soergel/*Lüderitz* Anh Art. 10 Rn. 4, 5; Palandt/*Thorn* Anh zu EGBGB 12 (IPR) Rn. 1; *Gosch*, StBp 2002, 374; *Göttsche*, DStR 1999, 1403; *Hey*, Der Konzern 2004, 577, 578, 579.

43 RGZ 117, 215, 217; BGHZ 53, 181, 183; 78, 318, 334; BGH NJW 2003, 1607, 1608; OLG Oldenburg NJW 1990, 1422; OLG Hamm DB 1995, 137; OLG Düsseldorf JZ 2000, 203.

44 MünchKommAktG/*Doralt/Diregger* Einl. Rn. 95; Staudinger/*Großfeld* IntGesR Rn. 26-29, 38-76; Erman/*Hohloch* EGBGB Anh II Art. 12 Rn. 2 f.; Baumbach/Hueck/*Hueck/Fastrich* Einl Rn. 59; MünchKomm/*Kindler* IntGesR Rn. 358; Rowedder/Schmidt-Leithoff/*Rasner* § 60 Rn. 8; Palandt/*Thorn* Anh zu EGBGB 12 (IPR) Rn. 1, 2; Scholz/*Westermann* Einl Rn. 94; *Kegel/Schurig*, Internationales Privatrecht, § 17 II 1; *Rauscher*, Internationales Privatrecht, Rn. 629; *Wiedemann*, Gesellschaftsrecht, II § 1 IV 1 b) bb); *Windbichler*, Gesellschaftsrecht, § 1 Rn. 19; *Ebke*, BB 2003, Heft 1, „Die Erste Seite" (I); *Göttsche*, DStR 1999, 1403.

45 Für die deutsche den Verwaltungssitz verlegende Gesellschaft sollte im Rahmen der §§ 5 Abs. 2 AktG, 4a Abs. 2 GmbHG (a.F.) bereits der Beschluss des zuständigen Gesellschaftsorgans über die Sitzverlegung ins Ausland einen Auflösungsbeschluss darstellen, bzw. die Verlagerung des Verwaltungssitzes ins Ausland ohne Änderung des inländischen

ze war in beide Richtungen ausgeschlossen.[46] Denn dass eine Gesellschaft eben nur dann anerkannt wurde, wenn sie in dem Staat ihrer Errichtung auch ihren tatsächlichen Verwaltungssitz hatte, bedeutete nicht nur, dass eine Gesellschaft mit Verwaltungssitz in Deutschland nach ausländischem Recht mit Wirkung für Deutschland nicht wirksam gegründet werden konnte, sondern auch, dass einer ausländischen Gesellschaft, die ihren Verwaltungssitz nach Deutschland verlagert, die Eintragung ins Handelsregister nicht zugestanden werden konnte. Gleichermaßen unmöglich war es, dass eine Gesellschaft mit ausländischem Verwaltungssitz nach nationalem deutschen Recht wirksam errichtet werden bzw. bestehen bleiben konnte.[47] Weil die Gesellschaft also die Voraussetzungen des nach der Sitztheorie maßgeblichen Gesellschaftsstatuts kaum erfüllte und als Folge ihre Rechtsfähigkeit verlor, bestand de facto ein Zwang zur Neugründung.[48] Der Rechtsfähigkeitsverlust wog zum Teil schwer, insbesondere dann, wenn er nicht willentlich erfolgte, sondern gleichsam unbewusst, beispielsweise durch veränderte Gewohnheiten der Geschäftsführung.[49]

So hat dann die Sitztheorie in der Literatur nicht nur Zustimmung, sondern durchaus auch Kritik bzw. Ablehnung erfahren; stets gab es auch in Deutschland Befürworter der Gründungstheorie oder ihrer Varianten.[50] Ihre Zahl stieg mit der Zeit und verhalf diesem Ansatz dazu, immer mehr an Boden zu gewinnen, was sich mittlerweile sogar in einer Diskussion über ein grundlegendes Umschwenken niederschlägt.[51] Dies ist wiederum auch auf die Rechtsprechung des Europäischen Gerichtshofs zu den Grundfreiheiten zurückzuführen.

Satzungssitzes zur Nichtigkeit der Sitzbestimmung mit der Konsequenz der Amtsauflösung nach § 144a FGG führen, s.a. Fn. 321.

46 Hachenburg/*Behrens* Einl Rn. 115; Soergel/*Lüderitz* Anh Art. 10 Rn. 48, 49; Rowedder/Schmidt-Leithoff/*Schmidt-Leithoff* Einl Rn. 336, 337; Scholz/*Westermann* Einl Rn. 94; *Kropholler*, Internationales Privatrecht, § 55 I 2 b); *Behme*, BB 2008, 70; *Ebke*, BB 2003, Heft 1, „Die Erste Seite" (I); *Fleischer/Schmolke*, JZ 2008, 233, 235 f.; *Gosch*, StBp 2002, 374; *Knobbe-Keuk*, ZHR 154 (1990), 325, 329.

47 Hachenburg/*Behrens* Einl Rn. 110; Staudinger/*Großfeld* IntGesR Rn. 610-625, 642 f.; Rowedder/Schmidt-Leithoff/*Schmidt-Leithoff* Einl Rn. 304; *Behme*, BB 2008, 70; *Göttsche*, DStR 1999, 1403; *Großfeld/Luttermann*, Anm. z. EuGH, Urt. v. 27.09.1988 – Rs. 81/87 – Daily Mail, JZ 1989, 386.

48 *Siehr*, Internationales Privatrecht, § 40 II 1; *Ebke*, BB 2003, Heft 1, „Die Erste Seite" (I); *Gosch*, StBp 2002, 374; *Göttsche*, DStR 1999, 1403, 1404.

49 *Gosch*, StBp 2002, 374.

50 Hachenburg/*Behrens* Einl Rn. 117-128; Geßler/Hefermehl/Eckardt/Kropf/*Eckardt* § 1 Rn. 58, 65; § 5 Rn. 18; *Kropholler*, Internationales Privatrecht, § 55 I 4; *Siehr*, Internationales Privatrecht, § 40 II 1; *Knobbe-Keuk*, ZHR 154 (1990), 325, 328, 329. Zu den einzelnen Varianten bzw. Modifikationen der Gründungstheorie s. auch MünchKomm/*Kindler* IntGesR Rn. 387-419.

51 Näher dazu unter Drittes Kapitel D.I., III, IV.

C. Die europarechtlichen Vorgaben

Wie bereits angesprochen, erhielt die Diskussion um Gründungs- und Sitztheorie insbesondere durch das Fortschreiten der Europäischen Integration neue Nahrung. Dieser europarechtliche Einfluss durch die Grundfreiheiten und deren Auslegung durch den Europäischen Gerichtshof – auch und gerade auf das nationale Steuerrecht – soll im Folgenden näher dargelegt werden.

I. Allgemeines zu den Grundfreiheiten

Dazu gehört zunächst eine allgemeine Einführung in die Charakteristika der Grundfreiheiten.

1. Die Wirkungs- bzw. Funktionsweise der Grundfreiheiten

Die Grundfreiheiten des Vertrages über die Arbeitsweise der Europäischen Union, namentlich die Warenverkehrsfreiheit (Art. 28 ff. AEUV), die Freiheit des Personenverkehrs (Arbeitnehmerfreizügigkeit (Art. 45 AEUV) und Niederlassungsfreiheit (Art. 49 AEUV)), die Dienstleistungsfreiheit (Art. 56 AEUV) und der freie Kapital(- und Zahlungs)verkehr (Art. 63 AEUV), gehören zum sog. gemeinschaftsrechtlichen Primärrecht. Als solches binden sie zunächst neben den Gemeinschaftsorganen die Mitgliedstaaten, d.h. die mit der Durchführung des Gemeinschaftsrechts befassten mitgliedstaatlichen Stellen.[52] Der Europäische Gerichtshof hat aber unter bestimmten Umständen auch eine Drittwirkung der Grundfreiheiten im Sinne einer Bindung Privater anerkannt und damit ihren subjektiven Schutzbereich ausgeweitet.[53] Ferner ist zu beachten, dass all jene gemeinschaftsrechtlichen Normen, die „rechtlich vollkommen", also ohne jede weitere Konkretisierung anwendbar, sowie unbedingt sind, mithin keine weiteren Vollzugsmaßnahmen erfordern und den Mitgliedstaaten keinen Ermessensspielraum lassen, für die Adressaten einschließlich der Individuen unmittelbar wirken.[54] Es ist allgemein anerkannt, dass die Grundfreiheiten diese Voraussetzungen erfüllen.[55]

Im Binnenmarkt fungieren die Grundfreiheiten als Ordnungsinstrument und sind von konstituierender Bedeutung, indem sie mit dazu dienen, die Bedingungen von Marktfreiheit und -gleichheit zu garantieren, vgl. auch Art. 3-6, Art. 26 Abs. 2 AEUV.[56] Ersteres unter dem Gesichtspunkt, dass im zwischenstaatlichen Verkehr der Produkte und Wirtschaftssubjekte keine grenzübertrittsspezifi-

52 *Herdegen*, Europarecht, § 14 Rn. 11; *Hobe*, Europarecht, 4. Teil § 13 Rn. 32; *Streinz*, Europarecht, Rn. 448, 849.

53 *Herdegen*, Europarecht, § 14 Rn. 12-15; *Hobe*, Europarecht, 4. Teil § 13 Rn. 32; *Streinz*, Europarecht, Rn. 851.

54 *Hobe*, Europarecht, 3. Teil § 10 Rn. 4; *Streinz*, Europarecht, Rn. 448.

55 Grabitz/Hilf/Nettesheim/*Forsthoff* Art. 45 Rn. 127; *Streinz*, Europarecht, Rn. 848.

56 Grabitz/Hilf/Nettesheim/*Forsthoff* Art. 45 Rn. 2-6; *Herdegen*, Europarecht, § 14 Rn. 1; *Hobe*, Europarecht, 4. Teil § 13 Rn. 1 f., 9; *Streinz*, Europarecht, Rn. 782.

schen Hindernisse mehr bestehen, letzteres unter dem Gesichtspunkt, dass den Produkten und Wirtschaftssubjekten die Möglichkeit gegeben werden soll, überall in der Gemeinschaft unter voller Beibehaltung der Individualität in den Wettbewerb eintreten zu können; schließlich geht es auch darum, nationale Marktordnungen gegenüber dem zwischenstaatlichen Verkehr neutral zu verfassen.[57] Die endgültige Verwirklichung des Binnenmarktes bedeutet letztlich den weitgehenden Abbau aller faktischen und rechtlichen Grenzen, welche der vollen Entfaltung des Güterangebots und der damit verfolgten effizienten Allokation von Ressourcen entgegenstehen können.[58]

2. Die Grundfreiheiten als Diskriminierungs- bzw. Beschränkungsverbote

In diesem Sinne sind jedenfalls die Arbeitnehmer-, Niederlassungs- und Dienstleistungsfreiheit als an das allgemeine Diskriminierungsverbot des Art. 18 Abs. 1 AEUV anknüpfende, aber darüber hinausgehende spezielle Diskriminierungsverbote formuliert worden, was bedeutet, dass eine Schlechterbehandlung aufgrund von Staatsangehörigkeit oder -zugehörigkeit, egal ob direkt oder indirekt, verboten ist (Gebot der Inländergleichbehandlung).[59]

Im Laufe der Zeit wurden diese Diskriminierungsverbote durch die Auslegung des Europäischen Gerichtshofs im Sinne des „effet utile" (die später durch die Formulierungen in der Amsterdamer Fassung bestätigt wurde) aber zu allgemeinen Beschränkungsverboten ausgebaut, so dass auch nichtdiskriminierende allgemeine Beschränkungen mit negativer Wirkung auf die Wahrnehmung der Grundfreiheiten grundsätzlich unzulässig sind und somit jedenfalls der Rechtfertigung bedürfen.[60] Dies hat zur Konsequenz, dass auch unterschiedslos auf In- und Ausländer anwendbare Normen mit dem Gemeinschaftsrecht in Einklang stehen und insbesondere dem Verhältnismäßigkeitsgrundsatz genügen müssen.[61] Bei einem Beschränkungsverbot ist mithin jede Maßnahme, die die Ausübung der Freiheit verbietet, behindert oder weniger attraktiv macht, tatbestandlich als Eingriff zu werten, wobei ein Vergleich mit der Inlandsregelung im Gegensatz zum Diskriminierungsverbot gerade nicht stattfindet.[62] Zu berücksichtigen ist dabei jedoch, dass die Beschränkungsverbote im Rahmen der Personenverkehrsfreiheiten eine im Vergleich zu den anderen Grundfreiheiten, insbesondere der Dienstleistungsfreiheit, geringere Reichweite entfalten.[63]

---

57 *Hobe*, Europarecht, 4. Teil § 13 Rn. 9.

58 *Herdegen*, Europarecht, § 14 Rn. 2; *Schön*, IStR 2004, 289, 290.

59 Calliess/Ruffert/*Bröhmer* Art. 49 Rn. 19 f.; von der Groeben/Schwarze/*Tiedje*/*Troberg*, Art. 43 Rn. 69 f.; *Hobe*, Europarecht, 4. Teil § 13 Rn. 9 f., 29; *Streinz*, Europarecht, Rn. 798.

60 *Hobe*, Europarecht, 4. Teil § 13 Rn. 29; *Streinz*, Europarecht, Rn. 804. Zur Entwicklung Calliess/Ruffert/*Bröhmer* Art. 49 Rn. 23-29.

61 *Hobe*, Europarecht, 4. Teil § 13 Rn. 29; *Streinz*, Europarecht, Rn. 804.

62 *Hobe*, Europarecht, 4. Teil § 13 Rn. 29.

63 Hierzu Grabitz/Hilf/Nettesheim/*Forsthoff* Art. 45 Rn. 189; *Streinz*, Europarecht, Rn. 806, 812.

3. Rechtfertigungsmöglichkeiten für die Beschränkung von Grundfreiheiten

Wie oben bereits angedeutet, ist aber bei Feststellung einer solchen Beschränkung weiter die Möglichkeit der Rechtfertigung zu prüfen. Sind die Voraussetzungen des dazu vom Europäischen Gerichtshof entwickelten vierstufigen Systems erfüllt, ist die Maßnahme zulässig. Danach ist erforderlich, dass die Maßnahme

1) in nichtdiskriminierender Weise angewendet wird,
2) zwingenden Gründen des Allgemeinwohls dient,
3) geeignet ist, die Verwirklichung des mit ihr verfolgten Zwecks zu gewährleisten und
4) nicht über das hinausgeht, was zur Zweckerreichung erforderlich ist.[64]

II. Speziell: Die Niederlassungsfreiheit

Da für die hier zu behandelnden Scheinauslandsgesellschaften im Wesentlichen die Niederlassungsfreiheit maßgeblich ist, sollen an dieser Stelle noch einige grundsätzliche Erwägungen speziell zu dieser Marktfreiheit erfolgen.

1. Schutzbereich

Die Niederlassungsfreiheit dient dazu, den selbständig Erwerbstätigen die Freizügigkeit ihrer Tätigkeit und die freie Wahl des Unternehmensstandortes allein anhand ökonomischer Gesichtspunkte zu ermöglichen.[65] Sie verfolgt also, entsprechend der Funktion aller Marktfreiheiten, das Ziel, die wirtschaftliche und soziale Mobilität sowie die wirtschaftlichen Verflechtungen der Mitgliedstaaten zu fördern.[66]

a) Persönlicher Schutzbereich

Der persönliche Schutzbereich der Niederlassungsfreiheit umfasst gemäß Art. 49 Abs. 1 AEUV zunächst die Staatsangehörigen der Mitgliedstaaten, unabhängig von deren Wohnsitz. Bei der Gründung von Agenturen, Zweigniederlassungen oder Tochtergesellschaften in einem anderen Mitgliedstaat oder aus einem Mitgliedstaat heraus ist allerdings als zusätzliche Voraussetzung zu beachten, dass der Begünstigte im Hoheitsgebiet eines Mitgliedstaates ansässig ist (Art. 49 Abs. 1 S. 2 AEUV). Von Bedeutung ist in diesem Zusammenhang vor allem auch die Vorschrift des Art. 54 AEUV, die die Niederlassungsfreiheit in gleichem Um-

---

64 EuGH, Urt. v. 30.11.1995 – C-55/94, Slg. I-4165 Rn. 37 – Gebhard; *Herdegen*, Europarecht, § 14 Rn. 4 f.; *Hobe*, Europarecht, 4. Teil § 13 Rn. 30; *Streinz*, Europarecht, Rn. 811.

65 von der Groeben/Schwarze/*Tiedje/Troberg* Vorb zu Art. 43-48 Rn. 10; *Herdegen*, Europarecht, § 16 Rn. 22; *Hobe*, Europarecht, 4. Teil § 17 Rn. 171.

66 *Hobe*, Europarecht, 4. Teil § 17 Rn. 171.

fang auch für die nach den Rechtsvorschriften eines Mitgliedstaats gegründeten Gesellschaften im Sinne des Absatz 2 garantiert, die ihren satzungsmäßigen Sitz, ihre Hauptverwaltung oder ihre Hauptniederlassung innerhalb der Gemeinschaft haben. Auf die Staatsangehörigkeit der Eigentümer oder Betreiber kommt es dabei nicht an.[67]

b) Sachlicher Schutzbereich

In sachlicher Hinsicht schützt die weit auszulegende Niederlassungsfreiheit die grenzüberschreitende Aufnahme und Ausübung (einschließlich aller damit komplementär und funktionell zusammenhängenden Aspekte) einer selbständigen Erwerbstätigkeit bzw. die Gründung und Leitung von Unternehmen auf der Grundlage einer festen und ständigen Einrichtung in einem anderen Mitgliedstaat auf unbestimmte Zeit (vgl. auch Art. 49 Abs. 2 AEUV), wobei gleichzeitige Niederlassungen in anderen Mitgliedstaaten durchaus zulässig sind.[68]

Innerhalb der Niederlassungsfreiheit kann noch zwischen primärer und sekundärer Niederlassungsfreiheit unterschieden werden. Dabei erfasst erstere die Fälle einer Neugründung oder Übernahme eines Unternehmens in einem anderen Mitgliedstaat oder eine Standortverlagerung, letztere die Fälle des Art. 49 Abs. 1 S. 2 AEUV.[69] Diese Differenzierung spielt abgesehen von den oben dargestellten Auswirkungen beim persönlichen Schutzbereich allenfalls eine mittelbare Rolle, nämlich im Rahmen der Verhältnismäßigkeitsprüfung bei der Rechtfertigung einer beschränkenden Maßnahme.[70]

c) Abgrenzung zu anderen Grundfreiheiten

Der Unterschied zur Arbeitnehmerfreizügigkeit besteht somit in der Selbständigkeit, der Unterschied zur Dienstleistungsfreiheit in der Dauerhaftigkeit einer auch rechtlichen Eingliederung in den Wirtschaftsablauf des Aufnahmestaates, ferner in der Häufigkeit und Kontinuität der Tätigkeit.[71] Im Zusammenhang mit Gesellschaften wird zudem auch die Abgrenzung zur Freiheit des Kapitalverkehrs relevant: Während der Erwerb von Geschäftsanteilen an einer in einem Mitgliedstaat gegründeten und ansässigen Gesellschaft durch eine oder mehrere natürliche Personen mit Wohnort in einem anderen Mitgliedstaat grundsätzlich dann den Bestimmungen des EG-Vertrags zum freien Kapitalverkehr unterliegt, wenn eine solche Beteiligung ihnen nicht einen gewissen Einfluss auf die Ent-

---

67 Calliess/Ruffert/*Bröhmer* Art. 54 Rn. 5, 6; Grabitz/Hilf/Nettesheim/*Forsthoff* Art. 49 Rn. 59, 66; von der Groeben/Schwarze/*Tiedje/Troberg* Art. 48 Rn. 6; *Hobe*, Europarecht, 4. Teil § 17 Rn. 173.

68 Calliess/Ruffert/*Bröhmer* Art. 49 Rn. 9, 12; *Hobe*, Europarecht, 4. Teil § 17 Rn. 174, 176.

69 Calliess/Ruffert/*Bröhmer* Art. 49 Rn. 17 f.; Grabitz/Hilf/Nettesheim/*Forsthoff* Art. 49 Rn. 52-65; von der Groeben/Schwarze/*Tiedje/Troberg* Art. 43 Rn. 32-34; Art. 48 Rn. 13.

70 Calliess/Ruffert/*Bröhmer* Art. 49 Rn. 18.

71 Calliess/Ruffert/*Bröhmer* Art. 49 Rn. 2 f., 10-15; Grabitz/Hilf/Nettesheim/*Forsthoff* Art. 45 Rn. 69-72, Art. 49 Rn. 26-51, 126 f.; *Herdegen*, Europarecht, § 16 Rn. 22; *Hobe*, Europarecht, 4. Teil § 17 Rn. 174 f.

scheidungen der Gesellschaft verleiht und sie deren Tätigkeit nicht bestimmen können, ist die Niederlassungsfreiheit einschlägig, wenn der Erwerb sämtliche Geschäftsanteile einer Gesellschaft mit satzungsmäßigem Sitz in einem anderen Mitgliedstaat umfasst und eben diesen bestimmenden Einfluss ermöglicht.[72]

d) Ausnahmen

Ausgenommen von der Niederlassungsfreiheit sind nach Art. 51 Abs. 1 AEUV Tätigkeiten, die in einem Mitgliedstaat dauernd oder zeitweise mit der Ausübung öffentlicher Gewalt verbunden sind. Dies ist jeweils eine Frage des Einzelfalls, wobei die Vorschrift des Art. 51 AEUV als Ausnahmetatbestand eng auszulegen ist und nach der Rechtsprechung des EuGH nur die unmittelbare und spezifische Teilnahme an der Ausübung öffentlicher Gewalt erfasst.[73]

2. Eingriff

Bei der Prüfung, ob nun ein Eingriff in die Niederlassungsfreiheit im Sinne einer Diskriminierung vorliegt, wird grundsätzlich zunächst ein Vergleich von intra- und interstaatlichem Sachverhalt vorgenommen, sog. vertikaler Vergleich. Dabei sind dann jegliche Schlechterstellungen der grenzüberschreitenden Wirtschaftstätigkeit gegenüber ihrem rein binnenstaatlichen Pendant untersagt.[74]

Im Schutzbereich der Niederlassungsfreiheit wird aber zusätzlich die Zulässigkeit eines sog. horizontalen Vergleichs diskutiert, bei dem dann zwischen einer Niederlassung im Ausland mittels einer Tochtergesellschaft auf der einen Seite und mittels einer Betriebsstätte auf der anderen Seite verglichen wird.[75] Nimmt man ein solches horizontales Vergleichspaar an, so könnte man weiter, gestützt auf die Wahlfreiheit der Niederlassungsform nach Art. 49 Abs. 1 S. 2 AEUV und vermeintlich auch auf verschiedene Entscheidungen des EuGH, ein Gebot zur Gleichbehandlung dieser beiden Formen der (Sekundär-) Niederlassung fordern. Letztlich sprechen aber im Hinblick auf die Teleologie der Grundfreiheiten und die mangelnde Notwendigkeit eines eigenständigen Gleichbehandlungsgebotes die besseren Gründe – und zwar einschließlich der Rechtsprechung des EuGH – für die Ablehnung eines horizontalen Vergleichs.[76]

---

72 EuGH, Urt. v. 13.04.2000 – C-251/98, Slg. I-2787 Rn. 21, 22 – Baars; Urt. v. 05.11.2002 – C-208/00, Slg. I-9919 Rn. 77 – Überseering; Urt. v. 07.09.2006 – C-470/04, Slg. I-7409 Rn. 26 f. – N; Grabitz/Hilf/Nettesheim/*Forsthoff* Art. 49 Rn. 128 f. Vgl. a. Fn. 202.

73 *Herdegen*, Europarecht, § 16 Rn. 34; *Hobe*, Europarecht, 4. Teil § 17 Rn. 182 f.

74 *Herzig/Englisch/Wagner*, Der Konzern 2005, 298, 300.

75 *Herzig/Englisch/Wagner*, Der Konzern 2005, 298, 301; *Herzig/Wagner*, DStR 2006, 1, 2.

76 S. zuletzt auch die Entscheidung des EuGH in der Rs. X Holding BV bezogen auf den Herkunftsmitgliedstaat (Urt. v. 25.02.2010 – C-337/08, DStR 2010, 427, Rn. 34-41), wo diese Frage allerdings im Rahmen der Verhältnismäßigkeitsprüfung angesprochen wird. Zu beachten ist in diesem Zusammenhang zudem, dass sich die Grundfreiheitswidrigkeit in Inbound-Fällen letztlich auch über die Anwendung des vertikalen Vergleichspaares ergeben würde und es daher eines Rückgriffs auf das Institut des horizontalen Vergleichspaares nicht bedarf; in Outbound-Fällen hingegen ergeben sich bei Bildung eines horizontalen Vergleichspaares etwaige Differenzierungen aus der Rechtsformwahl und nicht allein aufgrund des

3. Rechtfertigungsmöglichkeiten

Auch ein Eingriff in die Niederlassungsfreiheit kann aber unter bestimmten Voraussetzungen gerechtfertigt werden.

a) Die geschriebenen Rechtfertigungsgründe des Art. 52 AEUV

Beschränkungen aus Gründen der öffentlichen Ordnung, Sicherheit und Gesundheit steht die Niederlassungsfreiheit bei Einhaltung der Schranken-Schranken nicht entgegen, wobei diese ebenfalls eng auszulegende Schranke des Art. 52 AEUV („ordre public"-Vorbehalt) zwar grundsätzlich auf Sonderregeln für Ausländer zugeschnitten ist, jedoch nach allgemeiner Meinung als Rechtfertigungsgrund für jegliche Behinderungen der Niederlassungsfreiheit zur Verfügung steht.[77]

b) Ungeschriebene Rechtfertigungsgründe

Infolge der Ausweitung der Niederlassungsfreiheit zu einem Beschränkungsverbot entwickelte der EuGH dann die bereits oben erläuterte weitere vierstufige Rechtfertigungsmöglichkeit über zwingende Gründe des Allgemeinwohls, wobei als solche im Falle von EU-Auslandsgesellschaften grundsätzlich insbesondere der Schutz von Gläubigern, Minderheitsgesellschaftern und Arbeitnehmern, die Erhaltung der Lauterkeit des Handelsverkehrs und die Wirksamkeit der Steuerkontrollen in Betracht kommen.[78] Die genaue Reichweite dieser Rechtfertigungsmöglichkeit ist dabei insoweit unklar, als unterschiedlich beurteilt wird, ob sie auch indirekte bzw. sogar direkte Diskriminierungen erfasst.[79] Es scheint sich jedoch eine Tendenz dahingehend abzuzeichnen, dass eine Rechtfertigungsmöglichkeit indirekt diskriminierender Maßnahmen über die „zwingenden Gründe" anerkannt wird, während für Fälle direkter Diskriminierung nur die geschriebenen Rechtfertigungsgründe herangezogen werden können.[80]

Ortes der Niederlassung, so dass es an der spezifisch grenzüberschreitenden Dimension mangelt. Das horizontale Vergleichspaar bringt im Ergebnis keinen zusätzlichen Gewinn. Näher zu alledem auch *Eisenbarth/Hufeld*, IStR 2010, 309, 311 f.; *Englisch*, Anm. z. EuGH, Urt. v. 25.02.2010 – C-337/08 – X Holding BV, IStR 2010, 215, 217; *Herzig/Englisch/Wagner*, Der Konzern 2005, 298, 301; 304; *Herzig/Wagner*, DStR 2006, 1, 5; *Hey*, GmbHR 2006, 113, 118; *dies.*, in: FS Schaumburg, S. 767, 770 f.; *Hohenwarter-Mayr*, SWI 2010, 163, 167 f., 170-172. S. zudem unter Fünftes Kapitel D.II.1.a) (Fn. 496, 510).

77 Grabitz/Hilf/Nettesheim/*Forsthoff* Art. 49 Rn. 123; *Hobe*, Europarecht, 4. Teil § 17 Rn. 185.

78 *Eidenmüller*, in: Eidenmüller, Ausländische Kapitalgesellschaften im deutschen Recht, § 3 Rn. 23. Hierzu für den Bereich des Steuerrechts noch ausführlich unter Drittes Kapitel C. III. 2.

79 Grabitz/Hilf/Nettesheim/*Forsthoff* Art. 45 Rn. 324, Art. 49 Rn. 123.

80 *GA Tizzano*, Schlussanträge v. 07.07.2005 – C-411/03, Slg. I-10805 Rn. 55 – Sevic m.w.N.; Grabitz/Hilf/Nettesheim/*Forsthoff* Art. 45 Rn. 325-328, Art. 49 Rn. 123; *Herdegen*, Europarecht, § 14 Rn. 5, § 16 Rn. 29. Allerdings ergibt sich insoweit oftmals dadurch eine Aufweichung, dass der EuGH offene Diskriminierungen als versteckte bzw. als Beschränkungen qualifiziert, s. *Herzig/Englisch/Wagner*, Der Konzern 2005, 298, 301.

III. Der Einfluss der europäischen Rechtsprechung

Bevor die Einwirkungen der Rechtsprechung des Europäischen Gerichtshofs in inhaltlicher Sicht näher beleuchtet werden, sei vorab ein kurzer Überblick über dessen Stellung und die Auswirkungen seiner Entscheidungen gegeben.

1. Die Stellung des Europäischen Gerichtshofs

Aufgabe des Europäischen Gerichtshofs ist die Wahrung des Rechts bzw. der Rechtseinheit im Anwendungsbereich des Gemeinschaftsrechts (vgl. auch Art. 19 EUV).[81] Er hat über die Einhaltung der gemeinschaftsrechtlichen Vorgaben zu wachen und für eine einheitliche Auslegung des Gemeinschaftsrechts zu sorgen. Dabei beruht seine Rechtsschutzgewährung jedoch nicht auf einer allumfassenden Generalklausel, sondern auf einer Summe von genau aufgeführten Einzelzuständigkeiten.[82]

Seinen Entscheidungen kommt unmittelbare Geltung zu, und zwar grundsätzlich ohne zeitliche Limitierung (ex-tunc-Wirkung).[83] Folge der Entscheidung im hier in erster Linie interessierenden Vorabentscheidungsverfahren nach Art. 267 AEUV ist jedoch bei festgestelltem Verstoß nicht die Nichtigkeit der betroffenen Norm bzw. des betroffenen Normenkomplexes, sondern nach dem Grundsatz des Anwendungsvorrangs des EG-Rechts (nur) deren Unanwendbarkeit.[84] Im Übrigen gilt die Entscheidung des Europäischen Gerichtshofs zwar zunächst nur für den Einzelfall, jedoch schließt sich die Frage nach ihrer Auswirkung auf vergleichbare Rechtsvorschriften anderer Mitgliedstaaten unmittelbar an.[85] Insofern wird man wohl von einer zumindest mittelbaren Bindungswirkung ausgehen müssen, gekoppelt mit der Verpflichtung der Kommission zur Einleitung eines Vertragsverletzungsverfahrens. Dazu wird aus der Verpflichtung der Mitgliedstaaten zum gemeinschaftsrechtstreuen Verhalten (Art. 4 Abs. 3 EUV) abgeleitet, dass diese entsprechende Rechtsänderungen vornehmen müssen.

Dem nationalen Gesetzgeber bleiben nach einer Entscheidung des Europäischen Gerichtshofs drei Reaktionsmöglichkeiten: Zum einen könnte die als europarechtswidrig eingestufte Norm vollständig abgeschafft werden. Zum anderen könnte aber auch eine Anpassung der Norm anhand der vom Europäischen Gerichtshof durch die Entscheidung hervortretenden Vorgaben erfolgen. Schließlich besteht auch die Option, die diskriminierende Wirkung dergestalt zu beseitigen, dass die Regelung pauschal auch auf Inlandssachverhalte ausgedehnt

---

81 *Herdegen*, Europarecht, § 7 Rn. 90; § 9 Rn. 1; *Streinz*, Europarecht, Rn. 415.

82 *Herdegen*, Europarecht, § 7 Rn. 90; § 9 Rn. 1; *Streinz*, Europarecht, Rn. 418.

83 Nur in Ausnahmefällen ist bisher die Zulässigkeit einer zeitlichen Begrenzung der Rückwirkung anerkannt, Calliess/Ruffert/*Wegener* Art. 267 Rn. 50-53; *Streinz*, Europarecht, Rn. 690 f.; *Hey*, StuW 2010, 301, 316 f.

84 *Ettinger*, RIW 2006, 94, 96; *Hey*, StuW 2010, 301, 303, 306-315.

85 *Ettinger*, RIW 2006, 94, 96; *Hey*, StuW 2010, 301, 304. Vgl. a. Grabitz/Hilf/Nettesheim/*Karpenstein* Art. 267 Rn. 99-107.

wird. In jedem Falle ist aber eine gesetzliche Neuregelung erforderlich, die bloße Anpassung über Verwaltungsvorschriften genügt nicht.[86]

2. Die gemeinschaftsrechtlichen Grundfreiheiten und das nationale Steuerrecht

In Anbetracht der zentralen Frage nach der steuerlichen Behandlung der Scheinauslandsgesellschaft soll der näheren Untersuchung zudem das Verhältnis des Gemeinschaftsrechts speziell zum nationalen Steuerrecht vorangestellt werden.

Zunächst ist festzuhalten, dass das Steuerrecht grundsätzlich weitestgehend eine nationale Domäne ist. In diesem Bereich bestehen Regelungskompetenzen der Gemeinschaft lediglich für das Gebiet der indirekten Steuern gemäß Art. 113 AEUV und für das Gebiet der direkten Steuern gemäß Art. 115 AEUV, der allerdings bisher ohne große Relevanz geblieben ist. Die Regelung der direkten Steuern fällt daher in die Zuständigkeit der Mitgliedstaaten: Sie entscheiden frei, ob und welche Steuern sie erheben, wie Bemessungsgrundlage und Steuersatz festgelegt werden und wie das Besteuerungsverfahren geordnet ist. Obwohl hier also zurzeit kein umfassender Harmonisierungsauftrag besteht, hat die Rechtsprechung des Europäischen Gerichtshofs durchaus – gleichsam im Wege „stiller Harmonisierung" – faktischen Einfluss auf die nationalen Steuerrechtsordnungen genommen, und zwar gestützt auf die auch für steuerrechtliche Normen uneingeschränkt geltenden Grundfreiheiten des EG- bzw. AEU-Vertrags.[87]

Zu diesem Verhältnis von nationaler Steuersouveränität zu europäischem Binnenmarkt, den die Grundfreiheiten maßgeblich mitverwirklichen sollen, hat der Europäische Gerichtshof in einem insoweit später vielfach bestätigten Grundsatzurteil aus dem Jahre 1986 (avoir fiscal) entschieden, dass die europäischen Grundfreiheiten nahezu uneingeschränkt Vorrang genießen und keine Harmonisierung des nationalen Steuerrechts voraussetzen.[88] Die Mitgliedstaaten müssen daher auch im Bereich der in ihre Zuständigkeit fallenden direkten Steuern ihre Befugnisse unter Wahrung des Gemeinschaftsrechts ausüben und mithin jede Art von Diskriminierung aufgrund der Staatsangehörigkeit bzw. bei Gesellschaften aufgrund des Sitzes unterlassen.[89]

Konkret bezogen auf die Niederlassungsfreiheit bedeutet dies, dass bei der Ausgestaltung des nationalen Steuerrechts das Beschränkungsverbot des Art. 49

---

86 EuGH, Urt. v. 26.10.1995 – C-151/94, Slg. I-3685 Rn. 12 – Biehl II; *Ettinger*, RIW 2006, 94, 96; *Rust*, IStR 2009, 382, 383 f.; *Schindler*, IStR 2004, 300, 309 f. S. auch *Hey*, StuW 2010, 301, 315 f; *dies.*, StuW 2011, 131, 140.

87 *Ettinger*, RIW 2006, 94, 95; *Hey*, StuW 2004, 193, 194-198, wonach der EuGH die „zentrale Rolle im steuerlichen Integrationsprozess" einnimmt (S. 194). Vgl. a. *Cordewener*, Europäische Grundfreiheiten und nationales Steuerrecht, S. 25-32. Kritisch zu dieser Einflussnahme durch den EuGH *Tiedtke/Mohr*, EuZW 2008, 424-428, insbes. 426-428. Zum Stand der Harmonisierung auch *Schaumburg*, Internationales Steuerrecht, Rn. 3.58-3.82.

88 EuGH, Urt. v. 28.01.1986 – 270/83, Slg. 237 Rn. 24 – avoir fiscal; *Schön*, IStR 2004, 289.

89 EuGH, Urt. v. 14.02.1995 – C-279/93, Slg. I-225 Rn. 21 – Schumacker; Urt. v. 11.08.1995 – C-80/94, Slg. I-2493 Rn. 16 – Wielockx; Calliess/Ruffert/*Bröhmer* Art. 49 Rn. 35; *Richter*, IStR 2003, 157, 158; *Schärf*, SWI 2004, 548, 549.

AEUV Berücksichtigung finden muss. Auch hier gilt jedoch wiederum, was der Europäische Gerichtshof ebenfalls in seinem avoir fiscal-Urteil klargestellt hat, dass nämlich nicht jeder tatbestandliche Eingriff in die Niederlassungsfreiheit per se auch einen rechtswidrigen Verstoß gegen Gemeinschaftsrecht darstellt, sondern dass diskriminierungsverdächtige Ungleichbehandlungen unter bestimmten Voraussetzungen auf einem Gebiet wie dem des Steuerrechts gerechtfertigt sein können. Damit ist im Grundsatz die Möglichkeit zur Verteidigung nationaler Steuervorschriften durch die Berufung auf einen ungeschriebenen Rechtfertigungsgrund („rule of reason") eröffnet.[90]

Für steuerrechtliche Diskriminierungen werden dabei insbesondere folgende Rechtfertigungsgründe diskutiert, die nur fallgruppenartig zusammengestellt werden können und sich zunächst grob in abgewiesene bzw. abzuweisende und anerkannte bzw. anerkennenswerte Interessen einteilen lassen:

a) Abgewiesene bzw. abzuweisende Rechtfertigungsgründe

aa) Mangelnde Harmonisierung

Als erstes ließe sich hier die mangelnde Harmonisierung der Rechtsvorschriften der Mitgliedstaaten über die Körperschaftsteuer nennen, die der Europäische Gerichtshof jedoch als Rechtfertigung in ständiger Rechtsprechung nicht akzeptiert hat[91] bzw. die vielmehr sogar schon die vorgelagerte Frage nach einem tatbestandlichen Eingriff betrifft. Dem liegt die generelle Problematik zugrunde, ob die Realisierung der Grundfreiheiten durch den Erlass sekundärrechtlicher Maßnahmen konditioniert ist, ob also ihre Anwendbarkeit von der vorherigen Angleichung der nationalen Rechtsvorschriften abhängig ist bzw. gemacht werden darf. Dies ist – auch für den Bereich des Steuerrechts – im Sinne einer unmittelbaren Anwendbarkeit der Primärrechtsnormen grundsätzlich zu verneinen. Im Gegenteil werden die nationalen Bestimmungen durch das Fehlen sekundärrechtlicher Harmonisierungsmaßnahmen nicht vor dem Einfluss der Grundfreiheiten geschützt, sondern deren Einwirkungen gerade in vollem Umfang ausgesetzt.[92]

bb) Verweis auf ein bestehendes Doppelbesteuerungsabkommen (DBA)

Gleiches gilt für den Verweis auf ein bestehendes Doppelbesteuerungsabkommen, und zwar deshalb, weil ansonsten – obwohl die sich aus den Grundfreiheiten für den einzelnen Marktteilnehmer ergebenden Rechte unbedingt sind – die Beachtung unmittelbar geltender primärrechtlicher Vorschriften durch einen Mitgliedstaat vom Inhalt eines mit einem anderen Mitgliedstaat abge-

90 *Cordewener*, Europäische Grundfreiheiten und nationales Steuerrecht, S. 926 f.

91 *Cordewener*, Europäische Grundfreiheiten und nationales Steuerrecht, S. 931 f.; *Hey*, StuW 2004, 193, 196; *Schön*, IStR 2004, 289, jeweils mit Nachweisen aus der Rechtsprechung. S.a. *Herzig/Wagner*, DStR 2006, 1, 3; *Schärf*, SWI 2004, 548. Vgl. zu neueren Entwicklungen aber Fünftes Kapitel D.II.1.a), Fn. 504, 510.

92 *Cordewener*, Europäische Grundfreiheiten und nationales Steuerrecht, S. 932.

schlossenen Vertrages abhängig gemacht werden könnte.[93] Bei einem Abkommen zwischen zwei Mitgliedstaaten der Europäischen Union erlaubten es die Grundfreiheiten nicht, die Rechte der Marktteilnehmer einer Gegenseitigkeitsvereinbarung zu unterwerfen, wobei viel dafür spricht, diesen Ansatz auch auf Doppelbesteuerungsabkommen zwischen Mitgliedstaaten und Drittstaaten auszudehnen.[94]

cc) Vorteilsausgleich

Ebenso hat der Europäische Gerichtshof den (willkürlichen,) ebenfalls eher tatbestandlich angelehnten Argumentationsansatz des Vorteilsausgleichs abgelehnt, wonach die grundfreiheitsbeeinträchtigenden Auswirkungen einer bestimmten nationalen Regelung deshalb als unbeachtlich eingestuft werden sollen, weil diese Belastung des betroffenen Marktteilnehmers dadurch kompensiert werde, dass er in anderen Bereichen des nationalen Rechts desselben Mitgliedstaates gegenüber den landesintern tätigen Vergleichspersonen günstiger gestellt sei und daher im Saldo gar keinen Nachteil erleide.[95]

dd) Auswirkungen auf die Haushaltslage und administrative Erwägungen

Auch die Auswirkungen auf die Haushaltslage oder der mögliche Verlust von Steueraufkommen wurden vom Europäischen Gerichtshof nicht als Rechtfertigungsgründe anerkannt.[96] Dies gilt erst recht für die Verfolgung rein protektionistischer Zwecke zugunsten der innerstaatlichen Wirtschaft.

Im Übrigen bleibt festzuhalten, dass nach der Rechtsprechung des Europäischen Gerichtshofs Erwägungen rein administrativer Art nicht zur Rechtfertigung von Grundfreiheitsbeeinträchtigungen herangezogen werden können.[97]

b) Anerkannte bzw. anerkennenswerte Rechtfertigungsgründe

aa) Erschwerte Sachaufklärung bzw. Vollstreckung

Zu erwägen ist, ob sich die Mitgliedstaaten möglicherweise auf die Notwendigkeit wirksamer steuerlicher Kontrolle und damit darauf berufen können, dass bei grenzüberschreitenden Sachverhalten die Sachaufklärung erschwert bzw. sogar – ebenso wie die Vollstreckung von Ansprüchen – gar nicht möglich sei.

---

93 *Cordewener*, Europäische Grundfreiheiten und nationales Steuerrecht, S. 934 f. S.a. *Herzig/Wagner*, DStR 2006, 1, 3; *Schön*, IStR 2004, 289, 291.

94 *Cordewener*, Europäische Grundfreiheiten und nationales Steuerrecht, S. 935.

95 *Cordewener*, Europäische Grundfreiheiten und nationales Steuerrecht, S. 933.

96 Z.B. EuGH, Urt. v. 12.09.2006 – C-196/04, Slg. I-7995 Rn. 49 – Cadbury Schweppes. Zudem *Rehm*, in: Eidenmüller, Ausländische Kapitalgesellschaften im deutschen Recht, § 2 Rn. 61; *Ettinger*, RIW 2006, 94, 98; *Herzig/Englisch/Wagner*, Der Konzern 2005, 298, 301; *Herzig/Wagner*, DStR 2006, 1, 3; *Hey*, StuW 2004, 193, 196; *Richter*, IStR 2003, 157, 158; *Schindler*, IStR 2004, 300, 304 f.; *Schön*, IStR 2004, 289.

97 *Cordewener*, Europäische Grundfreiheiten und nationales Steuerrecht, S. 938.

Dies ist wohl grundsätzlich zu bejahen, jedoch wird dieser Ansatz regelmäßig durch die bestehende Amtshilfe- bzw. Beitreibungs-Richtlinie[98] entkräftet.[99]

bb) Vermeidung von Steuermissbräuchen und -umgehungen

Allerdings kann die Vermeidung von Steuermissbräuchen und -umgehungen einen Rechtfertigungsgrund darstellen, wenn zivilrechtliche Gestaltungen oder Konstruktionen ohne wirtschaftliche Substanz oder gar Steuerhinterziehungen verhindert werden sollen.[100]

Es lässt sich insoweit zum einen eine Präferenz des Europäischen Gerichtshofs zugunsten solcher Regelungen feststellen, die speziell bezwecken, rein künstliche Konstruktionen, die auf eine Umgehung des Steuerrechts eines Mitgliedstaates zielen, vom Zugang zu den damit angestrebten steuerlichen Vorteilen auszuschließen.[101]

Zum anderen ist auch hier wieder auf die verhältnismäßige Ausgestaltung der nationalen Regelung zu achten.[102] Die Maßnahme muss also zur Verhinderung solcher Umgehungsgestaltungen überhaupt geeignet sein, d.h. sie darf nicht in sich so lückenhaft und widersprüchlich sein, dass der behauptete Schutzzweck nur unzureichend verwirklicht wird. Zudem ist im Rahmen der Erforderlichkeit zu berücksichtigen, dass der Nachweis einer Missbrauchsabsicht im konkreten Einzelfall notwendig ist und keine effektive wirtschaftliche Integration in einem anderen Mitgliedstaat vollzogen wird bzw. dass dem Steuerpflichtigen nicht generell die Möglichkeit zur Führung eines entlastenden Gegenbeweises abgeschnitten wird; pauschale Missbrauchsklauseln können somit keine rechtfertigende Wirkung entfalten.[103]

---

98 Richtlinie 77/799/EWG des Rates vom 19. Dezember 1977 über die Amtshilfe zwischen den zuständigen Behörden der Mitgliedstaaten im Bereich der direkten Steuern und der Steuern auf Versicherungsprämien, ABl. EU Nr. L 336 v. 27.12.1977, S. 15, zuletzt geändert durch Art. 1 ÄndRL 2006/98/EG v. 20.11.2006, ABl. EU Nr. L 363 v. 20.12.2006, S. 129. Richtlinie 2008/55/EG des Rates vom 26. Mai 2008 über die gegenseitige Unterstützung bei der Beitreibung von Forderungen in Bezug auf bestimmte Abgaben, Zölle, Steuern und sonstige Maßnahmen, ABl. EU Nr. L 150 v. 10.06.2008, S. 28, jetzt Richtlinie 2010/24/EU des Rates vom 16. März 2010 über die Amtshilfe bei der Beitreibung von Forderungen in Bezug auf bestimmte Steuern, Abgaben und sonstige Maßnahmen, ABl. EU Nr. L 84 v. 31.03.2010, S. 1.

99 Z.B. EuGH, Urt. v. 07.09.2006 – C-470/04, Slg. I-7409 Rn. 52 f. – N. Ferner *Ettinger*, RIW 2006, 94, 98; *Herzig/Englisch/Wagner*, Der Konzern 2005, 298, 302; *Herzig/Wagner*, DStR 2006, 1, 3; *Hey*, StuW 2004, 193, 196; *Schindler*, IStR 2004, 300, 307.

100 *Ettinger*, RIW 2006, 94, 98; *Herzig/Englisch/Wagner*, Der Konzern 2005, 298, 302; *Herzig/Wagner*, DStR 2006, 1, 3; *Schindler*, IStR 2004, 300, 305.

101 *Cordewener*, Europäische Grundfreiheiten und nationales Steuerrecht, S. 956; *Herzig/Englisch/Wagner*, Der Konzern 2005, 298, 302; *Herzig/Wagner*, DStR 2006, 1, 3; *Hey*, StuW 2008, 167, 179. S. zudem unter Drittes Kapitel C. III.2.b)ee).

102 *Cordewener*, Europäische Grundfreiheiten und nationales Steuerrecht, S. 956 f.

103 *Cordewener*, Europäische Grundfreiheiten und nationales Steuerrecht, S. 956; *Ettinger*, RIW 2006, 94, 98; *Herzig/Englisch/Wagner*, Der Konzern 2005, 298, 302; *Herzig/Wagner*, DStR 2006, 1, 3; *Hey*, StuW 2004, 193, 196; *dies.*, StuW 2008, 167, 179; *Schön*, IStR 2004, 289, 296. Vgl. auch *Richter*, IStR 2003, 157, 158.

cc) Territorialitätsgrundsatz

Ein weiterer grundsätzlich anerkannter Rechtfertigungsgrund ist der Territorialitätsgrundsatz.[104] Dieser Ansatz beruht auf der Überlegung, dass ein Staat Aufwendungen oder Verluste nicht zum Abzug zulassen muss, wenn ihm aufgrund der territorialen Begrenzung seines Steueranspruchs kein Besteuerungsrecht über die korrespondierenden Erträge bzw. Gewinne zusteht. Anerkannt ist diese Wertung allerdings erst dort, wo sie sich zu einer Regel des allgemeinen Völkerrechts verdichtet hat. Ein Staat muss schon nach der nationalen Konzeption zu erkennen geben, dass er seinen Steueranspruch territorial auf das Inland begrenzt. Nur dann lässt sich die Versagung von Begünstigungen im Zusammenhang mit ausländischen Einkünften rechtfertigen.[105]

Nachdem über die europarechtliche Bedeutung des Territorialitätsprinzips zwischenzeitlich infolge zweier Urteile des EuGH[106] noch einmal diskutiert worden war, hat der EuGH selbst klargestellt, dass die territoriale Begrenzung des Steueranspruchs der Vergleichbarkeit von In- und Auslandssachverhalt zunächst nicht entgegensteht, dann jedoch eben auf der Rechtfertigungsebene von Relevanz sein kann.[107] Allein der Stellenwert dieses Territorialitätsprinzips im Rahmen der Rechtfertigungsprüfung ist noch nicht abschließend bestimmt.[108]

dd) Kohärenzargument

Schließlich ist noch das davon (schwer) zu trennende Kohärenzargument zu nennen.[109] Die kohärente Ausgestaltung des nationalen Steuersystems bzw. das Bedürfnis der Mitgliedstaaten nach einer Aufrechterhaltung des Funktions- und Gerechtigkeitszusammenhangs ihrer nationalen Bestimmungen stellt ein grundsätzlich gemeinschaftsrechtlich akzeptables und schützenswertes Interesse dar. Im Unterschied zum Territorialitätsgrundsatz, der auf eine Wechselwirkung von staatlichem Zugriffsrecht und Verpflichtung zur Berücksichtigung entlastender Faktoren abzielt, steht bei der Kohärenz grundsätzlich die Sicht des Steuerpflichtigen im Vordergrund und zielt auf einen individuellen Ausgleich von steuerlichen Vor- und Nachteilen beim Steuerpflichtigen ab.[110]

Bei dem Kohärenzgedanken als Rechtfertigung geht es um einen Ausgleich zwischen den primärrechtlichen Grundfreiheiten der Marktteilnehmer und mitgliedstaatlichen Regelungsbereichen, die sich in besonderem Maße durch die Verwirklichung von Lastengleichheit für alle davon betroffenen Steuerpflichtigen sowie von Systemgerechtigkeit innerhalb der jeweiligen nationalen Steuer-

---

104 *Herzig/Wagner*, DStR 2006, 1, 3. Hierzu auch *Seiler/Axer*, IStR 2008, 838, 842 f.

105 *Herzig/Wagner*, DStR 2006, 1, 3.

106 EuGH, Urt. v. 15.05.1997 – C-250/95, Slg. I-2471 – Futura Participations; Urt. v. 18.09.2003 – C-168/01, Slg. I-9409 – Bosal.

107 S. zur Entscheidung in der Rs. Marks & Spencer unter Fünftes Kapitel D.II.1.a). Vgl. auch *Scheunemann*, RIW 2006, 79, 80; *Wernsmann/Nippert*, FR 2006, 153, 155 f.

108 *Hey*, GmbHR 2006, 113, 120.

109 *Herzig/Englisch/Wagner*, Der Konzern 2005, 298, 302; *Herzig/Wagner*, DStR 2006, 1, 3.

110 *Herzig/Wagner*, DStR 2006, 1, 3, 5 f.; s.a. *Herzig/Englisch/Wagner*, Der Konzern 2005, 298, 308.

rechtsordnung auszeichnen. Die Frage nach der Kohärenz kann daher aufgrund der jeweils verschiedenen nationalen Ausformungen der Steuerregelungen und weil es immer nur um einen konkreten Kohärenz-Zusammenhang bestimmter Einzelvorschriften gehen kann, nur im Einzelfall anhand der potentiell grundfreiheitswidrigen mitgliedstaatlichen Vorschrift und ihres Regelungskontextes behandelt werden.[111]

In einer ersten allgemeinen Abgrenzung kann allenfalls gesagt werden, dass sich die nähere Erörterung von Kohärenzgesichtspunkten eher im Bereich des materiellen Steuerschuldrechts anbietet und nicht in Bezug auf Bestimmungen des formell-rechtlichen Verfahrenspflichtverhältnisses.[112]

Im Übrigen kann als ein Indiz für das Vorliegen eines kohärenten Regelungszusammenhangs gewertet werden, in welchem Ausmaß die fraglichen Normen nach den nationalen Anforderungen des betreffenden Mitgliedstaates zur Verwirklichung der Steuergerechtigkeit dienen.[113]

Zudem ist es bei der Grundfreiheitsprüfung unerlässlich, diese nicht auf die möglicherweise diskriminierende Norm zu beschränken, sondern dabei auch die in einem spezifischen inneren Zusammenhang stehenden weiteren Regelungen miteinzubeziehen.

Damit orientiert sich die Prüfung der Vergleichbarkeit von inter- und intrastaatlichem Sachverhalt an den innerhalb eines konkreten Regelungskomplexes miteinander korrelierenden Steuervor- und -nachteilen in ihrer Gesamtheit, um letztlich zu gewährleisten, dass nicht ein Marktteilnehmer allein aufgrund des transnationalen Charakters seiner Betätigung mittels des grundfreiheitsrechtlichen Diskriminierungsverbots einseitig für innerstaatliche Tätigkeit vorgesehene Vergünstigungen mitnimmt, ohne den korrelierenden Belastungen unterworfen zu werden, denen die landesinternen Vorgänge im zwingenden systematischen Zusammenhang mit der Vorteilsgewährung ausgesetzt sind.[114] Dieser Grundgedanke lässt sich auch auf andere Maßnahmen ausweiten, z.B. auf Fälle diskriminierungsverdächtiger Sonderbelastungen für grenzüberschreitende Vorgänge.[115]

Gemeinsam ist all diesen Konstellationen, dass das Ausmaß der für das Vorliegen einer verbotenen Diskriminierung ausschlaggebenden Vergleichbarkeit davon abhängt, inwieweit sowohl die einen solchen Vorgang treffenden Steuervorteile wie auch die konnexen Steuernachteile einheitlich der Besteuerungshoheit des betreffenden Mitgliedstaates unterliegen und in die sachliche Steuerpflicht einbezogen werden können. Der Kohärenzgrundsatz kann dahingehend weiter präzisiert werden, dass eine strenge Wechselbeziehung, d.h. ein unmittelbarer sachlicher Zusammenhang im Sinne einer spezifischen Konditionalität zwischen konkreten Steuervor- und -nachteilen in dem Sinne bestehen muss, dass nur durch das Zusammenwirken der grundfreiheitsbeeinträchtigenden Norm mit anderen Vorschriften der Regelungszweck erreicht wird (wobei eine

111 *Cordewener*, Europäische Grundfreiheiten und nationales Steuerrecht, S. 958 f.
112 *Cordewener*, Europäische Grundfreiheiten und nationales Steuerrecht, S. 959.
113 *Cordewener*, Europäische Grundfreiheiten und nationales Steuerrecht, S. 962.
114 *Cordewener*, Europäische Grundfreiheiten und nationales Steuerrecht, S. 964.
115 *Cordewener*, Europäische Grundfreiheiten und nationales Steuerrecht, S. 966.

weniger strenge Beurteilung dieser Zusammenhänge, losgelöst von den den Entscheidungen zugrunde liegenden Fallumständen, für die Zukunft nicht ausgeschlossen ist).[116]

Zusammenfassend lässt sich sagen, dass ein Eingriff in eine Grundfreiheit dann gerechtfertigt ist, wenn er zur Bewahrung der Kohärenz der nationalen Steuerrechtsordnung bzw. des in Frage stehenden Normenkomplexes notwendig ist, weil ein unmittelbarer sachlicher Zusammenhang zwischen konkreten Steuervor- und nachteilen bei ein und demselben Steuerpflichtigen besteht.[117]

Dabei soll in Zukunft auch grenzüberschreitend die mit einer Steuerregelung verfolgte Zwecksetzung berücksichtigt werden können.[118] Eine solch staatenübergreifende Gesamtschau, die die wirtschaftliche Gesamtbelastung einschließlich der Auslandsbelastung berücksichtigt, ist dabei Teil eines insgesamt erheblich erweiterten Kohärenzverständnisses.[119] Dazu gehört auch, dass der Vorteilsausgleich bei verschiedenen Steuersubjekten und innerhalb unterschiedlicher Arten erfolgen kann. Voraussetzung dafür ist jedoch eine Verbindung über den wirtschaftlich selben Vorgang und dass die rechtliche Ausgestaltung des Systems Gewähr dafür bietet, dass der Vorteil dem Steuerpflichtigen nur dann zugute kommt, wenn der Nachteil bei dem anderen Steuerpflichtigen auch tatsächlich und in demselben Umfang eintritt.

Abschließend ist noch zu beachten, dass sich aus den von dem betreffenden Mitgliedstaat abgeschlossenen DBAs nicht ergeben darf, dass ein „intern" unter Erfüllung obiger positiver Kriterien in der innerstaatlichen Gesetzgebung angelegter spezifischer Regelungszusammenhang „extern" aufgegeben worden ist.[120] Diese Einbeziehung von DBAs in die Grundfreiheitsprüfung ist in der Rechtsprechung des Europäischen Gerichtshofs jedoch bisher nur ansatzweise erfolgt und ist jeweils sehr genau durchzuführen, um auszuschließen, dass das DBA nicht vielmehr eine bestätigende absichernde Wirkung haben soll. Sie erfolgt im Rahmen der Frage nach der Verhältnismäßigkeit der Umsetzung, die ohnehin immer zusätzlich zu prüfen ist, wenn der Kohärenzgedanke sachlich eingreift.[121]

---

116 *Cordewener*, Europäische Grundfreiheiten und nationales Steuerrecht, S. 967 f.; *Herzig/Englisch/Wagner*, Der Konzern 2005, 298, 302. Zum strengen Kohärenzverständnis auch *Kokott/Ott*, EuZW 2011, 496, 501.

117 *Ettinger*, RIW 2006, 94, 97. S.a. *Herzig/Wagner*, DB 2005, 1, 2.

118 *Ettinger*, RIW 2006, 94, 97. S. hierzu auch *Stewen*, EuR 2008, 445, 458.

119 *Herzig/Wagner*, DStR 2006, 1, 3; *Stewen*, EuR 2008, 445, 458. Zur Entwicklung zudem *Kokott/Ott*, EuZW 2011, 496, 501 f.; s. ferner *Seiler/Axer*, IStR 2008, 838, 839 f., 843. Auch *Hey*, StuW 2004, 193, 197; *dies.*, in: FS Schaumburg, S. 767, 771, befürwortet – obwohl sie der Forderung nach personeller Identität von Vor- und Nachteil grundsätzlich zustimmt – jedenfalls für das Verhältnis zwischen Kapitalgesellschaft und Anteilseigner eine steuersubjektübergreifende Anwendung des Kohärenzprinzips. Kritisch zur staatenübergreifenden Gesamtschau insbes. unter dem Aspekt der Letztstaatenverantwortung *Herzig/Englisch/Wagner*, Der Konzern 2005, 298, 313; *dies.*, 2006, 176, 181.

120 *Cordewener*, Europäische Grundfreiheiten und nationales Steuerrecht, S. 969. Vgl. hierzu auch *Kokott/Ott*, EuZW 2011, 496, 501; *Schindler*, IStR 2004, 300, 306 f.; *Schön*, IStR 2004, 289, 296.

121 *Ettinger*, RIW 2006, 94, 98.

ee) Neuere Entwicklung

In den letzten Entscheidungen des EuGH[122] zeichnet sich eine neuere Entwicklung ab, die sich durch eine Erweiterung der Anerkennung der Rechtfertigungsgründe, insbesondere unter Anknüpfung an den oben bereits genannten Aspekt der Missbrauchsbekämpfung, auszeichnet.[123] Diese Eröffnung weiterer Rechtfertigungsgründe hat zur Folge, dass auch der Verhältnismäßigkeitsgrundsatz immer öfter zur Anwendung kommt und dementsprechend an Bedeutung gewinnt. Trotzdem erscheint seine genaue Ausgestaltung immer noch etwas konturenlos.

Im Einzelnen erkennt der Gerichtshof nunmehr die Notwendigkeit einer ausgewogenen Aufteilung der Besteuerungsbefugnis zwischen den Mitgliedstaaten zusammen mit den beiden weiteren Rechtfertigungsgründen der Gefahr einer doppelten Verlustberücksichtigung und der Steuerfluchtgefahr an. Dass dabei letztlich die Wahrung der Ausgewogenheit der Besteuerungsbefugnis der entscheidendere Gesichtspunkt ist,[124] zeigt sich auch daran, dass der EuGH in seinen Folgeentscheidungen deutlich macht, dass diese Rechtfertigungsgründe nicht notwendigerweise kumulativ vorliegen müssen, um ihre rechtfertigende Wirkung zu entfalten; vielmehr kann diese auch allein auf den zwingenden Grund der Wahrung der ausgewogenen Aufteilung der Besteuerungsbefugnis gestützt werden.[125]

---

122 EuGH, Urt. v. 13.12.2005 – C-446/03, Slg. I-10837 – Marks & Spencer (s.u. Fünftes Kapitel D.II.1.a)); Urt. v. 07.09.2006 – C-470/04, Slg. I-7409 – N (s.u. Fünftes Kapitel B.II.2.); Urt. v. 12.09.2006 – C-196/04, Slg. I-7995 – Cadburry Schweppes; Urt. v. 14.11.2006 – C-513/04, Slg. I-10967 – Kerckhaert und Morres; Urt. v. 13.03.2007 – C-524/04, Slg. I-2107 – Test Claimants in the Thin Cap Group Litigation; Urt. v. 29.03.2007 – C-347/04, Slg. I-2647 – Rewe Zentralfinanz; Urt. v. 18.07.2007 – C-231/05, Slg. I-6373 – Oy AA; Urt. v. 28.02.2008 – C-293/06, Slg. I-1129; Urt. v. 15.05.2008 – C-414/06, Slg. I-3601 – Lidl Belgium.

123 S. hierzu *Fischer*, jurisPR-SteuerR 21/2008 Anm. 2; *Stewen*, EuR 2008, 445, 458 f.; *Wagner*, IStR 2007, 650, 652. Ferner *Eisenbarth/Hufeld*, IStR 2010, 309, 310-313; *Seiler/Axer*, IStR 2008, 838, 839-844.

124 *Pache/Englert*, IStR 2007, 844, 846. Ferner *Hohenwarter-Mayr*, SWI 2010, 163, 168 f.

125 So genügte es dem EuGH in seiner Oy AA-Entscheidung mangels Eingreifens des Rechtfertigungsgrundes der Gefahr einer doppelten Verlustberücksichtigung ebenfalls, dass nur die beiden Gesichtspunkte der Notwendigkeit der Wahrung einer ausgewogenen Aufteilung der Besteuerungsbefugnis sowie die Vermeidung einer Steuerumgehung einschlägig waren, um dann unter Hinweis auf die Verknüpfung dieser beiden Ziele zur Prüfung der Erforderlichkeit überzugehen (s. hierzu noch unter Fünftes Kapitel D.II.2.a)cc)α)). Dies hat der EuGH auch in seiner später ergangenen Lidl Belgium-Entscheidung bestätigt und ausgeführt, dass angesichts der Vielfalt von Situationen, in denen ein Mitgliedstaat derartige zwingende Gründe des Allgemeininteresses geltend machen kann, nicht verlangt werden könne, dass alle in Rn. 51 des Marks & Spencer-Urteils genannten Rechtfertigungsgründe vorliegen müssen, damit eine die Niederlassungsfreiheit nach Art. 43 EG beschränkende nationale Steuerregelung grundsätzlich gerechtfertigt sein kann (EuGH, Urt. v. 15.05.2008 – C-414/06, Slg.I-3601 Rn. 40 – Lidl Belgium). Schließlich reichte dem EuGH in seiner Entscheidung zur Rechtssache X Holding BV allein der zwingende Grund der ausgewogenen Aufteilung der Besteuerungsbefugnis zwischen den Mitgliedstaaten ohne Kombination mit einem weiteren Grund zur Rechtfertigung aus (s. hierzu noch unter Fünftes Kapitel D.II.1.b)).

Im Kern kommt es dem EuGH darauf an, dass ein Steuerpflichtiger nicht mittels künstlicher, jeder wirtschaftlichen Realität barer Gestaltungen der Steuer entgehen können soll, die üblicherweise für die durch Inlandstätigkeiten erzielten Gewinne geschuldet wird. Die Mitgliedstaaten haben mithin das Recht, ihre Steuerzuständigkeit in Bezug auf die in ihrem Hoheitsgebiet durchgeführten Tätigkeiten auszuüben, und dabei insbesondere auch die durch Tätigkeiten in ihrem Hoheitsgebiet erzielten Gewinne zu besteuern. Damit soll eben letztendlich eine Ausgewogenheit der Aufteilung der Besteuerungsbefugnis zwischen den Mitgliedstaaten erreicht werden.[126] Über diesen Aspekt ist dann die Rechtfertigung einer Beschränkung der Niederlassungsfreiheit möglich.

3. Entscheidungsreihe des Europäischen Gerichtshofs als Diskussionsbasis

Wie bereits mehrfach angesprochen, hat nicht zuletzt auch die Rechtsprechung des Europäischen Gerichtshofs die Diskussion um das europäische Gesellschaftsrecht und damit mittelbar auch um die steuerliche Behandlung der Scheinauslandsgesellschaft weiter vorangetrieben. Neben einigen Entscheidungen, die bestimmte Themenkomplexe oder Einzelfragen betreffen und in dieser Arbeit an den jeweils einschlägigen Stellen im Zusammenhang behandelt werden, ist für die gesellschaftsrechtliche Beurteilung eine Reihe von vier Entscheidungen von maßgeblicher Bedeutung, die nun vorab dargestellt und in der gebotenen Kürze besprochen wird.

a) Daily Mail

Das erste Glied dieser Entscheidungskette bildet das Urteil des EuGH in der Rechtssache Daily Mail and General Trust PLC (kurz: Daily Mail).[127]

Dabei ging es um eine britische Investmentholdinggesellschaft, eben die klagende Daily Mail, die ihre Geschäftsleitung in die Niederlande verlegen wollte, um die Besteuerung des Wertzuwachses des Gesellschaftsvermögens in Großbritannien zu vermeiden. Diese Aufgabe des Geschäftsleitungs- und damit des steuerlichen Sitzes ohne Auflösung der Gesellschaft bedarf jedoch nach britischem Steuerrecht der Genehmigung durch die Finanzverwaltung. Nachdem diese auch nach längeren Verhandlungen nicht erteilt wurde (mit der Folge, dass in den Niederlanden eine neue Gesellschaft hätte gegründet werden müssen), machte die Klägerin vor dem High Court of Justice geltend, das Genehmigungserfordernis stehe im Widerspruch zu den Art. 52, 58 EWG-Vertrag (Art. 49, 54 AEUV); sie habe vielmehr das Recht, ihre Geschäftsleitung ohne vorherige Genehmigung in einen anderen Mitgliedstaat zu verlegen bzw. jedenfalls den unbedingten Anspruch auf Erteilung dieser Genehmigung. Dies führte schließlich zur Vorlage an den Europäischen Gerichtshof im Wege des Vorabentscheidungsverfahrens.

126 Zu dem Verhältnis zwischen Missbrauchsvermeidung und einer ausgewogenen Aufteilung der Besteuerungsbefugnis eingehend *Hey*, StuW 2008, 167, 180-183.

127 EuGH, Urt. v. 27.09.1988 – 81/87, Slg. 5483 – Daily Mail.

In seiner Entscheidung bestätigt der Europäische Gerichtshof zunächst noch einmal die grundlegende Bedeutung der Niederlassungsfreiheit und bekräftigt die unmittelbare Geltung der sie gewährleistenden Vertragsbestimmungen. Er weist ferner darauf hin, dass dieses Recht zur Niederlassung in einem anderen Mitgliedstaat neben den natürlichen Personen auch den in Art. 58 EWG-Vertrag (Art. 54 AEUV) genannten Gesellschaften zusteht.[128] Zudem stellt er vorab klar, dass diese Bestimmungen zwar primär dazu dienen, die Gleichbehandlung ausländischer Staatsangehöriger und Gesellschaften im Aufnahmestaat mit den Staatsangehörigen und Gesellschaften dieses Staates zu gewährleisten, dass sie jedoch – um die in Art. 52 ff. EWG-Vertrag (Art. 49 ff. AEUV) garantierten Rechte nicht leerlaufen zu lassen – auch dem Heimatstaat verbieten, die Niederlassungsfreiheit seiner eigenen Staatsangehörigen oder von nach seinen Gesetzen wirksam gegründeten Gesellschaften im Sinne des Art. 58 EWG-Vertrag (Art. 54 AEUV) zu beschränken.[129]

In der konkret in Rede stehenden britischen Rechtsvorschrift sieht der Europäische Gerichtshof keine solche Beschränkung. Sie behindere auch nicht die teilweise oder vollständige Übertragung der Tätigkeit einer Gesellschaft britischen Rechts auf eine in einem anderen Mitgliedstaat neugegründete Gesellschaft, ggf. nach Auflösung der britischen Gesellschaft und dementsprechendem Ausgleich ihrer steuerlichen Konten. Vielmehr sei die Genehmigung der Finanzverwaltung nur in den Fällen erforderlich, in denen die Gesellschaft ihre Geschäftsleitung unter Beibehaltung ihrer Rechtspersönlichkeit und ihrer Eigenschaft als Gesellschaft britischen Rechts aus dem Vereinigten Königreich hinausverlegen will.[130]

Der Europäische Gerichtshof führt dann in Rn. 19 aus, im Gegensatz zu natürlichen Personen seien Gesellschaften Einheiten, die aufgrund einer – beim gegenwärtigen Stand des Gemeinschaftsrechts – nationalen Rechtsordnung geschaffen würden und deren einzige Existenzgrundlage die verschiedenen für ihre Errichtung und Funktionsweise maßgeblichen nationalen Rechtsordnungen seien. Diese Rechtsordnungen folgten zwar im Rahmen des Internationalen Privatrechts unterschiedlichen Ansätzen zur Bestimmung des Gesellschaftsstatuts, jedoch habe der EWG-Vertrag diesen Differenzen durchaus Rechnung getragen. Zum einen nenne Art. 58 EWG-Vertrag (Art. 54 AEUV) in seiner Definition der Gesellschaften, die sich auf das Niederlassungsrecht berufen können, gleichermaßen den satzungsmäßigen Sitz, die Hauptverwaltung und die Hauptniederlassung einer Gesellschaft als Anknüpfungspunkte; zum anderen sehe Art. 220 des Vertrages die Möglichkeit des Abschlusses von Übereinkommen zwischen den Mitgliedstaaten vor, um unter anderem die Beibehaltung der Rechtspersönlichkeit bei Verlegung des Sitzes von einem Staat in einen anderen sicherzustellen, wovon bisher noch kein Gebrauch gemacht worden sei.[131] Schließlich befasse sich auch keine der nach Art. 54 Abs. 3 lit. g EWG-Vertrag (Art. 50 Abs. 2 lit. g

128 EuGH, Urt. v. 27.09.1988 – 81/87, Slg. 5483 Rn. 15 – Daily Mail.
129 EuGH, Urt. v. 27.09.1988 – 81/87, Slg. 5483 Rn. 16 – Daily Mail.
130 EuGH, Urt. v. 27.09.1988 – 81/87, Slg. 5483 Rn. 18 – Daily Mail.
131 EuGH, Urt. v. 27.09.1988 – 81/87, Slg. 5483 Rn. 21 – Daily Mail.

AEUV) beschlossenen Richtlinien zur Vereinheitlichung des Gesellschaftsrechts mit den hier relevanten Verschiedenheiten der nationalen Gesellschaftsrechtssysteme.[132]

Der Europäische Gerichtshof stellt dann in Rn. 23 zusammenfassend fest, der EWG-Vertrag erkenne die obigen Unterschiede als Probleme, die durch die Regeln über das Niederlassungsrecht nicht gelöst seien, sondern der Lösung durch gesetzgeberische Maßnahmen oder Übereinkommen bedürften, welche aber bisher noch nicht vorlägen.

Im Ergebnis könnten daher die Art. 52, 58 EWG-Vertrag (Art. 49, 54 AEUV) nicht dahingehend ausgelegt werden, dass sie den Gesellschaften nationalen Rechts ein Recht verliehen, ihre Geschäftsleitung in einen anderen Mitgliedstaat zu verlegen und gleichzeitig ihren Status als Gesellschaften des Mitgliedstaats, nach dessen Rechtsvorschriften sie errichtet wurden, beizubehalten.[133] Anders gewendet heißt dies entsprechend dem Leitsatz, die Vorschriften seien dahin auszulegen, dass sie einer nach den Rechtsvorschriften eines Mitgliedstaates errichteten Gesellschaft mit dortigem satzungsmäßigem Sitz beim gegenwärtigen Stand des Gemeinschaftsrechts nicht das Recht verliehen, ihren Verwaltungssitz in einen anderen Mitgliedstaat zu verlegen.

b) Centros

Etwa zehn Jahre später hatte der Europäische Gerichtshof in der Rechtssache Centros zu entscheiden.[134]

Bei der Centros Ltd (kurz: Centros) handelte es sich um eine in England und Wales eingetragene „private limited company", die seit ihrer Errichtung keine Geschäftstätigkeit entfaltet hat. Eigentümer des in zwei Anteile zerfallenden Kapitals der Gesellschaft waren die in Dänemark ansässigen Eheleute B. mit ebenfalls dänischer Staatsangehörigkeit. Frau B. beantragte nach einigen Monaten entsprechend den einschlägigen Vorschriften bei der Zentralverwaltung die Eintragung einer Zweigniederlassung der Centros in Dänemark. Dieser Antrag wurde mit der Begründung abgelehnt, die Centros beabsichtige unter Umgehung der nationalen Vorschriften, insbesondere der im Vergleich zu den britischen Regelungen strengeren Vorschriften über das Mindestgesellschaftskapital, in Wirklichkeit, in Dänemark nicht eine Zweigniederlassung, sondern einen Hauptsitz zu errichten. Die Frage der Vereinbarkeit dieses Vorgehens mit der Niederlassungsfreiheit der Art. 52, 58 EGV (Art. 49, 54 AEUV) war in der Folge Gegenstand des Vorabentscheidungsverfahrens vor dem Europäischen Gerichtshof.

Zu Beginn seiner Entscheidung stellt der Europäische Gerichtshof klar, dass die dem Fall zugrunde liegende Konstellation, bei der eine nach dem Recht eines Mitgliedstaates gegründete Gesellschaft, die dort auch ihren satzungsmäßigen Sitz hat, eine Zweigniederlassung in einem anderen Mitgliedstaat gründen will,

---

132 EuGH, Urt. v. 27.09.1988 – 81/87, Slg. 5483 Rn. 22 – Daily Mail.

133 EuGH, Urt. v. 27.09.1988 – 81/87, Slg. 5483 Rn. 24 – Daily Mail.

134 EuGH, Urt. v. 09.03.1999 – C-212/97, Slg. I-1459 – Centros.

unter das Gemeinschaftsrecht fällt. Dabei sei es ohne Bedeutung, dass die Gesellschaft im ersten Mitgliedstaat nur gegründet wurde, um sich in dem zweiten Mitgliedstaat niederzulassen, in dem die Geschäftstätigkeit im Wesentlichen oder ausschließlich ausgeübt werden soll.[135] Auch die Tatsache, dass die Eheleute B. die Gesellschaft in Großbritannien nur zu dem Zweck gegründet haben, die Vorschriften des dänischen Rechts über das Mindestgesellschaftskapital zu umgehen, ändere an der Anwendbarkeit der Art. 52, 58 EGV (Art. 49, 54 AEUV) zunächst nichts.[136] Aus den Regelungen zur Niederlassungsfreiheit ergebe sich für die Gesellschaften im Sinne des Art. 58 EGV (Art. 54 AEUV) unmittelbar das Recht zur Ausübung ihrer Tätigkeit in einem anderen Mitgliedstaat durch eine Agentur, Zweigniederlassung oder Tochtergesellschaft. Ihr satzungsmäßiger Sitz, ihre Hauptverwaltung oder ihre Hauptniederlassung dienten dabei – entsprechend der Staatsangehörigkeit bei natürlichen Personen – dazu, ihre Zugehörigkeit zur Rechtsordnung eines Mitgliedstaates zu bestimmen.[137]

Durch die Verweigerung der Eintragung der Zweigniederlassung einer Gesellschaft mit Sitz in einem anderen Mitgliedstaat werde diese nach dem Recht eines anderen Mitgliedstaates gegründete Gesellschaft an der Wahrnehmung ihres Niederlassungsrechts gehindert, ein solches Vorgehen stelle mithin eine Beschränkung der Grundfreiheit dar.[138]

Der Europäische Gerichtshof weist in der Folge noch einmal darauf hin, dass ein Mitgliedstaat zwar berechtigt sei, Maßnahmen dagegen zu treffen, dass sich einige seiner Staatsbürger unter Missbrauch der durch den EGV geschaffenen Möglichkeiten der Anwendung des nationalen Rechts entziehen; die rechtsmissbräuchliche oder betrügerische Berufung auf Gemeinschaftsrecht sei nicht gestattet.[139] Er betont jedoch auch sogleich, dass ein solcher Fall hier nicht gegeben sei. Vielmehr sei das Ziel der Vertragsvorschriften über die Niederlassungsfreiheit zu beachten, das doch gerade darin bestehe, den nach dem Recht eines Mitgliedstaates errichteten Gesellschaften, die ihren satzungsmäßigen Sitz, ihre Hauptverwaltung oder ihre Hauptniederlassung innerhalb der Gemeinschaft haben, zu erlauben, mittels einer Agentur, Zweigniederlassung oder Tochtergesellschaft in anderen Mitgliedstaaten tätig zu werden.[140] Daraus folgert der Europäische Gerichtshof in Rn. 27, dass es für sich allein eben keine missbräuchliche Ausnutzung des Niederlassungsrechts darstelle, wenn ein Staatsangehöriger eines Mitgliedstaates, der eine Gesellschaft gründen möchte, diese in dem Mitgliedstaat errichtet, dessen gesellschaftsrechtliche Vorschriften ihm die größte Freiheit lassen, und in anderen Mitgliedstaaten Zweigniederlassungen gründet. Denn genau dieses Recht, eine Gesellschaft nach dem Recht eines Mitgliedstaates zu errichten und in anderen Mitgliedstaaten Zweigniederlassungen zu gründen, ergebe sich unmittelbar aus der vom EGV garantierten Niederlassungsfreiheit.

135 EuGH, Urt. v. 09.03.1999 – C-212/97, Slg. I-1459 Rn. 17, 29 – Centros.
136 EuGH, Urt. v. 09.03.1999 – C-212/97, Slg. I-1459 Rn. 18 – Centros.
137 EuGH, Urt. v. 09.03.1999 – C-212/97, Slg. I-1459 Rn. 20 – Centros.
138 EuGH, Urt. v. 09.03.1999 – C-212/97, Slg. I-1459 Rn. 21 – Centros.
139 EuGH, Urt. v. 09.03.1999 – C-212/97, Slg. I-1459 Rn. 24 – Centros.
140 EuGH, Urt. v. 09.03.1999 – C-212/97, Slg. I-1459 Rn. 25, 26 – Centros.

Das Vorgehen Dänemarks wurde somit für unvereinbar mit der Niederlassungsfreiheit erklärt, die Eintragungsverweigerung verhindere jede Wahrnehmung der durch die Art. 52, 58 EGV (Art. 49, 54 AEUV) gewährleisteten Freiheit zur Gründung einer Zweigniederlassung.[141] Die dann noch verbleibende Frage einer möglichen Rechtfertigung des nationalen Vorgehens durch Gründe des Gläubigerschutzes verneint der Europäische Gerichtshof mit dem Hinweis, dass zum einen diese Gründe für Art. 56 EGV (Art. 52 AEUV) ohne Belang seien, und dass zum anderen die beschränkenden Maßnahmen der vom Europäischen Gerichtshof entwickelten vierstufigen Rechtfertigungsprüfung nicht standhielten: Sie seien zur Erreichung des Zieles Gläubigerschutz weder geeignet noch erforderlich.[142]

c) Überseering

Das dritte Glied in der Kette stellt die Entscheidung in der Rechtssache Überseering dar.[143] Dem Urteil lag folgender Sachverhalt zugrunde:

Die Überseering BV (kurz: Überseering), eine Gesellschaft niederländischen Rechts, verklagte die Nordic Construction Company Baumanagement GmbH (kurz: NCC), eine Gesellschaft mit Sitz in Deutschland, aus einem zwischen den Parteien bestehenden Generalübernahmevertrag auf Zahlung der Beseitigungskosten von angeblichen Mängeln bei Malerarbeiten und der Folgeschäden. Nachdem die Klage zunächst abgewiesen worden war, erklärte die Berufungsinstanz die Klage der Überseering mit der Begründung für unzulässig, die Gesellschaft habe durch den nach Vertragsschluss erfolgten Erwerb sämtlicher ihrer Geschäftsanteile durch zwei deutsche Staatsangehörige ihren tatsächlichen Verwaltungssitz nach Düsseldorf verlegt, was nach der geltenden Sitztheorie dazu führe, dass die Überseering als niederländische Gesellschaft in Deutschland nicht rechtsfähig und damit auch nicht parteifähig sei. Im Rahmen des Revisionsverfahrens vor dem Bundesgerichtshof (BGH) legte dieser dem Europäischen Gerichtshof dann die Frage zur Vorabentscheidung vor, ob die Art. 43 und 48 EG (Art. 49, 54 AEUV) dahin auszulegen seien, dass es im Widerspruch zur Niederlassungsfreiheit stehe, wenn die Rechts- und Parteifähigkeit einer nach dem Recht eines Mitgliedstaates wirksam gegründeten Gesellschaft nach dem Recht des Staates beurteilt werden, in den die Gesellschaft ihren tatsächlichen Verwaltungssitz verlegt hat, und wenn sich aus dessen Recht ergebe, dass sie vertraglich begründete Ansprüche dort nicht mehr gerichtlich geltend machen könne. Für den Fall der Bejahung fragt der Bundesgerichtshof weiter, ob die Niederlassungsfreiheit für Gesellschaften es gebiete, die Rechts- und Parteifähigkeit nach dem Recht des Gründungsstaates zu beurteilen.

Auch in diesem Fall trifft der Europäische Gerichtshof vorab eine klare Entscheidung zugunsten der Anwendbarkeit der Niederlassungsfreiheit und begründet diese im Anschluss ausführlich.[144]

141 EuGH, Urt. v. 09.03.1999 – C-212/97, Slg. I-1459 Rn. 30 – Centros.
142 EuGH, Urt. v. 09.03.1999 – C-212/97, Slg. I-1459 Rn. 34-37 – Centros.
143 EuGH, Urt. v. 05.11.2002 – C-208/00, Slg. I-9919 – Überseering.
144 EuGH, Urt. v. 05.11.2002 – C-208/00, Slg. I-9919 Rn. 52 – Überseering.

Er stellt dabei in den Rn. 54 und 55 zunächst heraus, dass Art. 239 EG (Art. 273 AEUV) keinen Rechtsetzungsvorbehalt zugunsten der Mitgliedstaaten enthalte; der Abschluss solcher Übereinkünfte könne zwar ebenso wie die in Art. 44 EG (Art. 50 AEUV) vorgesehenen Harmonisierungsrichtlinien die Verwirklichung der Niederlassungsfreiheit erleichtern, sei aber keine Voraussetzung für deren Gebrauch. Vielmehr, so betont der Europäische Gerichtshof mit Verweis auf die Centros-Rechtsprechung, setze die Inanspruchnahme der Niederlassungsfreiheit zwingend die Anerkennung der Gesellschaften im Sinne des Art. 48 EG (Art. 54 AEUV) durch alle Mitgliedstaaten voraus, in denen sie sich niederlassen wollen.[145]

Im Weiteren geht der Gerichtshof auch auf das Verhältnis zu seiner Daily Mail-Entscheidung ein und betont den grundlegenden Unterschied zur Überseering-Konstellation. Während Daily Mail die Beziehungen zwischen einer Gesellschaft und dem Mitgliedstaat, nach dessen Recht sie gegründet worden ist, für den Fall betreffe, dass die Gesellschaft ihren tatsächlichen Verwaltungssitz unter Wahrung der ihr in ihrem Gründungsstaat zuerkannten Rechtspersönlichkeit in einen anderen Mitgliedstaat verlegen wollte, gehe es bei Überseering um die Anerkennung und Behandlung einer nach dem Recht eines Mitgliedstaates gegründeten und dort von ihrer Niederlassungsfreiheit Gebrauch machenden Gesellschaft durch einen anderen Mitgliedstaat; dabei werde einer solchen Gesellschaft vorliegend in diesem Mitgliedstaat die Rechtsfähigkeit abgesprochen, da er davon ausgehe, dass sie ihren tatsächlichen Verwaltungssitz in sein Hoheitsgebiet verlegt hat, ohne dass es hierfür darauf ankäme, ob die Gesellschaft tatsächlich eine Sitzverlegung vornehmen wollte.[146] Zu der für den Fall Überseering entscheidenden Frage seien in der Daily Mail-Entscheidung keine Äußerungen getroffen worden.[147] Der Europäische Gerichtshof weist insbesondere auf seine in Rn. 23 des Daily Mail-Urteils getroffene Aussage hin (s.o., Drittes Kapitel C.III.3.a)) und stellt in Rn. 72 klar, dass damit den Mitgliedstaaten nicht die Möglichkeit eingeräumt werden sollte, die tatsächliche Inanspruchnahme der Niederlassungsfreiheit in ihrem Hoheitsgebiet durch in anderen Mitgliedstaaten wirksam gegründete Gesellschaften, von denen sie annehmen, dass sie ihren tatsächlichen Verwaltungssitz in ihr Hoheitsgebiet verlegt haben, von der Beachtung ihres nationalen Gesellschaftsrechts abhängig zu machen. Aus dem Urteil Daily Mail ergebe sich folglich nicht, dass wenn eine nach dem Recht eines Mitgliedstaates gegründete Gesellschaft, der dort auch ihre Rechtspersönlichkeit zuerkannt wird, von ihrer Niederlassungsfreiheit in einem anderen Mitgliedstaat Gebrauch macht, die Frage der Anerkennung ihrer Rechts- und Parteifähigkeit nicht den Bestimmungen des EG-Vertrags über die Niederlassungsfreiheit unterliege. Dies gelte selbst für den Fall, dass von dieser Gesellschaft nach dem Recht des Mitgliedstaates der Niederlassung angenommen wird, sie verlege ihren tatsächlichen Verwaltungssitz dorthin.[148]

---

145 EuGH, Urt. v. 05.11.2002 – C-208/00, Slg. I-9919 Rn. 59 – Überseering.
146 EuGH, Urt. v. 05.11.2002 – C-208/00, Slg. I-9919 Rn. 62, 66 – Überseering.
147 EuGH, Urt. v. 05.11.2002 – C-208/00, Slg. I-9919 Rn. 71 – Überseering.
148 EuGH, Urt. v. 05.11.2002 – C-208/00, Slg. I-9919 Rn. 73 – Überseering.

Schließlich ergebe sich auch aus Titel I des Allgemeinen Programms mit seinem Erfordernis einer tatsächlichen und dauerhaften Verbindung mit der Wirtschaft eines Mitgliedstaates nichts anderes, dieser sei schon seinem Wortlaut nach nicht einschlägig, es gälten die in der Centros-Entscheidung in Rn. 19 zu Art. 58 EGV (Art. 48 EG, Art. 54 AEUV) getroffenen Feststellungen, wonach die nach dem Recht eines Mitgliedstaates gegründeten Gesellschaften, die ihren satzungsmäßigen Sitz, ihre Hauptverwaltung oder ihre Hauptniederlassung innerhalb der Gemeinschaft haben, den natürlichen Personen gleichstehen, die Angehörige der Mitgliedstaaten sind.[149]

Im Anschluss setzt sich der Europäische Gerichtshof mit der Frage auseinander, ob in der Nichtanerkennung der Rechts- und Parteifähigkeit, die faktisch zu einer Neugründung zwingt, eine Beschränkung der Niederlassungsfreiheit liegt. Zunächst legt der Gerichtshof dabei in Rn. 80 dar, dass die Überseering als in den Niederlanden wirksam gegründete Gesellschaft mit dortigem satzungsmäßigem Sitz aufgrund der Art. 43 und 48 EG (Art. 49, 54 AEUV) das Recht hat, in Deutschland von der Niederlassungsfreiheit als Gesellschaft niederländischen Rechts Gebrauch zu machen. Daran ändere auch der vollständige Anteilserwerb durch in Deutschland ansässige deutsche Staatsangehörige nichts, da dies nicht zum Verlust der ihr nach der niederländischen Rechtsordnung zuerkannten Rechtsfähigkeit führe. Im Gegenteil hänge ihre Existenz entsprechend den Ausführungen im Daily Mail-Urteil untrennbar mit ihrer Eigenschaft als Gesellschaft niederländischen Rechts zusammen, weshalb das Erfordernis einer Neugründung derselben Gesellschaft in Deutschland der Negierung der Niederlassungsfreiheit gleichkomme.[150] In der Nichtanerkennung der Rechts- und Parteifähigkeit mit faktischem Zwang zur Neugründung in Konstellationen wie der von Überseering sei daher eine mit der Niederlassungsfreiheit der Art. 43, 48 EG (Art. 49, 54 AEUV) nicht vereinbare Beschränkung zu sehen.[151]

Darauf folgend nennt der Europäische Gerichtshof die zur Rechtfertigung dieser Beschränkung in Betracht kommenden zwingenden Gründe des Gemeinwohls wie den Gläubigerschutz, den Schutz der Minderheitsgesellschafter, den Arbeitnehmerschutz oder die Fiskalinteressen.[152] Insofern gesteht der Gerichtshof zwar zu, dass diese Ziele unter bestimmten Umständen und bei Beachtung bestimmter Voraussetzungen Beschränkungen der Niederlassungsfreiheit rechtfertigen könnten, jedoch nicht Maßnahmen wie die vorliegende, die einer Negierung der Niederlassungsfreiheit gleichkomme.[153]

Der Europäische Gerichtshof bejaht also die erste Vorlagefrage.[154]

In der Folge kommt er für die zweite Vorlagefrage in Rn. 95 zu dem Ergebnis, dass für den Fall, dass eine Gesellschaft, die nach dem Recht eines Mitgliedstaates gegründet worden ist, in dessen Hoheitsgebiet sie ihren satzungsmäßigen Sitz hat, in einem anderen Mitgliedstaat von ihrer Niederlassungsfreiheit Ge-

149 EuGH, Urt. v. 05.11.2002 – C-208/00, Slg. I-9919 Rn. 74, 75 – Überseering.
150 EuGH, Urt. v. 05.11.2002 – C-208/00, Slg. I-9919 Rn. 81 – Überseering.
151 EuGH, Urt. v. 05.11.2002 – C-208/00, Slg. I-9919 Rn. 82 – Überseering.
152 EuGH, Urt. v. 05.11.2002 – C-208/00, Slg. I-9919 Rn. 83-91 – Überseering.
153 EuGH, Urt. v. 05.11.2002 – C-208/00, Slg. I-9919 Rn. 92, 93 – Überseering.
154 EuGH, Urt. v. 05.11.2002 – C-208/00, Slg. I-9919 Rn. 94 – Überseering.

brauch macht, dieser andere Mitgliedstaat nach den Art. 43 und 48 EG (Art. 49, 54 AEUV) verpflichtet sei, die Rechts- und damit die Parteifähigkeit zu achten, die diese nach dem Recht ihres Gründungsstaates besitzt.

d) Inspire Art

Den vorläufigen Schlusspunkt in der Urteilsreihe markierte die Entscheidung Inspire Art.[155]

Dabei handelte es sich um eine als „private company limited by shares" gegründete Gesellschaft englischen Rechts mit dortigem Sitz, die im Verkauf von Kunstgegenständen tätig war. Ihr einziger Geschäftsführer war wohnhaft in den Niederlanden und befugt, allein und selbständig im Namen der Gesellschaft zu handeln. Die Inspire Art nahm im Sommer kurz nach ihrer Gründung die Geschäfte auf und hatte eine Zweigniederlassung in Amsterdam. Für diese Zweigniederlassung bestand nach der „Wet op de formeel buitenlandse vennootschappen" – WFBV – (Gesetz über formal ausländische Gesellschaften) die Verpflichtung, ihre Eintragung im niederländischen Handelsregister mit dem Zusatz „formeel buitenlandse vennootschap" (formal ausländische Gesellschaft) versehen zu lassen, was auch weitere gesetzliche Verpflichtungen nach sich zog. Die Inspire Art war nur ohne diesen Zusatz eingetragen, die Handelskammer hielt seine Ergänzung jedoch für erforderlich und beantragte die Anordnung der Vervollständigung beim Kantongerecht Amsterdam. Nachdem dieses festgestellt hatte, dass die Inspire Art grundsätzlich unter die Regelung des WFBV fällt, legte es dem Europäischen Gerichtshof die Frage zur Vorabentscheidung vor, ob die Art. 43, 48 EG (Art. 49, 54 AEUV) so auszulegen seien, dass sie den Niederlanden untersagten, aufgrund der WFBV zusätzliche Vorschriften für die Errichtung einer niederländischen Zweigniederlassung einer Gesellschaft zu erlassen, die in der alleinigen Absicht im Vereinigten Königreich errichtet worden ist, bestimmte Vorteile zu erlangen, die sich im Verhältnis zu einer Unternehmung ergeben, die nach niederländischem Recht errichtet worden ist, das für die Errichtung und die Volleinzahlung strengere Bestimmungen enthält als das Recht des Vereinigten Königreichs, wobei das niederländische Gesetz die Absicht aus der Tatsache herleitet, dass die Gesellschaft ihre Tätigkeit (nahezu) vollständig in den Niederlanden ausübt und daneben keine tatsächliche Bindung an den Staat hat, in dem das Recht gilt, nach dem sie errichtet worden ist. Es schließt für den Fall der Bejahung die Frage an, ob die Regelung der WFBV trotzdem angewendet werden könne, weil Art. 46 EG (Art. 52 AEUV) so auszulegen sei, dass darüber eine Rechtfertigung erfolge.

Der Europäische Gerichtshof erklärt zunächst, dass ein ganzer Teil der angegriffenen Vorschriften der WFBV dem Anwendungsbereich der Vierten und vor allem der Elften Richtlinie unterfiele, was letztlich dazu führe, dass die entsprechenden Regelungen von ihm nicht am Maßstab der Art. 43, 48 EG (Art. 49, 54 AEUV) zu prüfen seien.

155 EuGH, Urt. v. 30.09.2003 – C-167/01, Slg. I-10155 – Inspire Art.

In der Folge setzt der Europäische Gerichtshof sich dann mit der Vereinbarkeit der noch zu prüfenden Vorschriften (namentlich die über das erforderliche Mindestkapital und die gesamtschuldnerische Haftung der Geschäftsführer als Sanktion für die Nichterfüllung der Verpflichtungen aus der WFBV) mit der Niederlassungsfreiheit nach den Art. 43, 48 EG (Art. 49, 54 AEUV) auseinander.

Zu Beginn seiner Ausführungen bestätigt er in den Rn. 95-98 seine in der Centros-Entscheidung (und auch schon im Urteil Segers) getroffenen Aussagen zur Anwendbarkeit der Niederlassungsfreiheit auch in den Fällen, in denen eine Gesellschaft in einem Mitgliedstaat nur errichtet wird, um sich in einem zweiten Mitgliedstaat niederzulassen, in dem die Geschäftstätigkeit im Wesentlichen oder ausschließlich ausgeübt werden soll, sowie die Feststellungen, dass allein der Umstand, dass eine Gesellschaft in einem Mitgliedstaat nur gegründet wurde, um in den Genuss vorteilhafterer Rechtsvorschriften zu kommen, keinen Missbrauch darstelle.

Er macht ferner deutlich, dass die Tatsache, dass ausländische Gesellschaften in den Niederlanden uneingeschränkt anerkannt sind und ihnen die Eintragung in das Handelsregister nicht verweigert wird, nichts daran ändere, dass die nach der WFBV für die nach dem Recht eines anderen Mitgliedstaates gegründete Zweigniederlassung bestehende Verpflichtung zur Einhaltung einer Reihe zusätzlicher, administrativer Vorschriften eine Behinderung von deren Niederlassungsfreiheit begründe.[156]

Bezogen auf das Urteil Daily Mail stellt der Europäische Gerichtshof auch hier wieder den Unterschied der beiden Fallgestaltungen heraus.[157]

Er hält damit im Ergebnis fest, dass die Art. 43 und 48 EG (Art. 49, 54 AEUV) einer Regelung eines Mitgliedstaates wie der WFBV entgegenstehen, die die Ausübung der Freiheit zur Errichtung einer Zweigniederlassung in diesem Staat durch eine nach dem Recht eines anderen Mitgliedstaates gegründete Gesellschaft von bestimmten Voraussetzungen abhängig macht, die im innerstaatlichen Recht für die Gründung von Gesellschaften bezüglich des Mindestkapitals und der Haftung der Geschäftsführer gelten.[158]

Der Europäische Gerichtshof erörtert dann gemäß der zweiten Vorlagefrage, ob diese beschränkenden Regelungen sich rechtfertigen lassen. Mangels Relevanz der in Betracht kommenden Gründe für Art. 46 EG (Art. 52 AEUV) befasst sich der EuGH allein mit der Frage, ob dies über zwingende Gründe des Allgemeininteresses, konkret den Gläubigerschutz, die Bekämpfung einer missbräuchlichen Ausnutzung der Niederlassungsfreiheit, die Erhaltung der Wirksamkeit der Steuerkontrolle und die Lauterkeit des Handelsverkehrs, möglich ist.[159] Bezüglich des Gläubigerschutzes stellt der Europäische Gerichtshof, ohne näher auf die Geeignetheit der Maßnahme einzugehen, in Rn. 135 fest, dass die Inspire Art – für potentielle Gläubiger erkennbar – als Gesellschaft niederländischen Rechts im Rechtsverkehr auftrete; zusätzlich bestünden auch noch

156 EuGH, Urt. v. 30.09.2003 – C-167/01, Slg. I-10155 Rn. 99-101 – Inspire Art.
157 EuGH, Urt. v. 30.09.2003 – C-167/01, Slg. I-10155 Rn. 102, 103 – Inspire Art.
158 EuGH, Urt. v. 30.09.2003 – C-167/01, Slg. I-10155 Rn. 104, 105, 143 – Inspire Art.
159 EuGH, Urt. v. 30.09.2003 – C-167/01, Slg. I-10155 Rn. 131, 132-140 – Inspire Art.

bestimmte gemeinschaftsrechtliche Schutzregeln wie die Vierte und Elfte Richtlinie. Im Hinblick auf die Bekämpfung der missbräuchlichen Ausnutzung der Niederlassungsfreiheit verweist der Europäische Gerichtshof erneut auf seine in diesem Zusammenhang in der Rechtssache Centros (und auch im Urteil Segers) getätigten Aussagen.[160] Was schließlich die Lauterkeit des Handelsverkehrs wie auch die Wirksamkeit der Steuerkontrolle betrifft, so kann der Europäische Gerichtshof nur feststellen, dass zu den Kriterien der Wirksamkeit, Verhältnismäßigkeit und Gleichbehandlung nichts dargetan worden sei.[161]

Mithin könne daher die die Niederlassungsfreiheit beschränkende Regelung über das Mindestkapital und folglich auch die an ihre Nichterfüllung anknüpfende Sanktion der Gesellschafterhaftung weder über Art. 46 EG (Art. 52 AEUV) noch über zwingende Gründe des Allgemeininteresses gerechtfertigt werden; Vorschriften wie die in Rede stehenden seien demnach mit Art. 43, 48 EG (Art. 49, 54 AEUV) unvereinbar.[162]

D. Folgen für das deutsche Gesellschaftsrecht

Die vorgenannten Entscheidungen des Europäischen Gerichtshofs haben eine Vielzahl von Reaktionen im deutschen Schrifttum hervorgerufen. Während sich durch die Daily Mail-Entscheidung noch die Anhänger der Sitztheorie bestätigt fühlten, haben die drei darauffolgenden Entscheidungen die Vertreter der Gründungstheorie immer mehr bestärkt und auch die Anzahl ihrer Befürworter gesteigert. Die Diskussion soll hier nur möglichst knapp nachskizziert werden:

I. Diskussionsstand zur gesellschaftsrechtlichen Behandlung von EU-Scheinauslandsgesellschaften

1. Nach der grundlegenden Entscheidungsreihe (Daily Mail – Centros – Überseering – Inspire Art)

Wie bereits angedeutet, wurde die **Daily Mail**-Entscheidung weitgehend (ob nun lobend oder skeptisch) als Bekräftigung der Ansicht verstanden, dass die Sitztheorie – jedenfalls insoweit, als sie einer Gesellschaft das Recht verwehrt, den Sitz ihrer Geschäftstätigkeit unter Wahrung ihrer Eigenschaft als Gesellschaft des Mitgliedstaates ihrer Gründung in einen anderen Mitgliedstaat zu verlegen – nicht in Widerspruch mit der Niederlassungsfreiheit der Gesellschaften steht. Das Kollisionsrecht der Gesellschaften werde durch das gemeinschaftsrechtliche Niederlassungsrecht nicht berührt.[163] Dabei versäumten es einige Autoren

160 EuGH, Urt. v. 30.09.2003 – C-167/01, Slg. I-10155 Rn. 136-139 – Inspire Art.
161 EuGH, Urt. v. 30.09.2003 – C-167/01, Slg. I-10155 Rn. 140 – Inspire Art.
162 EuGH, Urt. v. 30.09.2003 – C-167/01, Slg. I-10155 Rn. 142, 143 – Inspire Art.
163 Staudinger/*Großfeld* IntGesR Rn. 121-123; *Rauscher*, Internationales Privatrecht, Rn. 632; *Rehm*, in: Eidenmüller, Ausländische Kapitalgesellschaften im deutschen Recht, § 2 Rn. 67;

nicht, darauf hinzuweisen, dass der Fall Daily Mail vielmehr das Steuerrecht als das Gesellschaftsrecht beträfe (wobei letzteres insofern keine Probleme aufwarf, als beide Mitgliedstaaten der Gründungstheorie folgten) und dass die Frage der Vereinbarkeit der Sitztheorie mit dem Gemeinschaftsrecht eigentlich nicht zur Debatte stehe, weil sie so gar nicht gestellt worden sei.[164]

Zudem soll nicht verschwiegen werden, dass auch die Befürworter der Sitztheorie andeuteten, diese werde sich nach vorangeschrittener Harmonisierung der europäischen Gesellschaftsrechte und aufgrund der zukünftigen wirtschaftlichen Entwicklung möglicherweise auf Dauer nicht mehr halten können.[165]

Eine noch größere Resonanz mit zum Teil sogar gegensätzlichen Deutungen hat die auf Daily Mail folgende **Centros**-Entscheidung erfahren, wobei vorangestellt werden soll, dass auch hier die beteiligten Mitgliedstaaten beide der Gründungstheorie folgen. Das Spektrum reicht von der Auffassung, Centros habe auf die der Sitztheorie folgenden Staaten und damit auf die (damalige) deutsche Rechtslage keinerlei Einfluss,[166] bis zu dem Standpunkt, dass dieses Urteil jedenfalls insoweit eine Abkehr von Daily Mail darstelle, als es der europarechtlichen Niederlassungsfreiheit den Vorrang vor den nationalen Kollisionsnormen gewähre, und dass daher in letzter Konsequenz der Fortbestand der Sitztheorie als Ganzes zumindest in Frage zu stellen sei.[167]

Teilweise wurde vertreten, der Fall habe keine Frage des Kollisionsrechts zum Gegenstand gehabt, sondern die Zulässigkeit einer nationalen materiell-rechtlichen Vorschrift bzw. die Centros-Entscheidung bringe deshalb keine Antwort auf die Frage der Vereinbarkeit der Sitztheorie mit der europarechtlichen Niederlassungsfreiheit, weil diese so wiederum nicht vorgelegt worden sei.[168]

Teilweise wurden auch die Unterschiede zwischen den beiden Urteilen Daily Mail und Centros hervorgehoben, entweder im Hinblick auf die Verschiedenheit sekundärer und primärer Niederlassungsfreiheit (wobei wiederum umstritten war, ob durch Centros nicht auch für letztere eine Klärung erfolgt war) oder auf die von Wegzugs- und Zuzugskonstellationen.[169]

Drobnig, in: v. Bar (Hrsg.), Europäisches Gemeinschaftsrecht und Internationales Privatrecht, S. 185, 203-205; *Ebenroth/Eyles*, DB 1989, 363, 372; 413, 414, 417; *Großfeld/Luttermann*, Anm. z. EuGH, Urt. v. 27.09.1988 – Rs. 81/87 – Daily Mail, JZ 1989, 386, 387; *Kindler*, NJW 1999, 1993, 1997; *Knobbe-Keuk*, ZHR 154 (1990), 325, 331-333.

164 Grabitz/Hilf/*Randelzhofer/Forsthoff* Art. 48 Rn. 15; *Drobnig*, in: v. Bar, Europäisches Gemeinschaftsrecht und Internationales Privatrecht, S. 185, 204, 205; *Behrens*, IPRax 1989, 354, 357, 359, 360; *Bungert*, DB 1999, 1841, 1842; *Knobbe-Keuk*, ZHR 154 (1990), 325, 332, 333.

165 *Ebenroth/Eyles*, DB 1989, 413, 417; *Großfeld/Luttermann*, Anm. z. EuGH, Urt. v. 27.09.1988 – Rs. 81/87 – Daily Mail, JZ 1989, 386, 387; *Sack*, JuS 1990, 352, 356.

166 *Dietrich*, Sitzverlegung im Binnenmarkt und ihre Besteuerung, S. 152, 155; *Kindler*, NJW 1999, 1993, 1996, 1999.

167 *Behrens*, IPRax 1999, 323, 326; *Freitag*, EuZW 1999, 267, 268-270; *Meilicke*, Anm. z. EuGH, Urt. v. 09.03.1999 – C-212/97 – Centros, DB 1999, 627; *Sörgel*, DB 1999, 2236.

168 Erman/*Hohloch* EGBGB Anh II Art. 12 Rn. 6; *Dietrich*, Sitzverlegung im Binnenmarkt und ihre Besteuerung, S. 154; *Rehm*, in: Eidenmüller, Ausländische Kapitalgesellschaften im deutschen Recht, § 2 Rn. 67; *Bungert*, DB 1999, 1841, 1842, 1843.

169 Grabitz/Hilf/*Randelzhofer/Forsthoff* Art. 48 Rn. 61-67; *Dietrich*, Sitzverlegung im Binnenmarkt und ihre Besteuerung, S. 157; *Behrens*, IPRax 1999, 323, 330, 331; *Bungert*, DB 1999,

Diese betonte der Europäische Gerichtshof dann auch in der sich anschließenden **Überseering**-Entscheidung. Zudem erweiterte er seine Aussagen zum Schutzbereich der Niederlassungsfreiheit von Gesellschaften im Verhältnis zum Fall Centros, der formal die sekundäre Niederlassungsfreiheit betraf, nun ausdrücklich auf die dem Überseering-Urteil zugrunde liegende Konstellation der primären Niederlassungsfreiheit.[170] Damit bestätigte er die Auffassung, dass jedenfalls in allen Zuzugsfällen die Auswirkungen der Sitztheorie, insbesondere die Nichtachtung der Rechts- und Parteifähigkeit einer nach dem Recht eines anderen Mitgliedstaates wirksam gegründeten Gesellschaft, gegen die insoweit vorrangige Niederlassungsfreiheit der Art. 43, 48 EG (Art. 49, 54 AEUV) verstießen und damit in diesem Bereich letztlich die Gründungstheorie anzuwenden sei.[171]

In diesem Zusammenhang sei noch auf eine Besonderheit hingewiesen, die die Entscheidung des Europäischen Gerichtshofs noch bedeutsamer erscheinen lässt, weil sie insoweit gar nicht hätte getroffen werden müssen: Die europarechtliche Beurteilung war nur deshalb entscheidungs- und vorlagerelevant, weil dem Ersuchen die Auffassung zugrunde lag, der Zuzug der ausländischen Gesellschaft habe für diese den Verlust der Rechts- und damit der Parteifähigkeit zur Folge. Diese Relevanz konnte aber kurz nach der Beschlussfassung und vor Ergehen der Entscheidung des Europäischen Gerichtshofs durchaus schon wieder angezweifelt werden, und zwar im Hinblick auf die zwischenzeitlich vom II. Zivilsenat des Bundesgerichtshofs im sog. Jersey-Urteil entwickelte Lösung, eine nach dem Recht des Gründungsstaates rechtsfähige ausländische Gesellschaft nach Sitzverlegung ins Inland in Anwendung der Sitztheorie nach deutschem Recht als rechtsfähige BGB-Gesellschaft zu behandeln (modifizierte Sitztheorie).[172] Mit der vom Europäischen Gerichtshof in der Überseering-Entscheidung vorgegebenen Auslegung ist aber auch dieser Ansatz nicht vereinbar.[173] Die deutsche Rechtsprechung ist dann in der Folge auch schnell und recht reibungslos zur Anwendung der Gründungstheorie jedenfalls in den Zuzugsfällen übergegangen.[174]

Teilweise wurde in der Literatur zwar vorgebracht, der Überseering-Entscheidung ließe sich nicht eindeutig entnehmen, dass die Sitzanknüpfung selbst kas-

---

1841, 1843; *Dautzenberg*, Anm. z. EuGH, Urt. v. 09.03.1999 – C-212/97 – Centros, FR 1999, 451, 452; *Freitag*, EuZW 1999, 267, 268, 269; *Göttsche*, DStR 1999, 1403, 1405, 1406; *Thorn*, IPRax 2001, 102, 104, 105.

170 *Koch/Köngeter*, JURA 2003, 692, 695, 696, 699.

171 *Birk*, IStR 2003, 469, 472; *Deininger*, IStR 2003, 214; *Ebke*, BB 2003, Heft 1, „Die Erste Seite" (I); *Fleischer/Schmolke*, JZ 2008, 233; *Forsthoff*, DB 2002, 2471, 2474, 2475, 2477; *Gosch*, StBp 2002, 374, 376; *von Halen*, WM 2003, 571, 575; *Kallmeyer*, DB 2002, 2521; *Sandrock*, BB 2003, 2588; s.a. *Wagner*, GmbHR 2003, 684, 691.

172 BGHZ 151, 204; *Gosch*, StBp 2002, 374, 377.

173 Palandt/*Thorn* Anh zu EGBGB 12 (IPR) Rn. 6; *Dubovizkaja*, GmbHR 2003, 694, 695; *Gosch*, StBp 2002, 374, 376; *von Halen*, WM 2003, 571, 575; *Koch/Köngeter*, JURA 2003, 692, 698, 699; *Lutter*, BB 2003, 7, 9; *Sandrock*, BB 2003, 2588; *Schanze/Jüttner*, AG 2003, 30, 32; *Wagner*, GmbHR 2003, 684, 685, 686; auch bestätigt durch die Inspire Art-Entscheidung, vgl. *Meilicke*, GmbHR 2003, 1271.

174 S. BGHZ 154, 185 (VII. Senat) und später dann BGH JZ 2005, 848 (II. Senat); BayObLG NZG 2003, 290; OLG Zweibrücken NZG 2003, 537.

siert worden sei, aber auch die Vertreter dieser Ansicht sehen den Übergang zur Gründungsanknüpfung in der EU letztlich als einzig sinnvolles kollisionsrechtliches Fundament.[175] Spätestens das Urteil im Fall Überseering kann daher durchaus als Wendepunkt im deutschen Internationalen Gesellschaftsrecht wie auch allgemein im europäischen Gesellschaftsrecht angesehen werden.

In der **Inspire Art**-Entscheidung hat der Europäische Gerichtshof diese Linie dann konsequent fortgeführt. Nachdem das niederländische Gesellschaftskollisionsrecht keine Anerkennungsverweigerung kennt und den Anforderungen von Überseering genügte, ging es in diesem Fall um die Frage, welcher Gestaltungsspielraum dem nationalen Gesetzgeber im Hinblick auf sachrechtliche Auflagen verbleibt und inwieweit Durchbrechungen des Anerkennungszwangs aufgrund von Sonderanknüpfungen zulässig sind, wenn die ausländische Gesellschaft einmal anerkannt ist. Inspire Art liefert dafür zwar keine positive Antwort, grenzt aber die zulässigen in Betracht kommenden Sonderanknüpfungen weiter und nicht unbedeutend ein.[176]

Die Diskussion hat sich also infolge der Entscheidungen Überseering und Inspire Art letztlich verlagert von dem Streit um den richtigen kollisionsrechtlichen Anknüpfungspunkt – der sich nichtsdestotrotz noch nicht ganz erledigt hat – hin zu einer Kontroverse über den Umfang der Maßgeblichkeit des Gründungsrechts und vor allem über Zulässigkeit und Reichweite von Schutzvorschriften und Sonderanknüpfungen, namentlich solcher, die den Gläubigerschutz, den Gesellschafterschutz und den Arbeitnehmerschutz, speziell die unternehmerische Mitbestimmung, betreffen.[177]

Ferner wird der Anwendungsbereich der Niederlassungsfreiheit bzw. der Gründungstheorie auch insofern uneinheitlich beurteilt, als nicht klar ist, ob er ausschließlich Zuzugsfälle betrifft oder sich auch auf die sog. Wegzugsfälle erstreckt. Der Europäische Gerichtshof hat sich zwar in Überseering mit Verweis auf die Daily Mail-Rechtsprechung für eine Differenzierung zwischen diesen beiden Konstellationen ausgesprochen (was auch durchaus für nachvollziehbar gehalten wurde),[178] jedoch wird vielfach trotzdem mit der hier vertretenen Ansicht ein vollständiger Übergang zur Gründungstheorie – auch außerhalb des

---

175 *Großerichter*, DStR 2003, 159, 165-168, 169; *Leible/Hoffmann*, RIW 2002, 925, 930, 934-936.

176 *Geyrhalter/Gänßler*, DStR 2003, 2167, 2170.

177 Palandt/*Thorn* Anh zu EGBGB 12 (IPR) Rn. 7, 8; Grabitz/Hilf/*Randelzhofer/Forsthoff* Art. 48 Rn. 74, 75-77; *Binge/Thölke*, DNotZ 2004, 21, 25, 26; *Ebke*, BB 2003, Heft 1, „Die Erste Seite" (I); *Eidenmüller*, ZIP 2002, 2233, 2242; *Forsthoff*, DB 2002, 2471, 2476, 2477; *Geyrhalter/Gänßler*, DStR 2003, 2167, 2170, 2171, 2172; *Großerichter*, DStR 2003, 159, 168, 169; *von Halen*, WM 2003, 571, 576, 577; *Kallmeyer*, DB 2002, 2521, 2522; *Leible/Hoffmann*, RIW 2002, 925, 929, 930, 935, 936; *Sandrock*, BB 2003, 2588, 2589; *Schanze/Jüttner*, AG 2003, 30, 33-36; 661, 668-670; *Zimmer*, NJW 2003, 3585, 3588-3591. Vgl. a. *Schön*, in: FS Heldrich, S. 391, 399-402. Dazu, dass die deutschen Mitbestimmungsregeln auf ausländische Rechtsformen keine Anwendung finden, s. *Riegger*, ZGR 2004, 510, 518; *Rohde*, INF 2006, 24, 25 f.; *Stehle*, JURA 2009, 8-18; ferner *Brandes*, FAZ v. 23. April 2008, S. 27.

178 *Forsthoff*, DB 2002, 2471, 2474; *Koch/Köngeter*, JURA 2003, 692, 696, 697; *Schanze/Jüttner*, AG 2003, 30, 33; *Schön*, IStR 2004, 289, 297; *Wagner*, GmbHR 2003, 684, 685. Diese Differenzierung bestätigt der EuGH auch später in seiner Entscheidung zu der Rechtssache Cartesio, s. weiter unten in diesem Abschnitt.

EU-Bereichs – (vorbehaltlich etwaiger Sonderanknüpfungen) befürwortet oder sogar gefolgert.[179]

Gerade zur Deutung der Daily Mail-Rechtsprechung und zur Beantwortung der Frage nach der Anwendbarkeit der Niederlassungsfreiheit auf Wegzugsbeschränkungen sind noch zwei weitere nachfolgende Entscheidungen des Europäischen Gerichtshofs heranzuziehen.

2. Nach den Entscheidungen Sevic und Cartesio

Zu nennen ist in diesem Zusammenhang zunächst die Entscheidung des EuGH in der Rechtssache **Sevic**.[180]

Der zugrunde liegende Fall betraf die aus Luxemburg stammende Security Vision Concept SA, die sich auf die deutsche SEVIC Systems AG als aufnehmende Gesellschaft verschmelzen wollte. Das AG Neuwied lehnte die Eintragung in das Handelsregister unter Berufung auf den Wortlaut des § 1 Abs. 1 UmwG ab, der explizit nur die Reorganisation von deutschen Gesellschaftsformen regelte. Daraufhin legte das LG Koblenz als Beschwerdegericht dem Europäischen Gerichtshof die Frage zur Entscheidung vor, ob die Vorschrift des § 1 Abs. 1 UmwG mit der europäischen Niederlassungsfreiheit vereinbar sei, was der Gerichtshof im Ergebnis verneinte.

Hervorzuheben sind in diesem Zusammenhang insbesondere die Ausführungen des Generalanwalts Tizzano im Rahmen seiner Schlussanträge, die sich auch auf die Beurteilung von Wegzugsbeschränkungen beziehen. Dazu heißt es, „dass ein Mitgliedstaat nach Art. 43 EG (Art. 49 AEUV) nicht nur die Niederlassung ausländischer Wirtschaftsbeteiligter im Inland nicht verhindern oder beschränken, sondern auch die Niederlassung inländischer Wirtschaftsbeteiligter in einem anderen Mitgliedstaat nicht behindern darf. Mit anderen Worten sind sowohl Beschränkungen des Zugangs zum nationalen Hoheitsgebiet als auch Beschränkungen des Weggangs aus diesem Gebiet verboten."[181] Dabei verweist der Generalanwalt auf die natürliche Personen betreffenden Entscheidungen in den Rechtssachen Baars und Hughes de Lasteyrie du Saillant[182]. Gleichzeitig bezieht er sich aber zuvor auch auf die Daily Mail-Entscheidung.[183] Dies legte den Schluss nahe, dass sowohl der Zuzug zum, als auch der Wegzug aus dem nationalen Hoheitsgebiet von der Niederlassungsfreiheit geschützt ist und dass für Wegzugsbeschränkungen der gleiche Maßstab anzulegen ist wie für Zu-

179 Ernst&Young/*Kalbfleisch* § 1 Rn. 37.8; *Rehm*, in: Eidenmüller, Ausländische Kapitalgesellschaften im deutschen Recht, § 2 Rn. 87-90; *Dubovizkaja*, GmbHR 2003, 694, 695, 696 f., 698; *Eidenmüller*, ZIP 2002, 2233, 2242, 2243, 2244; *Forsthoff*, DB 2002, 2471, 2475, 2476; *Großerichter*, DStR 2003, 159, 167, 169; *von Halen*, WM 2003, 571, 575, 578; *Leible/Hoffmann*, RIW 2002, 925, 935, 936; *Schmidtbleicher*, BB 2007, 613, 615, 616; *Zimmer*, NJW 2003, 3585, 3592. S.a. *Behme*, BB 2008, 70, 71; *Wagner*, GmbHR 2003, 684, 691. Hierzu auch noch ausführlich unter Drittes Kapitel D.III.

180 EuGH, Urt. v. 13.12.2005 – C-411/03, Slg. I-10805 – Sevic.

181 *GA Tizzano*, Schlussanträge v. 07.07.2005 – C-411/03, Slg. I-10805 Rn. 45.

182 S. noch unter Fünftes Kapitel B.II.1.

183 *GA Tizzano*, Schlussanträge v. 07.07.2005 – C-411/03, Slg. I-10805 Rn. 44 (Fn. 17).

zugsbeschränkungen – auch bei Gesellschaften im Sinne des Art. 48 EG (Art. 54 AEUV).[184]

Daraus bereits die Möglichkeit einer Verwaltungssitzverlegung deutscher Kapitalgesellschaften de lege lata zu folgern,[185] erschien jedoch allein aufgrund dieser Ausführungen zumindest zweifelhaft (zumal der Europäische Gerichtshof diesen Teil der Schlussanträge in seiner Entscheidung nicht aufgenommen und die Frage der Zulässigkeit von Wegzugsbeschränkungen nicht direkt mitbeantwortet hat).[186]

Zu einer endgültigen Klärung hatte der EuGH dann aber bald darauf in der Rechtssache **Cartesio** Gelegenheit.[187] In diesem Fall ging es um die nach ungarischem HGB gegründete Cartesio KG, die nach Verlegung ihres Sitzes nach Italien gegenüber dem Registergericht die Eintragung dieses Wechsels beantragte. Dabei wird nach dem Recht Ungarns der Sitz der KG zwingend durch den Ort der Hauptverwaltung bestimmt. Das Registergericht lehnte die Eintragung wegen Fehlens einer Regelung der Sitzverlegung im ungarischen Recht ab, was schließlich zur Vorlage an den Europäischen Gerichtshof führte. Materiellrechtlich war dabei die Frage zu klären, ob Art. 43 EG (Art. 49 AEUV) einer Gesellschaft das Recht gewährt, ihren tatsächlichen Sitz unter Beibehaltung ihrer Rechtspersönlichkeit in einen anderen Mitgliedstaat zu verlegen.

Zu Beginn seiner Antwort beruft sich der Europäische Gerichtshof auf einige zentrale Aussagen seiner Daily Mail-Entscheidung und des diese bestätigenden Überseering-Urteils.[188]

Mangels gemeinschaftsrechtlicher Definition der aus der Niederlassungsfreiheit berechtigten Gesellschaften differenziert er sodann zwischen der Frage, ob Art. 43 EG (Art. 49 AEUV) auf eine Gesellschaft anwendbar ist, die sich auf die Niederlassungsfreiheit beruft, und der Frage, ob die Gesellschaft einer Beschränkung dieser Freiheit ausgesetzt ist. Dabei sieht er die erste Frage als Vorfrage an,

---

184 *Geyrhalter/Weber*, NZG 2005, 837, 838; *Schmidtbleicher*, BB 2007, 613, 615, 616. S. aber auch schon *Drygala*, ZIP 2005, 1995, 1998, der die Art. 43, 48 EG (Art. 49, 54 AEUV) nur auf den Zusammenschluss von Gesellschaften erstrecken und im Übrigen bzgl. des Wegzugs durch Sitzverlegung an den Daily Mail-Grundsätzen festhalten will. Vgl. zudem (allerdings noch vor Sevic) *Weller*, DStR 2004, 1218, 1219, 1220, der die Lasteyrie du Saillant-Grundsätze übertragen, aber den Gewährleistungsinhalt der Niederlassungsfreiheit bei Wegzugsfällen jedenfalls weniger hoch ansiedeln will.

185 So *Schmidtbleicher*, BB 2007, 613, 616, unter Hinweis auf die Europarechtswidrigkeit der §§ 4a Abs. 2 GmbHG und 5 Abs. 2 AktG a.F.

186 Zur Möglichkeit einer europarechtskonformen Auslegung s. *Geyrhalter/Weber*, NZG 2005, 837, 838. Dafür, dass die Folgerung Schmidtbleichers zumindest nicht zwingend ist, s. *Drygala*, ZIP 2005, 1995, 1998.

187 EuGH, Urt. v. 16.12.2008 – C-210/06, Slg. I-9641 – Cartesio. S. schon zum Vorlagebeschluss auch *Neye*, EWiR 2006, 459, 460; *Leuering*, NJW-Spezial 2008, 111, 112.

188 EuGH, Urt. v. 16.12.2008 – C-210/06, Slg. I-9641 Rn. 104-108 – Cartesio. Insbesondere greift er auf den Grundsatz zurück, eine aufgrund einer nationalen Rechtsordnung gegründete Gesellschaft habe jenseits der nationalen Rechtsordnung, die die Gründung und Existenz regelt, keine Realität mehr. Ferner zitiert er, ein Mitgliedstaat habe die Möglichkeit, einer nach seiner Rechtsordnung gegründeten Gesellschaft, die ihre Rechtspersönlichkeit beibehalten möchte, Beschränkungen hinsichtlich der Verlegung ihres tatsächlichen Verwaltungssitzes aus seinem Hoheitsgebiet aufzuerlegen.

die beim gegenwärtigen Stand des Gemeinschaftsrechts nur nach dem geltenden Recht beantwortet werden kann und die nur im Falle ihrer Bejahung die zweite Frage überhaupt eröffnet.[189] Daraus folgert der Gerichtshof, dass ein Mitgliedstaat sowohl die Anknüpfung bestimmen kann, die eine Gesellschaft aufweisen muss, um als nach seinem innerstaatlichen Recht gegründet angesehen zu werden und damit die Niederlassungsfreiheit in Anspruch nehmen zu können, als auch die Anknüpfung, die für den Erhalt dieser Eigenschaft gefordert wird. Dies beinhalte für den Mitgliedstaat die Möglichkeit, einer Gesellschaft seines nationalen Rechts das Behalten dieser Eigenschaft zu versagen, wenn diese sich durch die Sitzverlegung in einen anderen Mitgliedstaat dort neu organisieren wolle und damit die vom Gründungsrecht vorgesehene Anknüpfung löse (wobei der Gerichtshof später in Rn. 112 noch einmal verdeutlicht, dass dies keinesfalls eine Immunität der nationalen Vorschriften gegenüber den Grundfreiheiten des EG-Vertrages bedeutet).[190]

Diesen Fall der Sitzverlegung unter Beibehaltung des für die Gesellschaft maßgeblichen Rechts grenzt der Europäische Gerichtshof deutlich von der Konstellation ab, in der eine Gesellschaft ihren Sitz unter Änderung des anwendbaren nationalen Rechts verlegt und dabei in eine dem nationalen Recht des „Zuzugsstaates" unterliegende Gesellschaftsform umgewandelt wird.[191] Dem Mitgliedstaat sei es nämlich vor dem Hintergrund der Niederlassungsfreiheit nicht gestattet, eine Gesellschaft durch Auflösung oder Liquidation daran zu hindern, sich in eine Gesellschaft nach dem nationalen Recht des Zweitstaates umzuwandeln, soweit dies nach dessen Recht möglich ist.[192] Vielmehr müssten solche Hemmnisse aus zwingenden Gründen des Allgemeinwohls gerechtfertigt sein.

Zudem führt der Europäische Gerichtshof aus, die in den Urteilen Daily Mail und Überseering aufgezeigten Unterschiede in den nationalen Rechtsordnungen bestünden auch weiterhin, so dass insofern keine andere Beurteilung angezeigt sei.[193] Auch die auf Grundlage von Art. 308 EG (Art. 352 AEUV) zwischenzeitlich erlassenen Verordnungen zu den neu eingeführten supranationalen Rechtsformen führten jedenfalls für den Fall des Sitzwechsels ohne Änderung der auf die Gesellschaft anwendbaren Rechtsordnung zu keinem anderen Ergebnis.[194]

Abschließend stellt der Gerichtshof klar, dass die der Entscheidung zugrunde liegende Fallgestaltung deutlich von dem Sachverhalt in der Rechtssache Sevic abweicht.[195] Dieser habe die Anerkennung – im Mitgliedstaat der Gründung

189 EuGH, Urt. v. 16.12.2008 – C-210/06, Slg. I-9641 Rn. 109 – Cartesio.

190 EuGH, Urt. v. 16.12.2008 – C-210/06, Slg. I-9641 Rn. 110 – Cartesio; bestätigend und diese Linie weiterverfolgend auch EuGH, Urt. v. 29.11.2011 – C-371/10, DStR 2011, 2334 Rn. 26 f. – National Grid Indus; Urt. v. 12.07.2012 – C-378/10, BeckRS 2012, 81448 Rn. 28 f., 32 – VALE.

191 EuGH, Urt. v. 16.12.2008 – C-210/06, Slg. I-9641 Rn. 111-113 – Cartesio.

192 Wobei diese „soweit-Einschränkung" so zu verstehen ist, dass eine vergleichbare Umwandlung nach dem Recht des Zuzugsstaates grundsätzlich möglich sein muss, *Hennrichs/Pöschke/von der Laage/Klavina*, WM 2009, 2009, 2012; *Zimmer/Naendrup*, NJW 2009, 545, 548. In diesem Sinne dann auch EuGH, Urt. v. 12.07.2012 – C-378/10, BeckRS 2012, 81448 Rn. 32 f. – VALE.

193 EuGH, Urt. v. 16.12.2008 – C-210/06, Slg. I-9641 Rn. 114 – Cartesio.

194 EuGH, Urt. v. 16.12.2008 – C-210/06, Slg. I-9641 Rn. 117-120 – Cartesio.

195 EuGH, Urt. v. 16.12.2008 – C-210/06, Slg. I-9641 Rn. 121-123 – Cartesio.

einer Gesellschaft – der Niederlassung einer Gesellschaft in einem anderen Mitgliedstaat im Wege einer Verschmelzung betroffen, so dass sich die oben dargestellte Vorfrage, ob die Gesellschaft überhaupt als eine solche von der Nationalität ihres Gründungsstaates anzusehen sei, gar nicht stelle; vielmehr stehe in diesen Fällen schon fest, dass die Gesellschaft nach dem nationalen Recht eines Mitgliedstaates bestehe und es müsse in der Folge geprüft werden, ob diese in der Ausübung ihrer Niederlassungsfreiheit beschränkt werde.

Als Ergebnis ist festzuhalten, dass die Art. 43 und 48 EG (Art. 49, 54 AEUV) beim gegenwärtigen Stand des Gemeinschaftsrechts dahingehend auszulegen sind, dass sie Rechtsvorschriften eines Mitgliedstaates nicht entgegenstehen, die es einer nach dem nationalen Recht des Mitgliedstaates gegründeten Gesellschaft verwehren, ihren Sitz in einen anderen Mitgliedstaat zu verlegen und dabei ihre Eigenschaft als Gesellschaft des nationalen Rechts des Mitgliedstaates, nach dessen Recht sie gegründet wurde, zu behalten.

Mit dieser Entscheidung hat der Europäische Gerichtshof entgegen der allgemeinen Erwartungshaltung in der Literatur und auch entgegen der Argumentation des Generalanwalts Poiares Maduro in den Schlussanträgen[196] an seiner in dem Daily Mail-Urteil eingeschlagenen Linie festgehalten. Der Gerichtshof sieht zwar (aber eben auch „nur") im Sinne einer größeren Mobilität der Gesellschaften die grenzüberschreitende formwechselnde Umwandlung als von der Niederlassungsfreiheit gewährleistet an, spricht dieser Grundfreiheit jedoch nicht den Inhalt zu, dass sie zu einer Verwaltungssitzverlegung unter Beibehaltung der Eigenschaft als Gesellschaft des bisherigen Heimatstaates berechtigt[197] und schreibt damit den „Ungleichlauf" von Zu- und Wegzugskonstellationen im Rahmen der Niederlassungsfreiheit weiter fest[198]. Für letztere ist in Zukunft mit-

196 *GA Maduro*, Schlussanträge v. 22.05.2008, Slg. I-9641 insbes. Rn. 27-31.

197 Diese Differenzierung als inkonsequent ablehnend *Richter*, Anm. z. EuGH, Urt. v. 16.12.2008 – C-210/06 – Cartesio, IStR 2009, 64, 66. S. auch *Mörsdorf*, EuZW 2009, 97, 99, unter Verweis auf den gar nicht erst eröffneten Schutzbereich der Niederlassungsfreiheit und das dadurch bedingte Abschneiden der Berücksichtigung von schutzwürdigen Interessen des Gründungsstaates auf Rechtfertigungsebene. Die Anerkennung des Rechts auf grenzüberschreitenden Formwechsel per se wird von ihm allerdings ausdrücklich begrüßt (EuZW 2009, 97, 100).

198 Kritisch dazu *Richter*, Anm. z. EuGH, Urt. v. 16.12.2008 – C-210/06 – Cartesio, IStR 2009, 64, 65 f.; *Zimmer/Naendrup*, NJW 2009, 545, 546. Ferner *Behme/Nohlen*, BB 2009, 13 f., die Bedenken gegen diese Differenzierungen im Hinblick auf den effet utile äußern. S. zudem *Mörsdorf*, EuZW 2009, 97, 99 (gerade im Hinblick darauf, dass der Europäische Gerichtshof sich zur Begründung in Anlehnung an das Daily Mail-Urteil auf den Regelungsvorbehalt zugunsten des nationalen Gesellschafts-(Kollisions-)rechts beruft). Auch *Hennrichs/Pöschke/von der Laage/Klavina*, WM 2009, 2009, 2013 f., sprechen sich unter Verweis auf methodische Gesichtspunkte, die wirtschaftlichen Folgen und die Idee des europäischen Binnenmarkts gegen eine Differenzierung von Zu- und Wegzug aus und stellen dabei insbesondere die auf Art. 48 EG (Art. 54 AEUV) bezogene Prämisse des Europäischen Gerichtshofs in Frage, Gesellschaften hätten als künstliche Gebilde keine vorrechtliche Realität, sondern hingen in Gründung und Fortbestand von ihrer Heimatrechtsordnung ab. Vielmehr sei davon auszugehen, dass eine einmal wirksam nach den Vorschriften eines Mitgliedstaates gegründete Gesellschaft sich ab dem Zeitpunkt ihrer Entstehung in vollem Umfang gegenüber allen Mitgliedstaaten einschließlich ihres Gründungsstaates auf ihr Recht der Niederlassungsfreiheit berufen könne.

hin zwischen nicht geschützter rechtsformwahrender Verwaltungssitzverlegung und geschütztem grenzüberschreitendem Formwechsel zu unterscheiden.[199]

3. Zwischenergebnis

Als Zwischenergebnis lässt sich mithin festhalten, dass das deutsche Internationale Gesellschaftsrecht infolge der Rechtsprechung des Europäischen Gerichtshofs – die allerdings nie die Zulässigkeit der Sitztheorie als solche zum Gegenstand hatte – bei Zuzugsfällen mit EU- bzw. EWR-Bezug[200] nunmehr jedenfalls faktisch der Gründungstheorie folgt; bei Wegzugsfällen erfordern die europarechtlichen Vorgaben dies zwar noch nicht, ein diesbezüglicher Gleichlauf ist aber durchaus wünschenswert.[201] Vor diesem Hintergrund sollte auch eine Rückkehr zu dem zwischenzeitlich aufgegebenen Projekt der 14. gesellschaftsrechtlichen Richtlinie (Sitzverlegungsrichtlinie) in Erwägung gezogen werden.

II. Die Behandlung von Drittstaaten-Gesellschaften nach deutschem IPR

Auf Kapitalgesellschaften aus Drittstaaten sind die europäischen Grundfreiheiten, insbesondere auch die hier relevante Niederlassungsfreiheit der Art. 49, 54 AEUV, nicht anwendbar;[202] ebenso bleibt dementsprechend die oben dargestellte Entscheidungsreihe des EuGH jedenfalls ohne direkte Auswirkungen auf ihre gesellschaftsrechtliche Beurteilung. Damit könnte es für die Drittstaaten-Gesellschaften grundsätzlich bei der Anwendung der Sitztheorie bleiben. Es muss jedoch an dieser Stelle die Frage aufgeworfen werden, ob nicht trotzdem auch für Gesellschaften aus Drittstaaten entsprechende Konsequenzen zu ziehen sind. Dazu sei zunächst die rechtliche Ausgangslage skizziert:

---

199 Wobei der Gerichtshof den Wegzug wohl nicht unbedingt ausschließlich bei Umwandlung in eine Gesellschaftsform des Zuzugsstaates ermöglichen wollte, sondern sämtliche materiell-rechtlichen Hindernisse als Beschränkung der Niederlassungsfreiheit verstanden wissen möchte, *Leible/Hoffmann*, BB 2009, 58, 61.

200 Aus Art. 31 i.V.m. Art. 34 EWR-Abkommen ergibt sich, dass die Niederlassungsfreiheit hier grundsätzlich entsprechend gilt, *Spahlinger*, in: Spahlinger/Wegen, Internationales Gesellschaftsrecht in der Praxis, Rn. 227-229. Als Beispiel aus der Rechtsprechung vgl. BGH DStR 2005, 1870.

201 S. noch unter Drittes Kapitel D.III.

202 Eine Ausnahme hierzu bildet die Kapitalverkehrsfreiheit des Art. 63 AEUV, nach dessen Wortlaut alle Beschränkungen des Kapitalverkehrs auch zwischen den Mitgliedstaaten und dritten Ländern verboten sind. Diese Drittstaatenwirkung der Kapitalverkehrsfreiheit und das dadurch verschärfte Problem des Konkurrenzverhältnisses der gemeinschaftsrechtlichen Grundfreiheiten (insbesondere von Niederlassungs- und Kapitalverkehrsfreiheit) sind für die Frage der Anerkennung bzw. Einordnung der Gesellschaften und auch für ihre steuerliche Qualifikation allerdings nicht von Bedeutung. Es sei daher nur verwiesen auf *Germelmann*, EuZW 2008, 596-600; *Haslehner*, IStR 2008, 565-575; *Tippelhofer/Lohmann*, IStR 2008, 857-864; *Wunderlich/Blaschke*, IStR 2008, 754-762.

1. Allgemein

Multilaterale Staatsverträge, aus denen sich eine Anerkennungspflicht für ausländische Gesellschaften ergeben könnte, finden sich außerhalb des Gemeinschaftsrechts kaum. Auch völkergewohnheitsrechtlich lässt sich eine Pflicht zur Anerkennung im Ausland gegründeter Gesellschaften nicht begründen.[203]

Allerdings besteht eine Vielzahl bilateraler Abkommen, die Anerkennungspflichten bzw. sogar umfassenderes Kollisionsrecht enthalten und gemäß Art. 3 Abs. 2 S. 1 EGBGB den Regelungen des autonomen Kollisionsrechts vorgehen. Dabei enthalten diese Staatsverträge oftmals ausdrückliche Kollisionsnormen, in denen die Geltung der Gründungs- oder Sitztheorie, ggf. in modifizierter Form, oder auch besondere Anknüpfungskriterien explizit festgeschrieben werden.

Zudem kann eine kollisionsrechtliche Wirkung der Staatsverträge auch über sog. Meistbegünstigungsklauseln erreicht werden, kraft derer der Vertragsstaat wirtschaftlich so zu behandeln ist wie der bestbehandelte Dritte.[204] Die Auslegung einer solchen Klausel kann ergeben, dass sie sich auf die Anerkennung juristischer Personen erstreckt und die Pflicht begründet, Gesellschaften aus dem Vertragsstaat anzuerkennen, wenn eine liberalere Anerkennungsregelung im Verhältnis zu einem Drittstaat besteht. Einer solchen kollisionsrechtlichen Wirkung der Meistbegünstigungsklausel bzw. einer solchen Begründung der Anwendung der Gründungstheorie sind aber dann Grenzen gesetzt, wenn der Staatsvertrag selbst Regelungen zur Anerkennung von Gesellschaften und das auf diese anzuwendende Recht enthält; solche Regelungen gehen dann als lex specialis vor. Als Instrumente zur Einschränkung solcher staatsvertraglicher Kollisionsnormen – die insbesondere zum Schutze des inländischen Rechtsverkehrs bei staatsvertraglicher Anknüpfung an die Gründungstheorie erörtert werden – kommen das Erfordernis des sog. „genuine link" und in Ausnahmefällen der „ordre public"-Vorbehalt in Betracht.[205]

Dass die Sitztheorie vor diesem Hintergrund auch im Verhältnis zu Drittstaaten an Bedeutung verloren hat und letztlich auch weiter verlieren wird oder sogar muss, sei an den Beispielen USA und Schweiz verdeutlicht:

2. Beispiel USA

Ein Staatsvertrag im obigen Sinne, durch den von den Regeln des deutschen Internationalen Gesellschaftsrechts abgewichen werden kann, besteht z.B. im Verhältnis zu den USA in Form des Freundschafts-, Handels- und Schifffahrtsvertrags vom 29.10.1954[206] (FHSV).

---

203 *Rehm*, in: Eidenmüller, Ausländische Kapitalgesellschaften im deutschen Recht, § 2 Rn. 3, 4.

204 *Rehm*, in: Eidenmüller, Ausländische Kapitalgesellschaften im deutschen Recht, § 2 Rn. 22-26.

205 Hierzu ausführlich *Rehm*, in: Eidenmüller, Ausländische Kapitalgesellschaften im deutschen Recht, § 2 Rn. 28-34, 35-37. Zum Erfordernis des genuine link s. a. *Stürner*, IPrax 2005, 305, 307; ferner *Binz/Mayer*, BB 2005, 2361, 2367 f.

206 BGBl. II 1956, 487.

Auf der Grundlage dieses Vertrags hat der BGH in seiner Grundsatzentscheidung vom 29.01.2003[207] das Gründungsrecht der amerikanischen Gesellschaft als maßgeblich für die Beurteilung von deren Rechts- und Parteifähigkeit angesehen und die nach US-amerikanischem Recht wirksam gegründete Gesellschaft als in der Bundesrepublik Deutschland rechtsfähiges Gebilde anerkannt.[208] Dabei stützt er sich zur Begründung auf die Kollisionsnorm des Art. XXV Abs. 5 S. 2 FHSV, in dem Inländerbehandlung, Meistbegünstigung und Niederlassungsfreiheit vereinbart sind. Auch ohne gleichzeitige gerichtliche Klärung ist ferner in der Folge davon auszugehen, dass über die Frage der Rechtsfähigkeit hinaus ein gesellschaftsrechtliches Einheitsstatut gelten soll.[209]

Damit gilt im Verhältnis zu den USA als einem der wichtigsten Handelspartner Deutschlands im Ergebnis ebenfalls die Gründungstheorie, was die praktische Bedeutung der Sitztheorie weiter schmelzen lässt.

3. Beispiel Schweiz

Auch im Verhältnis zu Gesellschaften schweizerischen Rechts hatte sich jedenfalls zunächst das OLG Hamm in zwei anschließend beim BGH anhängigen Revisionsverfahren der Gründungstheorie angeschlossen und darüber die Parteifähigkeit einer nach Schweizer Recht gegründeten, aber nunmehr von Deutschland aus verwalteten Aktiengesellschaft begründet.[210]

Nachdem für Schweizer Gesellschaften letztlich weder über den EG-Vertrag bzw. das EWR-Abkommen, noch über ein Freizügigkeitsabkommen oder das General Agreement on Trade in Services (GATS) die Niederlassungsfreiheit gilt,[211] beruft sich das OLG Hamm für die Anwendung der Gründungstheorie vor allem auf die Notwendigkeit von Rechtssicherheit und Rechtsklarheit und auf die Einheitlichkeit der Anknüpfung im Internationalen Gesellschaftsrecht. Dabei ist das Bekenntnis zur Gründungstheorie auch deshalb bemerkenswert, weil eine Entscheidung über die richtige Anknüpfung für die maßgebliche Frage der Rechts- und Parteifähigkeit gar nicht hätte getroffen werden müssen. Denn sowohl Sitz- als auch Gründungstheorie kämen im vorliegenden Fall zum gleichen Ergebnis, allein mit dem Unterschied, dass bei Zugrundelegung der Sitztheorie eine Anerkennung als rechtsfähige Personengesellschaft, nicht aber als Kapitalgesellschaft erfolgen würde.

Der BGH hat sich diesem (begrüßenswerten) Ansatz dann allerdings nicht angeschlossen.[212] Nachdem er zu Beginn die Entscheidung des OLG Hamm dahingehend bestätigt, dass sich die Anwendung der Gründungstheorie nicht

207 BGHZ 153, 353.

208 Zuvor stellt er jedoch fest, dass sich die Rechtsfähigkeit juristischer Personen nach wie vor grundsätzlich nach dem Recht des tatsächlichen Verwaltungssitzes richte; er geht damit also prinzipiell von der Weitergeltung der Sitztheorie aus.

209 *Stürner*, IPrax 2005, 305, 306. S. a. Palandt/*Thorn* Anh zu EGBGB 12 (IPR) Rn. 23.

210 OLG Hamm ZIP 2006, 1822, sowie Urt. v. 12.09.2007 – 30 U 43/07, veröffentlicht in juris.

211 S. auch *Jung*, NZG 2008, 681, 682 f.

212 BGH NJW 2009, 289-292, Trabrennbahn-Entscheidung.

aus völkerrechtlichen Verträgen herleiten lasse, stellt er sodann klar, dass im Verhältnis zu Drittstaaten auch nach der Entscheidungsreihe des EuGH und der darauffolgenden Rechtsprechungsänderung für EU-/EWR-Gesellschaften grundsätzlich weiterhin die allgemeinen Regeln des deutschen Internationalen Privatrechts und zur Rechtsfähigkeit ausländischer Gesellschaften angewendet würden.[213] Eine Ausnahme hiervon allein für die Schweiz und deren Gleichbehandlung mit den Mitgliedstaaten hinsichtlich der Niederlassungsfreiheit aufgrund einer abkommensbedingten starken Angleichung der Rechtsordnungen lehnt er ab. In der Folge macht der BGH dann noch einmal deutlich, dass er keinen Anlass sieht, von seiner bisherigen Rechtsprechung und damit der Anwendung der Sitztheorie Abstand zu nehmen bzw. diese aufzugeben.[214] Dabei betont er ausdrücklich, dass er im Hinblick auf den diskutierten Referentenentwurf eines Gesetzes zum Internationalen Privatrecht der Gesellschaften, Vereine und juristischen Personen der Willensbildung des Gesetzgebers im laufenden Verfahren nicht vorgreifen wolle.[215]

Ebenso wenig wie der BGH dem Gesetzgeber beim Übergang zur Gründungstheorie zuvorkommen wollte, hat er aber andererseits auch nicht die Sitztheorie bestätigt oder sich gar für diese ausgesprochen.[216] Im Zuge eines judicial self restraint wurde die Sitztheorie lediglich bis zu einer endgültigen Klärung entsprechend der bisherigen Rechtsprechung beibehalten. Damit hat der BGH eine Stellungnahme bewusst unterlassen. Umso mehr bleibt es wünschenswert, dass der Gesetzgeber nun eine eindeutige Entscheidung zugunsten der Gründungstheorie trifft.

III. Forderung nach einem generellen Übergang zur Gründungstheorie

Ein genereller Übergang zur Gründungstheorie erscheint aus diversen Gründen dringend geboten.[217]

Zum einen hat die Sitztheorie in vielen Konstellationen ihre schärfste Sanktion, die Versagung der Rechtsfähigkeit, verloren oder sie kann umgangen werden, so dass die für sie ins Feld geführte Abschreckungswirkung und damit auch ihre Schutzfunktion stark verringert sind.

213 BGH NJW 2009, 289, 290.
214 BGH NJW 2009, 289, 290 f.
215 BGH NJW 2009, 289, 291.
216 Zu diesem Verständnis auch *Kieninger*, NJW 2009, 292. Zu berücksichtigen ist allerdings, dass der Entwicklungsprozess zu diesem Gesetzesvorhaben mittlerweile wieder sehr ins Stocken geraten ist, s.u. Drittes Kapitel D.IV.1. (Fn. 221).
217 So auch *Rehm*, in: Eidenmüller, Ausländische Kapitalgesellschaften im deutschen Recht, § 2 Rn. 87-90; *Dubovizkaja*, GmbHR 2003, 694, 695, 697; *Eidenmüller*, ZIP 2002, 2233, 2244; *Hellgardt/Illmer*, NZG 2009, 94, 96; *Kieninger*, NJW 2009, 292 f. (die auch die Argumente der Gegenansicht überzeugend widerlegt); *Leible/Hoffmann*, RIW 2002, 925, 935; *dies.*, BB 2009, 58, 62; *Pache*, IStR 2003, 808, 811 f. I.E. auch *Prinz/von Freeden*, Der Konzern 2004, 318, 324. Insgesamt kritisch zur Sitztheorie *Meilicke*, GmbHR 2003, 793-809, insbes. 793-801.

Zum anderen und vor allem aber führt ein weiteres teilweises Festhalten an der Sitztheorie neben schwierigen Abgrenzungsfragen zu einem unübersichtlichen deutschen Internationalen Gesellschaftsrecht und damit zu Rechtsunsicherheit sowie zu einer Benachteiligung deutscher Gesellschaften im internationalen Verkehr. In dem vielzitierten nun möglichen Wettbewerb der Gesellschaftsrechte sind von vornherein die Staaten unterlegen, deren Rechtsordnungen den Wegzug von Gesellschaften in Anwendung der Sitztheorie nicht zulassen, denn dies mindert ihre Attraktivität für investitionsbereite Unternehmer. Auch für Gesellschaften, die in diesen Staaten gegründet wurden, ergeben sich mangels Mobilität Wettbewerbsnachteile im Verhältnis zu Gesellschaften aus Staaten ohne Wegzugsbeschränkungen. Der „Flickenteppich" deutsches Internationales Gesellschaftsrecht, der nach EU-Auslandsgesellschaften und Drittstaaten-Gesellschaften bzw. nach Zu- und Wegzugsfällen differenziert und unterschiedliche Lösungen bietet, führt für alle Beteiligten zu einem System überhöhter Komplexität sowie zu Rechtsunklarheit. Zudem ergeben sich bei Zugrundelegung der Sitztheorie mit der Folge einer Umqualifizierung von einer Kapital- in eine Personengesellschaft weitere rechtliche Probleme, da damit möglicherweise gleichsam zwei Rechtssubjekte bestehen, für die beispielsweise die Vermögenszuordnung oder die Stellung der jeweiligen Gläubiger zu erörtern wären.[218]

Neben einer per se einheitlichen Anknüpfung bietet ein vollständiger Übergang zur Gründungstheorie zudem den Vorteil, dass diese leichter zu handhaben ist, weil die Notwendigkeit der oft problematischen Bestimmung des tatsächlichen Verwaltungssitzes der Gesellschaft entfällt, und dass auf diese Weise die Parteiautonomie gestärkt wird.

Abschließend sei darauf hingewiesen, dass selbst eine staatsvertragliche Vereinbarung der Sitztheorie mit dem Herkunftsstaat der Gesellschaft dem Wechsel zur Anknüpfung an das Gründungsrecht nicht entgegensteht.[219] Bedenken, inländischen Schutzinteressen würde durch den Übergang zur Gründungstheorie nicht in ausreichendem Maße Rechnung getragen, lässt sich durch den Verweis auf die weiterhin bestehende Möglichkeit von Sonderanknüpfungen, die Option des „genuine link"-Erfordernisses und den „ordre public"-Vorbehalt des Art. 6 EGBGB begegnen.

IV. Reaktionen des deutschen Gesetzgebers

Im Zusammenhang mit dieser europarechtlich angestoßenen Diskussion um den richtigen Anknüpfungspunkt zur Bestimmung des Gesellschaftsstatuts ist nunmehr der deutsche Gesetzgeber am Zuge.

218 So angesprochen bei *Binz/Mayer*, BB 2005, 2361, 2363-2365; *Dubovizkaja*, GmbHR 2003, 694, 695; *Meilicke*, GmbHR 2003, 793, 801. Ausführlich zum Problem „hinkender Rechtsverhältnisse" bei Anwendung der Wechselbalgtheorie auch *Weller*, in: FS Goette, S. 583-599, insbes. S. 592-598.

219 Hierzu ausführlich *Rehm*, in: Eidenmüller, Ausländische Kapitalgesellschaften im deutschen Recht, § 2 Rn. 17-21.

1. Gesetzentwurf zum Internationalen Privatrecht der Gesellschaften, Vereine und juristischen Personen

Auf dem Weg zu einem generellen Übergang zur Gründungstheorie ist dabei – als vorläufig letzter Schritt – der Referentenentwurf eines Gesetzes zum Internationalen Privatrecht der Gesellschaften, Vereine und juristischen Personen[220] zu sehen, mit dem eine Regelung zum Internationalen Gesellschaftsrecht zumindest auf den Weg gebracht wurde.[221] Damit sollen vor allem die aus den Urteilen Überseering und Inspire Art gewonnenen europarechtlichen Vorgaben im deutschen Recht verankert werden, wobei allerdings zu beachten ist, dass die Neuregelung in ihrem Anwendungsbereich nicht zwischen Gesellschaften im Geltungsbereich der Niederlassungsfreiheit und Gesellschaften aus Drittstaaten differenziert.[222] Durch die das EGBGB ergänzenden Vorschriften der Art. 10 bis 10b wird insbesondere die grundsätzliche Anwendung des Gründungsrechts im deutschen Internationalen Privatrecht kodifiziert, d.h. es wird festgelegt, dass Gesellschaften ihre tatsächliche Tätigkeit in einem anderen Staat ausüben und dort eine (Haupt-)Niederlassung betreiben können, ohne dass sich ihr Gesellschaftsstatut ändert und ohne dass das Recht am Ort ihrer Niederlassung weitere Anforderungen an ihre gesellschaftliche Organisation stellen kann.[223] Kernpunkte des Entwurfs sind mithin zunächst die Bestimmung des Gesellschaftsstatuts nach der Gründungstheorie (Art. 10 Abs. 1 EGBGB-RefE) sowie eine beispielhafte Aufzählung zum Umfang des Gesellschaftsstatuts (Art. 10 Abs. 2 EGBGB-RefE), ferner Bestimmungen für Umwandlungsfälle, bei denen sich das Verfahren künftig ebenfalls nach dem Recht des Gründungsstaates richtet (Art. 10a EGBGB-RefE), und eine Regelung zur Möglichkeit eines grenzüberschreitenden Rechtsformwechsels (Art. 10b EGBGB-RefE)[224].

Im Ergebnis soll die Neuregelung den Unternehmen eine größere internationale Flexibilität und Mobilität bei der Gestaltung ihrer gesellschaftsrechtlichen Strukturen ermöglichen. Zudem zielt der Entwurf darauf ab, ein höheres Maß an Rechtssicherheit bei grenzüberschreitenden Handels- und Wirtschaftsbeziehungen und eine einheitliche Rechtsanwendung – auch für Drittstaatenfälle – zu gewährleisten.

---

220 Der Referentenentwurf einschließlich der Gesetzesbegründung ist zu finden unter www.bmj.bund.de.

221 Derzeit erscheint es allerdings mehr als zweifelhaft, ob der Gesetzentwurf den Schritt in das formale Gesetzgebungsverfahren schaffen wird. Dies beruht wohl – vor dem Hintergrund, dass die Regelungen zur Unternehmensmitbestimmung noch nicht auf ausländische Rechtsformen ausgedehnt worden sind – in erster Linie auf dem Widerstand der Gewerkschaften, die insofern ihren politischen Einfluss geltend machen.

222 *Leuering*, NJW-Spezial 2008, 111; *ders.*, ZRP 2008, 73, 75.

223 *Leuering*, NJW-Spezial 2008, 111; *ders.*, ZRP 2008, 73, 75.

224 Teilweise wird allerdings bezweifelt, ob dies wegen der Anknüpfung an das Sachrecht nach deutschem Recht tatsächlich möglich ist, vgl. *Leuering*, NJW-Spezial 2008, 111; *ders.* ZRP 2008, 73, 76.

2. Gesetz zur Modernisierung des GmbH-Rechts und zur Bekämpfung von Missbräuchen (MoMiG)[225]

Ferner ist an dieser Stelle das MoMiG zu nennen. Die drei großen Ziele bzw. Kernanliegen des am 01. November 2008 in Kraft getretenen Gesetzes sind die Erleichterung von GmbH-Gründungen, die Erhöhung der Attraktivität der GmbH als Rechtsform sowie die Bekämpfung von Missbräuchen.

Zentraler Punkt im Zusammenhang mit der Sitzverlegung ist hierbei die Aufhebung des § 4a Abs. 2 GmbHG.[226] Nach dessen Streichung ist es der GmbH erlaubt, einen Verwaltungssitz zu wählen, der nicht notwendig mit dem Satzungssitz identisch ist und somit im Ausland liegen kann.[227] Auch dies ist wiederum Folge der Urteile des EuGH in den Rechtssachen Überseering und Inspire Art.[228] Allerdings ist hier ebenfalls darauf hinzuweisen, dass die Regelung trotz ihres europarechtlichen Ursprungs nicht auf eine Wahl des Verwaltungssitzes im europäischen Ausland beschränkt ist.[229]

Die Abschaffung des § 4a Abs. 2 GmbHG hat hingegen keine Auswirkung auf die weiterhin bestehende Verpflichtung zur Registrierung bei einem deutschen Registergericht. An der Unmöglichkeit der identitätswahrenden Verlegung des Satzungssitzes ändert auch das MoMiG nichts.[230]

Weitere mit dem MoMiG eingeführte Änderungen, durch die die GmbH für den bereits angesprochenen Wettbewerb der Rechtsformen gerüstet und als Gesellschaftsform zukunftsfähig gemacht werden soll, bestehen im Bereich der Transparenz der Anteilsinhaberschaft, des gutgläubigen Anteilserwerbs und

---

225 BGBl. I 2008, 2026.

226 Auch die entsprechende Vorschrift des § 5 Abs. 2 AktG wurde im Zuge des MoMiG gestrichen.

227 *Leuering*, ZRP 2008, 73, 77, stellt allerdings in Frage, ob es gerade die Vorschriften der §§ 4a Abs. 2 GmbHG und 5 Abs. 2 AktG waren, die der Verlegung des Verwaltungssitzes entgegenstanden. S. aber *Behme*, BB 2008, 70, 72.

228 Dem Gesetzgebungsverfahren lag dabei wohl die Annahme des deutschen Gesetzgebers zugrunde, der EuGH werde in absehbarer Zeit von seinen Daily Mail-Grundsätzen abweichen. Die bestätigende Cartesio-Entscheidung erging erst nach Erlass des Gesetzes. *Heckschen*, DStR 2009, 166, 168, problematisiert in diesem Zusammenhang, dass nicht zweifelsfrei feststeht, ob durch die Streichung des § 4a Abs. 2 GmbHG bzw. des § 5 Abs. 2 AktG und die entsprechende Regierungsbegründung, die ausdrücklich besagt, dass damit eine Verwaltungssitzverlegung ins Ausland möglich sein soll, tatsächlich eine Änderung der kollisionsrechtlichen Lage im Sinne einer teilweisen Aufgabe der Sitztheorie eingetreten ist.

229 *Leuering*, NJW-Spezial 2008, 111.

230 *Behme*, BB 2008, 70, 72. S.a. *Breitenstein/Meyding*, BB 2007, 1457, 1458; *Leuering*, NJW-Spezial 2008, 111, 112. Dazu, dass auch die Entscheidungen Lasteyrie du Saillant und Sevic hieran nichts geändert haben, s. schon *Weller*, DStR 2004, 1218, 1219, 1220 zu BayObLG DStR 2004, 1224, sowie auch OLG München DStR 2007, 1925. Die Europarechtskonformität der an die Satzungssitzverlegung geknüpften Auflösung bzw. Liquidation erscheint im Falle eines Umzugs mit dem Ziel einer Umwandlung in eine Gesellschaft des Zielstaates nach der Cartesio-Entscheidung aber zumindest fraglich, *Behme/Nohlen*, BB 2009, 13, 14; *Teichmann*, Anm. z. EuGH, Urt. v. 16.12.2008 – C-210/06 – Cartesio, LMK 2009, 275584; *Zimmer/Naendrup*, NJW 2009, 545, 549.

der Modernisierung des Haftkapitalsystems sowie in Neuregelungen zur Gründungserleichterung (neben dem bereits in Kraft getretenen Gesetz über das elektronische Handelsregister (EHUG) die Herabsetzung des Stammkapitals von 25.000 € auf 10.000 €, die neue Variante der haftungsbeschränkten Unternehmergesellschaft, die Möglichkeit eingeschränkter Protokollierungspflichten und das beschleunigte Eintragungsprozedere).[231]

V. Zusammenfassung/Fazit

Im Ergebnis stellt sich die gesellschaftsrechtliche Ausgangslage für die Scheinauslandsgesellschaft in Deutschland derzeit wie folgt dar:

1. Fälle der Sitzverlegung

a) Zuzug nach Deutschland

Aus dem europäischen Ausland zuziehende Gesellschaften sind in der Rechtsform ihrer Gründung anzuerkennen, was letztlich auf eine Anwendung der Gründungstheorie hinausläuft.

Die Rechtsprechung des Europäischen Gerichtshofs verlangt insoweit die kollisionsrechtliche Anknüpfung des Gesellschaftsstatuts an das Recht des Gründungsstaates und zwingt damit zur Aufgabe der Sitztheorie, ohne über die Theorien zur Bestimmung des Gesellschaftsstatuts direkt entschieden zu haben. Daher behalten unter der Gründungstheorie errichtete Gesellschaften aus EU-/EWR-Staaten bei der Verlegung des Verwaltungssitzes nach Deutschland die ihnen nach ihrem Gründungsrecht zukommende Rechtsfähigkeit; an ihre Anerkennung dürfen keine zusätzlichen Bedingungen geknüpft werden.

Trotzdem besteht damit noch keine generelle Möglichkeit einer grenzüberschreitenden Sitzverlegung. Denn der Wegzugsstaat kann weiterhin der Sitztheorie folgen oder auf der Ebene des nationalen Sachrechts ein weiteres Wegzugshindernis in Gestalt des Erfordernisses eines inländischen Verwaltungssitzes aufstellen und an dessen Verlegung die Auflösung bzw. Liquidation und damit den Verlust der Rechtsfähigkeit knüpfen (was nach den in Cartesio bestätigten Daily Mail-Grundsätzen in „Nicht-Umwandlungs-Fällen" weiterhin zulässig ist). Dann aber existiert keine Gesellschaft ausländischen Rechts mehr, die anerkannt werden oder auf die ausländisches Recht Anwendung finden könnte. Stattdessen ist eine Neugründung der Gesellschaft nach deutschem Recht erforderlich, wobei bis dahin je nach verfolgtem Zweck eine (Um-)Qualifikation des Rechtsgebildes als Verein, OHG oder GbR erfolgt. Zudem gilt in Deutschland als Zuzugsstaat in Drittstaaten-Fällen (noch) die Sitztheorie mit ihren Auswirkungen.

231 Teilweise kritisch *Zöllner*, GmbHR 2006, 1, 11.

b) Wegzug aus Deutschland

Auch der Wegzug einer Kapitalgesellschaft aus Deutschland führt zu einem Auseinanderfallen von Satzungs- und Verwaltungssitz und damit zu einer die Scheinauslandsgesellschaft gerade kennzeichnenden Konstellation, wenn auch aus anderer Perspektive. Zu einem vollständigen Bild ihrer gesellschaftsrechtlichen Behandlung gehört daher wie eingangs angesprochen auch die Betrachtung der Wegzugsfälle.

Es wurde bereits erörtert, dass die Anordnung der Auflösung und Liquidation der Gesellschaft und damit auch die Anwendung der Sitztheorie im Falle der tatsächlichen Verlegung des Verwaltungssitzes in einen anderen Mitgliedstaat (ohne Umwandlung) nicht gegen die europarechtliche Niederlassungsfreiheit verstößt. Deutschland hätte also für den Wegzug an diesen Rechtsfolgen festhalten können, ein Recht auf identitätswahrenden Wegzug hat der EuGH nicht anerkannt. Allerdings hat sich der deutsche Gesetzgeber (was zu begrüßen ist) mit dem MoMiG dafür entschieden, an die Verlegung des Verwaltungssitzes von Deutschland ins Ausland nicht mehr die Folgen einer Auflösung oder Liquidation zu knüpfen und ist insoweit nach dem Willen des Gesetzgebers gleichsam mittelbar über eine sachrechtliche Norm mit auch kollisionsrechtlichem Gehalt zu einem Gründungstheorie-Staat geworden. Bei einem Wegzug aus Deutschland hat die Verlegung des Verwaltungssitzes nunmehr also nicht den Verlust der Rechtsfähigkeit der Gesellschaft zur Folge, diese bleibt vielmehr erhalten und ist ihrerseits jedenfalls im Bereich der EU bzw. des EWR auch im Zuzugsstaat anzuerkennen.

2. Fälle der anfänglichen Divergenz von Satzungs- und tatsächlichem Sitz

Auch Gestaltungen, in denen eine Gesellschaft von vornherein in einem anderen Staat als dem ihrer Gründung ihren tatsächlichen Verwaltungssitz hat, sind vom „Zuzugsstaat“ grundsätzlich anzuerkennen. Allerdings ermöglicht die Rechtsprechung des EuGH es dem Zuzugsstaat durchaus, dass er derartige Gesellschaftskonstrukte nicht vorsieht. Beispielsweise bleibt es ihm unbenommen, einen inländischen Verwaltungssitz für seine Gesellschaften vorauszusetzen. Das deutsche Gesellschaftsrecht stellt jedoch nach Inkrafttreten des MoMiG eine solche Gesellschaftsform mit ausländischem Verwaltungssitz zur Verfügung, so dass auch Gesellschaften, bei denen Satzungssitz (in Deutschland) und Verwaltungssitz (im Ausland) gleich zu Beginn bei der Gründung auseinanderfallen, anzuerkennen sind.

Viertes Kapitel: Zum Verhältnis von Zivil- und Steuerrecht

Nach diesem Überblick zur Einordnung der Scheinauslandsgesellschaft nach deutschem Internationalen Gesellschaftsrecht stellt sich die Frage, inwieweit diese zivilrechtliche Betrachtungsweise für die steuerliche Behandlung bedeutsam sein kann, die den Kern dieser Arbeit darstellt.

Das (Spannungs)Verhältnis von Zivilrecht und Steuerrecht stellt eines der klassischen Grundprobleme dar und ist Gegenstand einer seit jeher kontrovers geführten Diskussion.[232] Dies rührt vor allem daher, dass trotz der Zugehörigkeit des Steuerrechts zum öffentlichen Recht eine Vielzahl von Schnittstellen und engen Verbindungen mit dem Zivilrecht besteht, denn an die wirtschaftliche Leistungsfähigkeit, an die wirtschaftlichen Ergebnisse des zunächst meist rein privatrechtlich organisierten Rechtsverhältnisses knüpft dann später die hoheitliche Besteuerung an.[233] Letztlich wird sich – betrachtet man insbesondere die Gesetzestatbestände der Einzelsteuergesetze – kaum ein Bereich des Zivilrechts finden lassen, der für das Steuerrecht nicht Vorfrage sein könnte, oder umgekehrt. Die Beziehung der beiden Rechtsgebiete bzw. ihr Einfluss aufeinander lässt sich dementsprechend aus zwei verschiedenen Blickwinkeln betrachten:

Zum einen kann man fragen, ob das Steuerrecht insoweit zu einer möglicherweise unerwünschten Quelle des Gesellschaftsrechts geworden ist, als der Steuerbürger bestrebt ist, seine Verhältnisse auf privatrechtlicher Ebene so zu regeln, dass sie eine möglichst steuergünstige Wirkung entfalten und es somit zu hauptsächlich steuerlich motivierten zivilrechtlichen Gestaltungen kommt; zum anderen geht es darum (und dies ist auch der für diese Untersuchung relevantere Aspekt), ob die in Steuergesetzen verwandten zivilrechtlich vorgegebenen Begriffe und Tatbestandsmerkmale in diesem ursprünglichen Sinne auszulegen oder vom Steuerrecht eigenständig zu interpretieren sind. Die Antwort hierauf fällt unterschiedlich aus.

Vereinzelt wird aus dem Verständnis des Steuerrechts als Folgerecht des Zivilrechts nicht nur ein Vorrang der Zivilrechtsordnung,[234] sondern auch des Zivilrechtsbegriffs in dem Sinne abgeleitet, dass das Steuerrecht in weiten Teilen von der zivilrechtlichen Teleologie und Dogmatik lebe.[235]

Die herrschende Ansicht jedoch, die Zivilrecht und Steuerrecht als nebengeordnete Rechtsgebiete ansieht, die denselben Sachverhalt aus einer anderen

---

232 Überblicksartig zur Entwicklung dieses „Klassikers steuerjuristischer Dogmatik" *Schön*, StuW 2005, 247 f.

233 *Crezelius*, Steuerrechtliche Rechtsanwendung und allgemeine Rechtsordnung, § 10 I.; *ders.*, Steuerrecht II, § 1 Rn. 10; *Tipke*, Die Steuerrechtsordnung (I), Teil II § 3 3.22; *ders.*, JuS 1970, 149, 150.

234 So *Flume*, in: FS Smend, S. 59, 70-73.

235 *Crezelius*, Steuerrechtliche Rechtsanwendung und allgemeine Rechtsordnung, § 10.

Perspektive und aus anderen Wertungsgesichtspunkten beurteilen, geht davon aus, dass es bei der Auslegung zivilrechtlich vorgegebener Begriffe zunächst einmal keine teleologische Prävalenz des Zivilrechts gebe, dass das Steuerrecht vielmehr seine eigene Teleologie habe;[236] es bestehe eben nur eine Präzedenz des Zivilrechts vor dem Steuerrecht.[237]

Das Bundesverfassungsgericht hat dazu ausgeführt, steuerrechtliche Tatbestandsmerkmale seien, auch wenn sie einem anderen Rechtsgebiet entnommen wurden, nach dem steuerrechtlichen Bedeutungszusammenhang, nach dem Zweck des jeweiligen Steuergesetzes und dem Inhalt der einschlägigen Einzelregelung zu interpretieren, wobei weder eine Vermutung für ein übereinstimmendes noch für ein abweichendes Verständnis bestehe.[238]

Dies bestätigt auch für das Steuerrecht den allgemeinen methodologischen Ansatz, dass nach Zweck und Wertung der anzuwendenden Norm zu bestimmen ist, ob und ggf. wie viel die anzuwendende Norm von dem Regelungsgehalt des anderen Rechtsgebiets übernommen hat.[239] Dabei ist im Steuerrecht insbesondere die teleologische Methode der sog. wirtschaftlichen Betrachtungsweise bzw. wirtschaftlichen Auslegung zu beachten, von der allerdings auch nicht völlig freischwebend Gebrauch gemacht werden kann.[240] Stattdessen ist von Fall zu Fall aufgrund der Teleologie des Steuergesetzes zu prüfen, ob und inwieweit ein zivilrechtlicher Regelungsinhalt auch die Rechtsfolge des Steuergesetzes mitbestimmt und ob sich die zunächst vorzunehmende zivilrechtliche Qualifikation mit dem Zweck des Steuergesetzes deckt. Wird dies bejaht, ist das Zivilrecht maßgeblich, anderenfalls ist der steuerrechtliche Begriff wirtschaftlich-teleologisch zu interpretieren.[241] Dies gilt sowohl für ausdrückliche wie auch – in noch stärkerem Maße – für nicht ausdrückliche Verweisungen auf Begriffe und In-

---

236 BVerfG BStBl II 1992, 212, 213 = StuW 1992, 186, 187; *Seer,* in: Tipke/Lang, Steuerrecht, § 1 Rn. 34; *Englisch,* ebda, § 5 Rn. 71; *Tipke,* Die Steuerrechtsordnung (I), Teil II § 3 3.22 *Klein,* Finanzarchiv, N. f. Bd. 14, 1, 6; *Schulze-Osterloh,* AcP 190 (1990), 139, 154 f., 164.

237 *Tipke,* Die Steuerrechtsordnung (I), Teil II, § 3 3.1)

238 BVerfG BStBl II 1992, 212, 214 = StuW 1992, 186, 187. Der BFH hat das Verhältnis von Zivil- und Steuerrecht bisher nicht grundsätzlich entschieden, sondern es stets anhand der einzelnen Steuernormen geklärt. Wie die Analyse von *Döllerer* (in: FS 75 Jahre RFH-BFH, S. 497-517) zeigt, ermittelt aber auch der BFH in jedem Fall durch Auslegung, ob das Steuerrecht dem Zivilrecht folgt oder nicht.

239 *Seer,* in: Tipke/Lang, Steuerrecht, § 1 Rn. 34; *Schulze-Osterloh,* AcP 190 (1990), 139, 154.

240 BVerfG BStBl II 1992, 212, 214 = StuW 1992, 186, 187 f.; *Seer,* in: Tipke/Lang, Steuerrecht, § 1 Rn. 34; *Englisch,* ebda, § 5 Rn. 70-73; *Tipke,* Die Steuerrechtsordnung (I), Teil II § 3 3.22; *ders.,* JuS 1970, 149, 151, 152.

241 *Englisch,* in: Tipke/Lang, Steuerrecht, § 5 Rn. 71-73; *Tipke,* JuS 1970, 149, 152. S. ferner *Hallerbach* (DStR 1999, 2125, 2129 f.) sowie *Meincke* (StuW 1992, 188, 190) und auch *Crezelius* (Steuerrecht II, § 1 Rn. 12) und *Schön* (StuW 2005, 247, 254 f.), die sich – nicht zuletzt im Hinblick auf das historisch-grammatische Begriffsverständnis – für eine Vermutung zugunsten eines vorgeprägten zivilrechtlichen Verständnisses bzw. eine tendenziell zivilrechtsgeneigte Anwendung der Steuergesetze aussprechen. Für ein vom Bürgerlichen Recht abweichendes Verständnis bedarf es dann eines sachlichen (systematischen oder teleologischen) Grundes, der eben häufig in dem vom Zivilrecht abweichenden Zweck der Steuernorm zu finden ist. Im Ergebnis auch *Flume,* in: FS Smend, S. 59, 73 (Fn. 25).

stitutionen des Zivilrechts.[242] Zivilrechtlich formulierte Tatbestandsmerkmale in steuerrechtlichen Normen machen eine autonome Auslegung dieser Vorschriften mithin keineswegs entbehrlich, insbesondere auch dann nicht, wenn es um die Berücksichtigung zivilrechtlicher Theorien im Steuerrecht geht.[243] Prinzipiell zu beachten bleibt im Übrigen stets die Einheit der Rechtsordnung, d.h. das Steuerrecht als Teil der Gesamtrechtsordnung darf nicht im Widerspruch zu deren Grundwertungen des Rechts und der Gerechtigkeit stehen.[244]

Es soll hier bei diesen allgemeinen Ausführungen zum Verhältnis von Zivil- und Steuerrecht verbleiben. Die konkreten Probleme, die sich gerade aus dem deutschen Internationalen Gesellschaftsrecht im Rahmen der körperschaftsteuerlichen Behandlung der Scheinauslandsgesellschaft ergeben, werden dann an entsprechender Stelle ausführlich diskutiert.

242 *Seer*, in: Tipke/Lang, Steuerrecht, § 1 Rn. 35 f.; *Englisch*, ebda, § 5 Rn. 72 f. S.a. *Schulze-Osterloh*, AcP 190 (1990), 139, 154.

243 *Tipke*, Die Steuerrechtsordnung (I), Teil II § 3 3.23; *Schulze-Osterloh*, AcP 190 (1990), 139, 160.

244 *Seer*, in: Tipke/Lang, Steuerrecht, § 1 Rn. 44-48; *Tipke*, Die Steuerrechtsordnung, Teil II § 3 4.; *ders.*, JuS 1970, 149; *Meincke*, StuW 1992, 188, 190.

Fünftes Kapitel: Die steuerliche Behandlung der EU-Scheinauslandsgesellschaft

Nach Klärung der grundlegenden – insbesondere gesellschaftsrechtlichen – Aspekte ist nunmehr die Basis bereitet, um zum Kern der Arbeit vordringen und die steuerrechtlichen Fragestellungen im Zusammenhang mit der Scheinauslandsgesellschaft untersuchen zu können.

Im Fokus steht dabei zu Beginn naturgemäß die Einordnung der Scheinauslandsgesellschaft im Rahmen des § 1 Abs. 1 KStG; hiervon ausgehend entwickeln sich dann weitere Diskussionspunkte.

A. Die Körperschaftsteuerpflichtigkeit – Einordnung in den Katalog des § 1 Abs. 1 KStG

Für die unbeschränkte Körperschaftsteuerpflicht ist gemäß § 1 Abs. 1 KStG zunächst erforderlich, dass die jeweilige Körperschaft, Personenvereinigung oder Vermögensmasse ihre Geschäftsleitung oder ihren Sitz im Inland hat. Es soll daher eingangs geklärt werden, wie genau diese Begriffe zu verstehen sind.

I. Die Begriffe „Ort der Geschäftsleitung" und „Sitz" im Sinne des § 1 Abs. 1 KStG und ihr Verhältnis zu dem zivilrechtlichen Begriffspaar „Satzungssitz" und „Verwaltungssitz"

Für die Bestimmung der steuerrechtlichen Begriffe „Ort der Geschäftsleitung" und „Sitz" kann zunächst auf deren Definition in der Abgabenordnung (AO) verwiesen werden. Dort bestimmt § 10 AO als Ort der Geschäftsleitung den Mittelpunkt der geschäftlichen Oberleitung, während nach § 11 AO eine Körperschaft, Personenvereinigung oder Vermögensmasse ihren Sitz an dem Ort hat, der durch Gesetz, Gesellschaftsvertrag, Satzung, Stiftungsgeschäft oder dergleichen bestimmt ist. Damit stellt dieses steuerrechtliche Begriffspaar gleichsam die „Übersetzung" der gesellschaftsrechtlich geprägten Begriffe „Verwaltungssitz" und „Satzungssitz" dar (vgl. die §§ 5 Abs. 1, 2 AktG, 4a Abs. 1, 2 GmbHG, jeweils in ihrer Fassung bis zum 31.10.2008).[245]

Insbesondere der steuerrechtliche Sitz entspricht dabei nahezu immer dem zivilrechtlichen Satzungssitz, da insoweit die Rechtsstatuten maßgeblich sind, die

---

245 *Gosch*, StBp 2002, 374, 377; *Göttsche*, DStR 1999, 1403, 1407.

sich wiederum nach steuer- und zivilrechtlich weitgehend übereinstimmenden Rechtskategorien richten.[246]

Im Gegensatz dazu werden der steuerrechtliche Ort der Geschäftsleitung und der zivilrechtliche Verwaltungssitz nicht durch rechtliche, sondern durch tatsächliche Gegebenheiten bestimmt.[247] Wenn dies auch in einer Vielzahl der Fälle zu übereinstimmenden Ergebnissen führt, so ist dies doch nicht notwendigerweise so, da aufgrund der verschiedenen Interessenlagen unterschiedliche Beurteilungsmaßstäbe gelten: Während es im Gesellschaftsrecht bzw. im Internationalen Privatrecht um die Anerkennung der Kapitalgesellschaft als eigenständige Rechtsperson, um die Bestimmung des für alle Rechtsverhältnisse der Gesellschaft maßgeblichen Rechts geht, steht im Steuerrecht die Abgrenzung von unbeschränkter und beschränkter Steuerpflicht im Vordergrund, die sich unabhängig von Sitz- oder Gründungstheorie danach richtet, ob sich (auch) der Ort der tatsächlichen Geschäftsleitung im Inland befindet.[248] Dementsprechend kommt es dann für den zivilrechtlichen Verwaltungssitz darauf an, wo der für die Gesellschaft maßgebliche Wille wirksam wird (s.o. Drittes Kapitel A.I.), während der steuerrechtliche Ort der Geschäftsleitung derjenige ist, an dem über die maßgebenden laufenden Geschäfte entschieden wird bzw. von dem aus die dafür erforderlichen Weisungen erteilt werden; er liegt damit am Schwerpunkt der Entscheidungs- und Willensbildung. Im Bereich des Gesellschaftsrechts ist daher regelmäßig entscheidend, wo der Tätigkeitsort liegt, im Bereich des Steuerrechts hingegen, wo der oder die Entscheidungsträger (z.B. Vorstand, Aufsichtsrat) beruflich ansässig ist bzw. sind.[249] Für den Fall, dass leitende Aufgaben an mehreren Orten wahrgenommen werden, ist ausschlaggebend, welchem Ort nach dem Gesamtbild der Verhältnisse wirtschaftlich und organisatorisch die größte Bedeutung zukommt.[250] Im Einzelfall können sich hier einige Abstimmungsprobleme und Ungewissheiten ergeben.

II. Die Scheinauslandsgesellschaft als Körperschaft im Sinne des § 1 Abs. 1 KStG

Was schließlich die Subjektqualifikation nach inländischem Recht errichteter Körperschaften betrifft, so ergeben sich in Anbetracht der Aufzählung insbesondere aller Kapitalgesellschaften in § 1 Abs. 1 Nr. 1 KStG und der Auffangklausel für sonstige juristische Personen des privaten Rechts in § 1 Abs. 1 Nr. 4

246 Pahlke/Koenig/*Koenig* § 11 AO Rn. 2; *Schaumburg*, Internationales Steuerrecht, Rn. 6.4; *Gosch*, StBp 2002, 374, 377; *Göttsche*, DStR 1999, 1403, 1407.

247 *Gosch*, StBp 2002, 374, 377; *Göttsche*, DStR 1999, 1403, 1407.

248 *Kluge*, Das Internationale Steuerrecht, M Rn. 10; *Ebenroth/Auer*, RIW 1992, Beil. 1, Heft 3, S. 1, 15; *Gosch*, StBp 2002, 374, 377.

249 Pahlke/Koenig/*Koenig* § 10 Rn. 4-6; *Schaumburg*, Internationales Steuerrecht, Rn. 6.2; *Gosch*, StBp 2002, 374, 377; *Wagner*, GmbHR 2003, 684, 689 f.

250 Pahlke/Koenig/*Koenig* § 10 Rn. 7; *Kluge*, Das Internationale Steuerrecht, M Rn. 10; *Schaumburg*, Internationales Steuerrecht, Rn. 6.2; *Ebenroth/Auer*, RIW 1992, Beil.1, Heft 3, S. 1, 14, 15; *Göttsche*, DStR 1999, 1403, 1407.

KStG keine Schwierigkeiten. Zu klären bleibt jedoch die Einordnung der Scheinauslandsgesellschaft in den Katalog des § 1 Abs. 1 KStG. Nachdem dazu in der Vergangenheit unterschiedliche Ansätze entwickelt wurden, bildet sich nun im Lichte der oben erläuterten europäischen Rechtsprechung eine einheitliche Beurteilung heraus.

1. Ursprünglicher Diskussionsstand

Im Mittelpunkt der Diskussion um die Körperschaftsteuersubjektfähigkeit der Scheinauslandsgesellschaft stand einmal mehr das oben bereits angedeutete problematische Verhältnis des Zivilrechts zum Steuerrecht. Die in diesem Zusammenhang vertretenen Grundpositionen werden im Folgenden überblicksartig dargestellt:

a) Die deutsche Rechtsprechung

Die deutsche Rechtsprechung hat die Vorgehensweise zur Qualifizierung ausländischer Rechtsgebilde mit der Entwicklung des Rechtstypenvergleichs ganz wesentlich geprägt. In diesem Zusammenhang sind insbesondere zwei Entscheidungen hervorzuheben.

aa) Die Venezuela-Entscheidung des Reichsfinanzhofs (RFH)[251]

Bei der dem Venezuela-Urteil zugrunde liegenden Sachverhaltskonstellation ging es um einen Beschwerdeführer, der unter anderem an einer venezolanischen Kommanditgesellschaft als Kommanditist beteiligt war. Nach venezolanischem Recht ist eine solche Kommanditgesellschaft als juristische Person zu qualifizieren, was auch nach deutschem Recht so anerkannt wird. Problematisch war nun, ob die auf den Beschwerdeführer entfallenden und auf seinem Kapitalkonto gutgeschriebenen Gewinnanteile der Kommanditgesellschaft aufgrund der Annahme einer Mitunternehmerschaft als gewerbliche Einkünfte unmittelbar der Besteuerung nach dem EStG unterfallen oder ob hier vielmehr das Körperschaftsteuergesetz zur Anwendung gelangt und für den Beschwerdeführer Einkünfte aus Kapitalvermögen in Betracht kommen.

In seiner Entscheidung stellt der RFH zunächst klar, dass sich die Unterstellung von Körperschaften und Vermögensmassen unter das KStG nicht ausschließlich nach der Rechtsform der betreffenden Körperschaften oder Vermögensmassen richtet, auch wenn eine solche Abgrenzungsentscheidung teilweise, vor allem auch im Hinblick auf die juristischen Personen des deutschen bürgerlichen Rechts, getroffen worden sei.[252]

Das Gericht macht ferner deutlich, dass es entgegen der Auffassung der Vorinstanz eine unterschiedslose Behandlung aller juristischen Personen des Aus-

251 RFHE 27, 73.
252 RFHE 27, 73, 77.

lands als Körperschaften im Sinne des KStG nicht für gerechtfertigt hält.[253] Dies sei auch schon deshalb nicht der Wille des Gesetzgebers gewesen, weil diesem der rechtliche und wirtschaftliche Aufbau der ausländischen juristischen Personen sowie deren Mannigfaltigkeit nicht in ausreichend genauem Maße bekannt gewesen seien, was letztlich sogar zu einer Rechtslage hätte führen können, die den Anforderungen des Gleichbehandlungsgrundsatzes nicht gerecht werde.

Daher sei vielmehr davon auszugehen, dass grundsätzlich die Entscheidung über die einkommensteuerrechtliche Behandlung einer ausländischen juristischen Person bzw. ihrer Gesellschafter jeweils im Einzelfall nach den Leitgedanken des Einkommen- und Körperschaftsteuergesetzes getroffen werden müsse. Insoweit sei vor allem ausschlaggebend, ob die betreffende ausländische Gesellschaft sich mit einer Gesellschaft des deutschen Rechts vergleichen lasse.[254] Bei diesem Vergleich sei stets zu beachten, dass er die Entscheidung der Frage bezwecke, ob die ausländische Gesellschaft im Hinblick auf das EStG und das KStG als selbständiges, der Körperschaftsteuer unterworfenes Rechtssubjekt anzusehen ist, oder ob die einzelnen Mitunternehmer der Einkommensteuer unterliegen. Für die Behandlung im Steuerrecht müsse daher die ausländische Gesellschaft unter Beachtung ihres wirtschaftlichen und rechtlichen Aufbaus nach ihrem Heimatrecht in ihrer Gesamtheit gewürdigt und auf ihre Übereinstimmung mit den entsprechenden inländischen Gesellschaftsformen überprüft werden.[255] Es komme dabei vor allem darauf an, ob sich die in Rede stehende ausländische Gesellschaft eher dem Typ der Personalgesellschaft oder der Kapitalgesellschaft nähere.[256]

Als Kriterien nennt der RFH im Hinblick auf die Personalgesellschaften, bei denen die Person der Gesellschafter im Vordergrund stehe, dass die Gesellschafter in der Regel die Geschäfte führten, dass sie persönlich hafteten und ihre Anteile nicht auf Dritte übertragen könnten. Im Gegensatz dazu konkretisiert er die Merkmale für die Vergleichbarkeit mit einer Kapitalgesellschaft dahingehend, dass deren Gesellschafter der Gesellschaft mehr unpersönlich gegenüberstünden. Sie hafteten den Gläubigern nicht persönlich, ihre Anteile seien übertragbar, an der eigentlichen Geschäftsführung seien sie regelmäßig nicht beteiligt und ihre Gesellschafterstellung gründe sich weniger auf eine innere Verbundenheit, als vielmehr auf das Bestreben, Kapital nutzbringend anzulegen.

Für die venezolanische Kommanditgesellschaft hat der RFH im Ergebnis eine Vergleichbarkeit mit der deutschen Kommanditgesellschaft angenommen und den Beschwerdeführer einkommensteuerrechtlich als Mitunternehmer gewertet.

253 RFHE 27, 73, 78.
254 RFHE 27, 73, 78 f.
255 RFHE 27, 73, 79 f.
256 RFHE 27, 73, 80.

bb) Die Liechtenstein-Entscheidung des Bundesfinanzhofs (BFH)[257]

Der sog. Liechtenstein-Entscheidung des BFH lag folgender Sachverhalt zugrunde:

Die drei Kläger und Revisionsbeklagten gründeten im Jahre 1973 im Fürstentum Liechtenstein die auch dort ansässige und im Handelsregister eingetragene M-AG nach den Art. 261 ff. des liechtensteinischen Personen- und Gesellschaftsrechts (PGR). Das Grundkapital hielten die Kläger in Form von Inhaberaktien. Der im liechtensteinischen M zum Rechtsagent bestellte Verwaltungsrat erteilte den Klägern Vollmacht, die M-AG zu vertreten und verpflichtete sich, seine Tätigkeiten entsprechend den Anweisungen der Kläger auszuführen und auf Verlangen jederzeit als Verwaltungsratsmitglied zurückzutreten. Die Geschäftsleitung der M-AG betätigte sich nur im Inland. Sie befand sich auch seit der Gründung in einer inländischen Stadt, in der die M-AG in der Folge dort belegene Grundstücke erwarb. Diese bebaute die M-AG mit einem Warenhaus und einem Baumarkt und vermietete sie, vertreten durch die Kläger, an eine Warenhausgesellschaft. Im Juni 1977 veräußerten die Kläger als Inhaber der M-AG die Grundstücke in Gesellschaft bürgerlichen Rechts (GbR). Im Jahr 1978 wurde die M-AG aufgelöst und die Löschung in das liechtensteinische Handelsregister eingetragen. Nachdem der Beklagte und Revisionskläger, das Finanzamt (FA), die M-AG im Rahmen einer Umsatzsteuer-Sonderprüfung zunächst als GbR beurteilt und für die Streitjahre 1974-1977 erklärungsgemäß unter dem Vorbehalt der Nachprüfung gesonderte und einheitliche Gewinnfeststellungsbescheide erlassen hatte, in denen jeweils erhebliche negative Einkünfte aus Vermietung und Verpachtung festgestellt und den Klägern zugerechnet worden waren, änderte das FA nach einer Außenprüfung seine Rechtsauffassung und qualifizierte die M-AG als körperschaftsteuerpflichtig. Es hob daher die Feststellungsbescheide mit der angefochtenen Verfügung vom 31. Juli 1981 ersatzlos auf. Das Einspruchsverfahren der Kläger blieb erfolglos.

Das Finanzgericht (FG) Düsseldorf gab der daraufhin bei ihm erhobenen Klage auf Aufhebung der Verfügung vom 31. Juli 1981 statt.[258] Es verneint zunächst sowohl die Körperschaftsteuerpflicht nach § 1 Abs. 1 Nr. 1 KStG, als auch die nach § 1 Abs. 1 Nr. 4 KStG des nach deutschem Internationalen Gesellschaftsrecht nicht rechtsfähigen Gebildes.[259] Ersteres deshalb, weil die M-AG keine Kapitalgesellschaft im Sinne des § 1 Abs. 1 Nr. 1 KStG darstelle und eine Ausdehnung auf von ihren Strukturmerkmalen vergleichbare Rechtsgebilde aufgrund der abschließenden Regelung nicht möglich sei. Letzteres deshalb, weil es der M-AG nach deutschem Internationalen Privatrecht an der die sonstigen juristischen Personen gerade kennzeichnenden Rechtsfähigkeit mangele, die sich ausschließlich nach deutschem Recht beurteile.

Zu prüfen blieb damit noch die Körperschaftsubjektfähigkeit nach § 1 Abs. 1 Nr. 5 KStG, die das Gericht im Ergebnis ebenfalls ablehnt.[260] Zur Begründung

---

257 BHF BStBl II 1992, 972.

258 FG Düsseldorf EFG 1987, 202 f.

259 FG Düsseldorf EFG 1987, 202.

260 FG Düsseldorf EFG 1987, 202 f.

gibt es an, dieser Personenverband stehe bezüglich seiner wirtschaftlichen Bedeutung einer deutschen GbR näher als einem nichtrechtsfähigen Verein, obwohl er formal über die Struktur einer Körperschaft verfüge. Entsprechend den Ausführungen im Venezuela-Urteil sei dies aber letztlich nicht entscheidend, vielmehr komme es auf das Gesamterscheinungsbild an, so wie es sich aus dem Auftreten im allgemeinen Rechtsverkehr und den tatsächlichen Rechtsfolgen der gewählten Vertragsgestaltung ergebe. Ausschlaggebend für die tatsächliche Beurteilung sei dabei zum einen die geringe Mitgliederzahl der Gesellschaft bestehend aus drei Anteilseignern gewesen, zum anderen der Zuschnitt der Gesellschaft auf diese drei Personen. Etwas anderes ergebe sich aufgrund des subsidiären Charakters dieser Vorschrift auch nicht in Verbindung mit der Auffangregelung des § 3 Abs. 1 KStG.[261]

Der BFH hält die vom FG Düsseldorf wegen der grundsätzlichen Bedeutung der Rechtssache zugelassene Revision für begründet und gibt dem FA recht. Er qualifiziert die M-AG als nach den §§ 1 Abs. 1 Nr. 5, 3 Abs. 1 KStG unbeschränkt körperschaftsteuerpflichtig.

Dabei geht der BFH mit dem Finanzgericht Düsseldorf und dem dem Verfahren beigetretenen Bundesminister der Finanzen (BMF) zunächst davon aus, dass sich die unbeschränkte Körperschaftsteuerpflicht nicht aus § 1 Abs. 1 Nr. 1 oder Nr. 4 KStG ergeben könne.[262] Da bei der Beurteilung der Rechtsgebilde insofern jeweils an die Rechtsform angeknüpft werden müsse, sei Voraussetzung für die Körperschaftsteuersubjektfähigkeit deren Rechtsfähigkeit. Diese beurteile sich bei ausländischen Gesellschaften, die Sitz und Geschäftsleitung im Ausland haben, nach dem Recht des ausländischen Staates. Bei Kapitalgesellschaften mit statutarischem Sitz im Ausland jedoch, die entweder bereits bei ihrer Gründung den tatsächlichen Sitz ihrer Hauptverwaltung in Deutschland haben oder ihn später hierher verlegen, sei nach deutschem Internationalem Privatrecht mit dem BGH und der herrschenden Meinung im Schrifttum entsprechend der Sitztheorie an die Rechtsordnung des tatsächlichen Sitzes der Hauptverwaltung anzuknüpfen. Folglich sei eine im Ausland gegründete Aktiengesellschaft, die ihren tatsächlichen Sitz von vornherein im Inland hat oder ihn später hierhin verlegt – jedenfalls vor Eintragung in das deutsche Handelsregister – nicht rechtsfähig. Gerade so liege es bei der M-AG, auch wenn diese nach dem Recht des Fürstentums Liechtenstein ihre Rechtsfähigkeit behielte.

Allerdings führt der BFH weiter aus, dass diese mangelnde Rechtsfähigkeit die unbeschränkte Körperschaftsteuerpflicht nicht per se ausschließe.[263] Vielmehr seien die Vorschriften des § 1 Abs. 1 Nr. 5 und des § 3 Abs. 1 KStG zu beachten. Unabhängig von deren genauem Verhältnis zueinander ergebe sich aus ihrem Bedeutungszusammenhang, dass auch nichtrechtsfähige Personenvereinigungen und Vermögensmassen körperschaftsteuerpflichtig sein können, wenn ihnen das erzielte Einkommen unmittelbar zuzurechnen ist und sie wie

261 FG Düsseldorf EFG 1987, 202, 203.
262 BFH BStBl II 1992, 972, 973.
263 BFH BStBl II 1992, 972, 973.

eine Kapitalgesellschaft ausgestaltet sind.[264] Dies gilt nach Ansicht des Senats und in Übereinstimmung mit dem BMF und der herrschenden Meinung im Schrifttum auch für im Inland nichtrechtsfähige ausländische juristische Personen, so dass eine im Ausland gegründete Gesellschaft, die wie eine deutsche Kapitalgesellschaft strukturiert ist, der unbeschränkten Körperschaftsteuerpflicht nach den §§ 1 Abs. 1 Nr. 5, 3 Abs. 1 KStG auch dann unterliegen kann, wenn sie ihre Geschäftsleitung im Inland hat und deshalb nach deutschem Internationalen Privatrecht nicht rechtsfähig ist.[265] Dies ergebe sich bereits aus dem Wortlaut der §§ 1 Abs. 1, 2 Nr. 1 KStG und der alternativen Anknüpfung an Geschäftsleitung bzw. Sitz für die unbeschränkte Körperschaftsteuerpflichtigkeit. Allein die Tatsache, dass sich die Geschäftsleitung einer ausländischen Kapitalgesellschaft im Inland befinde und ihr damit nach der Sitztheorie die Rechtsfähigkeit im Inland fehle, könne danach ihre Körperschaftsteuerpflicht nicht prinzipiell ausschließen.[266]

Statt dessen sei eine Einzelfallprüfung vorzunehmen, ob die im Ausland rechtsfähige Körperschaft, Personenvereinigung oder Vermögensmasse, die ihre Geschäftsleitung im Inland hat, dem „Typ“ und der tatsächlichen Handhabung nach einer Kapitalgesellschaft oder einer juristischen Person im Sinne des § 1 Abs. 1 Nr. 1 KStG oder einem anderen Körperschaftsteuersubjekt im Sinne des § 1 Abs. 1 Nr. 2-5 KStG entspreche und – wenn das der Fall ist – ob sie selbst den Tatbestand der Einkünfteerzielung erfülle oder ob das Einkommen nach dem KStG oder dem EStG bei anderen Steuerpflichtigen zu versteuern sei.[267]

Bei diesem „Typenvergleich“ habe eine Gesamtwürdigung der maßgebenden ausländischen Bestimmungen über Organisation und Struktur der Gesellschaft zu erfolgen. Nicht maßgeblich sei dagegen (im Unterschied zur Auffassung des Finanzgerichts Düsseldorf) die Ausgestaltung der inneren Verhältnisse der Gesellschaft im Einzelfall.[268]

Bei Anwendung dieser Grundsätze kommt der BFH zu dem Ergebnis, dass eine AG nach liechtensteinischem Recht in allen wesentlichen Punkten wie eine deutsche AG ausgestaltet ist und Zurechnungsträger der Einkünfte unmittelbar die M-AG ist; er bejaht daher die unbeschränkte Körperschaftsteuerpflicht der M-AG.

cc) Zusammenfassung

Es bleibt festzuhalten, dass der BFH das Konzept eines ausprägungs- und rechtsfähigkeitsorientierten Typenvergleichs verfolgt.

264 BFH BStBl II 1992, 972, 973 f.
265 BFH BStBl II 1992, 972, 974.
266 BFH BStBl II 1992, 972, 974.
267 BFH BStBl II 1992, 972, 975.
268 BFH BStBl II 1992, 972, 975.

b) Die Ansichten in der Literatur

Die Literatur hat unterschiedliche Ansätze zur steuerrechtlichen Qualifikation der Scheinauslandsgesellschaft entwickelt.

aa) Strikte Anbindung des Steuerrechts an das Zivilrecht

Ein Teil der Literatur geht von der Prämisse aus, das Steuerrecht folge grundsätzlich der zivilrechtlichen Betrachtungsweise mit der Folge, dass im Falle einer Sitzverlegung (wie auch bei einer ursprünglichen Scheinauslandsgesellschaft) zunächst der gesellschaftsrechtliche Status der Gesellschaft auch für die Besteuerung überprüft werden müsse.[269] Dass es dann für die steuerliche Handhabung nicht denkbar sei, dass eine ausländische Kapitalgesellschaft mit inländischem Ort der Geschäftsleitung als Kapitalgesellschaft unbeschränkt steuerpflichtig wird, sei eine hinzunehmende Konsequenz der herrschenden Sitztheorie, die im Hinblick auf ihre Schutzfunktion eine „ausländische-inländische" Kapitalgesellschaft vermeiden wolle.[270] Zudem bestimme sich ausschließlich nach Handelsrecht, ob eine Kapitalgesellschaft im Sinne des § 1 Abs. 1 Nr. 1 KStG gegeben sei.[271] Falle danach der „körperschaftsteuerrechtliche Mantel" weg, müsse untersucht werden, welche Struktur die Gesellschaft nach ihren Verträgen und sonstigen Bestimmungen etc. habe, wobei u.a. auf das oben angeführte Urteil des FG Düsseldorf Bezug genommen wird.[272]

Eine andere Auffassung befürwortet zwar ebenfalls eine Bindung an die zivilrechtlichen Vorgaben, wählt allerdings einen gänzlich anderen Ausgangspunkt. Sie unterscheidet zwischen solchen Gesellschaften, die nach ausländischem Recht gegründet wurden, im Gründungsstaat aber noch nicht aktiv geworden sind und deren Geschäftsleitung sich also von vornherein oder unmittelbar nach der Gründung im Inland befindet, und vermögenden ausländischen Gesellschaften, die aus begründetem betrieblichen oder steuerlichen Anlass ihren Sitz in die Bundesrepublik verlegen.[273] Für letztere rückt sie dann die zivilrechtliche Frage nach dem Rechtsträger des Vermögens, das die Gesellschaft bereits vor ihrem Zuzug erworben hatte, für die steuerrechtliche Weichenstellung in den Vordergrund.[274] Dies deshalb, weil die Gesellschaft auch als Steuersubjekt angesehen werden müsse, wenn sie nach wie vor als juristische Person Träger ihres Vermögens geblieben sei. Nach der herrschenden Sitztheorie verliere die zuziehende ausländische Gesellschaft zwar aufgrund der mangelnden Registereintragung ihre Rechtsfähigkeit, jedoch habe dies nicht zur Folge, dass die „Ausländerin" aufhöre zu existieren. Ab dem Zuzugszeitpunkt entspreche ihr Status vielmehr dem einer im Inland gelöschten Kapitalgesellschaft, die nach der insoweit herrschenden Meinung trotz Löschung im Handelsregister solange

269 *Oppermann*, DB 1988, 1469, 1470.
270 *Oppermann*, DB 1988, 1469, 1470.
271 *Oppermann*, DB 1988, 1469, 1470.
272 *Oppermann*, DB 1988, 1469, 1470.
273 *Buyer*, DB 1990, 1682.
274 *Buyer*, DB 1990, 1682, 1683 f., 1685, 1693.

nicht vollbeendet sei und somit noch „latent" weiterbestehe, als sie noch verteilungsfähiges Vermögen habe.[275] Infolge der Bindung an diese zivilrechtlichen Vorgaben bleibe die Gesellschaft auch steuerrechtlich Trägerin ihres Vermögens und erziele daraus selbst die Einkünfte. Mangels Rechtsfähigkeit sei sie jedoch nur als Zweckvermögen im Sinne des § 1 Abs. 1 Nr. 5 KStG einzuordnen.[276]

bb) Vornahme einer selbständigen Wertung im Steuerrecht

Der Großteil der Stimmen in der Literatur spricht sich jedoch zutreffend dafür aus, im Steuerrecht eine eigenständige Wertung vorzunehmen.[277] Bei der Gewichtung der eigenen Werthaftigkeit des Steuerrechts gegenüber den Denkkategorien des Zivilrechts geht es ihnen darum, dem steuerlichen Geltungsanspruch mit seinen Wertvorstellungen die gebotene Anerkennung zu wahren.[278] Dies deshalb, weil jeder Steuerordnung abgefordert sei, auch über die Anerkennung und Einstufung ausländischer Rechtsgebilde zu befinden, wobei sie sich dem materiellen Postulat stellen müsse, ihre eigenen Grundwertungen zur Geltung zu bringen, insbesondere die Besteuerungsgleichbehandlung.[279] Dies zwinge letztlich zu einer Loslösung der steuerlichen Subjekteigenschaft in ihrer Erheblichkeit für die deutsche Besteuerung von der zivilrechtlichen Lage.[280]

Insoweit wird nun u.a. ein stufenweises Vorgehen befürwortet, bei dem zwischen der Frage nach der körperschaftsteuerlichen Subjektfähigkeit und der Frage, ob die Gesellschaft der beschränkten oder der unbeschränkten Körperschaftsteuerpflicht unterliegt, unterschieden wird.[281]

Zunächst sei zu prüfen, ob die nach ausländischem Recht gegründete Gesellschaft als Kapitalgesellschaft im Sinne des § 1 Abs. 1 Nr. 1 KStG zu qualifizieren sei. Die Anknüpfung an die dort genannten Rechtsformen bedeute nicht, dass damit nur nach deutschem Zivilrecht rechtsfähige Kapitalgesellschaften unbeschränkt körperschaftsteuerpflichtig sein könnten, was schon aus den §§ 1 Abs. 1 Nr. 5, 3 Abs. 1 KStG ersichtlich werde.[282] Auch die Tatsache, dass dann ausländische Rechtsträger, die in voller Parallele zu den in § 1 KStG aufgezählten deutschen Kapitalgesellschaften stehen, aus der deutschen unbeschränkten Körperschaftsteuerpflicht ausgeklammert wären, sofern man sie nicht auf die subsidiäre Auffangqualifikation „andere Zweckvermögen des Privaten Rechts"

---

275 *Buyer*, DB 1990, 1682, 1690 f., 1693.

276 *Buyer*, DB 1990, 1682, 1692, 1693.

277 *Debatin*, BB 1988, 1155, 1157; *ders.*, GmbHR 1991, 164, 165 f.; *Dötsch*, DB 1989, 2296, 2298, 2299; *Großfeld/Luttermann*, IPRax 1993, 229, 230 f.; *Haase*, SteuerStud 2003, 198, 199; *Knobbe-Keuk*, StuW 1990, 372, 375 f.

278 *Debatin*, BB 1988, 1155, 1157; *ders.*, GmbHR 1991, 164, 165.

279 *Debatin*, BB 1988, 1155, 1157; *ders.*, GmbHR 1991, 164, 165 f.

280 *Debatin*, BB 1988, 1155, 1157; *ders.*, GmbHR 1991, 164, 166.

281 *Debatin*, BB 1988, 1155, 1158; *ders.*, GmbHR 1991, 164, 165, 166; *Dötsch*, DB 1989, 2296, 2298, 2299.

282 Ernst&Young/*Kalbfleisch* § 1 Rn. 45-47; *Debatin*, BB 1988, 1155, 1157; *ders.*, GmbHR 1991, 164, 166; *Dötsch*, DB 1989, 2296, 2298, 2299; *Haase*, SteuerStud 2003, 198, 199; *Knobbe-Keuk*, StuW 1990, 372, 375.

abschieben wollte, stehe einem solchen Verständnis der Norm entgegen.[283] Für diese These wird schließlich weiterhin angeführt, dass der BFH auch die mangels Eintragung in das Handelsregister gerade nichtrechtsfähige GmbH-Vorgesellschaft steuerrechtlich als Kapitalgesellschaft behandelt (sofern sie später als GmbH eingetragen wird).[284] Daher sei die Frage nach der körperschaftsteuerlichen Subjektfähigkeit vielmehr aus dem KStG selbst heraus zu beantworten.[285] Dabei bestehe zwar für nach deutschem Recht gegründete Gesellschaften eine Bindung an die zivilrechtlichen Rechtsformen,[286] bei den nach ausländischem Recht gegründeten Gesellschaften komme es jedoch darauf an, ob die ausländische Gesellschaft nach ihrem im Ausland geregelten rechtlichen Aufbau und ihrer wirtschaftlichen Stellung einer deutschen Kapitalgesellschaft entspreche.[287]

Dieser an die Rechtsprechung angelehnte Typenvergleich sei sowohl zur Feststellung der beschränkten wie auch der unbeschränkten Steuerpflicht vorzunehmen, da sonst die Anknüpfung der unbeschränkten Körperschaftsteuerpflicht an den Ort der Geschäftsleitung leer laufe, obwohl § 1 KStG insoweit gerade ein Alternativverhältnis von Geschäftsleitung und Sitz anordne.[288]

Die zivilrechtliche Sitztheorie sei damit für das Steuerrecht im Ergebnis ohne Bedeutung, da es ganz allgemein nicht darauf ankomme, ob das Gebilde nach ausländischem Recht rechtsfähig sei und ob diese Rechtsfähigkeit nach den Grundsätzen des Internationalen Privatrechts anerkannt werde.[289] Sei die Körperschaftsubjektfähigkeit nach § 1 Abs. 1 Nr. 1 KStG zu verneinen, müsse weiter geprüft werden, ob sich die unbeschränkte Körperschaftsteuerpflicht möglicherweise aus § 1 Abs. 1 Nr. 5 bzw. § 3 Abs. 1 KStG ergebe oder ob nur eine beschränkte Körperschaftsteuerpflichtigkeit in Betracht komme.[290] Bei Verneinung der Körperschaftsteuersubjektfähigkeit seien die inländischen Einkünfte der nach ausländischem Recht gegründeten Gesellschaft unmittelbar bei den dahinterstehenden Gesellschaftern zu versteuern.

cc) Wahlmöglichkeit

Ein dritter Ansatz schlägt vor, je nach Sachverhaltsgestaltung die eine oder die andere der gerade genannten Alternativen zu wählen.[291] Befinde sich der Ort der Geschäftsleitung und damit auch der effektive Verwaltungssitz im Ausland, sei der Typenvergleich heranzuziehen. Liege der Ort der Geschäftsleitung jedoch im Inland, gälten die Regelungen des deutschen Internationalen Privatrechts

---

283 *Debatin*, GmbHR 1991, 164, 165; *Knobbe-Keuk*, StuW 1990, 372, 375 f.

284 BFH BStBl II 1993, 352, 354, 355.

285 *Dötsch*, DB 1989, 2296, 2299.

286 BFH BStBl II 1984, 751, 757 f., 759, 760.

287 *Debatin*, BB 1988, 1155, 1157, 1158; *ders.*, GmbHR 1991, 164, 166; *Dötsch*, DB 1989, 2296, 2299; *Großfeld/Luttermann*, IPRax 1993, 229, 230; *Knobbe-Keuk*, StuW 1990, 372, 375 f.

288 *Knobbe-Keuk*, StuW 1990, 372, 376.

289 *Debatin*, BB 1988, 1155, 1158, 1159; *Dötsch*, DB 1989, 2296, 2299; *Knobbe-Keuk*, StuW 1990, 372, 375 f.

290 *Dötsch*, DB 1989, 2296, 2299.

291 *Lehner*, RIW 1988, 201, 212.

und die Vorschriften des nationalen Zivilrechts seien auf die Gesellschaft anzuwenden, mit der Folge, dass diese zivil- und damit letztlich auch körperschaftsteuerrechtlich nicht anzuerkennen sei.

dd) Modifikation des Begriffs der Geschäftsleitung (§ 10 AO)

Ein vereinzelt gebliebener Ansatz plädierte für ein neues Verständnis des Begriffs der Geschäftsleitung nach § 10 AO und wollte die Sitzverlegung vom Ausland ins Inland steuerrechtlich aus Gründen einer objektiven Unmöglichkeit nicht anerkennen.[292] Etwas anderes solle nur dann gelten, wenn die zugezogene Gesellschaft im Inland ins Handelsregister eingetragen werde. In allen sonstigen Fällen bleibe der Verwaltungssitz und damit die Geschäftsleitung im Ausland bestehen. Die Frage, ob sich die Gesellschaft wegen der beabsichtigten Sitzverlegung in Liquidation befinde, sei für die Besteuerung nicht von Bedeutung. Das, was im Inland als Verwaltungssitz zu qualifizieren sein könnte, habe allenfalls die Annahme einer inländischen Betriebsstätte zur Folge, derer ungeachtet die ausländische Kapitalgesellschaft aus der Sicht des deutschen Steuerrechts beschränkt steuerpflichtig bleibe. Die damit verbundene Modifikation des Begriffs der Geschäftsleitung im Sinne des § 10 AO, der sich dann nicht mehr nur nach tatsächlichen Gesichtspunkten (s.o. Fünftes Kapitel A.I.), sondern auch danach beurteilen würde, wo der Mittelpunkt der geschäftlichen Oberleitung in rechtlich zulässiger Weise liegt, sei um des Ergebnisses und der Vorteile dieser Lösung willen hinzunehmen und tue dem Wortlaut der Vorschrift im übrigen auch keine Gewalt an.[293]

Es sei schon hier darauf hingewiesen, dass dieser Ansatz – nach hiesiger Auffassung zu Recht – durchweg auf Ablehnung gestoßen ist. Er konnte von vornherein nur für die Fälle greifen, in denen überhaupt einmal ein ausländischer Verwaltungssitz bestanden hat. Zudem mangelt es für die Nichtanerkennung der Verwaltungssitzverlegung vom Ausland ins Inland an einer rechtlichen Grundlage und die Annahme, die Gesellschaft habe trotz der Sitzverlegung ihren Verwaltungssitz weiterhin im Ausland, erweist sich schließlich auch als realitätsfremd.[294]

2. Die Beurteilung im Lichte der Rechtsprechung des Europäischen Gerichtshofs

Wie bereits angedeutet, ist die gerade dargestellte Problematik um die Einordnung der Scheinauslandsgesellschaft infolge der oben besprochenen Entscheidungsreihe des Europäischen Gerichtshofs zumindest teilweise entschärft bzw. gelöst. Die aktuelle Rechtslage zeigt daher folgendes Bild, das wiederum zwischen verschiedenen Konstellationen unterscheidet:

---

292 *Wassermeyer*, DB 1990, 244, 245.

293 *Wassermeyer*, DB 1990, 244, 245.

294 Auch *Wassermeyer* verfolgt diesen Ansatz zur Beurteilung grenzüberschreitender Kapitalgesellschaften aktuell nicht mehr, vgl. z.B. unter Fünftes Kapitel A.II.2. a).

a) Zuzug aus sog. „Gründungstheorie-Staat"

Die Fallgruppe, dass eine Gesellschaft ihren Verwaltungssitz von einem der Gründungstheorie folgenden Staat in einen Sitztheorie-Staat wie (derzeit im Grundsatz noch) die Bundesrepublik Deutschland verlegt, ist genau die Konstellation, die der Überseering-Entscheidung zugrunde lag. Insoweit ist also durch den Europäischen Gerichtshof entschieden, dass die zuziehende Kapitalgesellschaft in Deutschland ihre Rechtsfähigkeit behält.

Wie teilweise schon aus dem Centros-Urteil – allerdings auch insoweit noch unter Rückgriff auf den Typenvergleich – gefolgert,[295] steht damit nun fest, dass sie dann in aller Regel als Kapitalgesellschaft im Sinne des § 1 Abs. 1 Nr. 1 KStG auch unbeschränkt steuerpflichtig ist; unter das Tatbestandsmerkmal der Kapitalgesellschaft lässt sich eine nach ausländischem Recht gegründete Kapitalgesellschaft grundsätzlich jedenfalls durchaus fassen.[296]

Dies gilt umso mehr, seitdem § 1 Abs. 1 Nr. 1 KStG im Zuge des SEStEG dahingehend verändert wurde, dass der Aufzählung der Gesellschaftsformen, die um die Europäische Gesellschaft erweitert wurde, nun das Wort „insbesondere" vorangestellt ist. Damit wird noch einmal verstärkt zum Ausdruck gebracht, dass die Gründung nach ausländischem Recht der Einordnung als Kapitalgesellschaft nach § 1 Abs. 1 Nr. 1 KStG nicht entgegensteht.[297]

aa) Erforderlichkeit des Typenvergleichs

Es stellt sich jedoch die Frage, ob dieses Ergebnis der unbeschränkten Körperschaftsteuerpflicht aufgrund der Einordnung als Körperschaftsteuersubjekt nach § 1 Abs. 1 Nr. 1 KStG auch weiterhin von einem Typen- bzw. Strukturvergleich abhängig gemacht werden darf[298] oder ob nicht vielmehr nach dem Überseering-Urteil für die deutschen Finanzbehörden die Wertungen des Gründungsstaates bezüglich der Einordnung als Kapitalgesellschaft auch für den Bereich des Steuerrechts maßgeblich sind, so dass sich die unbeschränkte Körperschaftsteuerpflicht direkt aus § 1 Abs. 1 Nr. 1 KStG ergibt.[299]

---

295 Ernst&Young/*Kalbfleisch* § 1 Rn. 43.1; 47.1; *Deininger,* IStR 2003, 214, 215; *Sörgel,* DB 1999, 2236, 2237.

296 *Dautzenberg,* StuB 2003, 405, 407; *Ebert/Levedag,* GmbHR 2003, 1337, 1345; *Haase,* SteuerStud 2003, 198, 199, 202; *Hennrichs,* in: FS Horn, S. 387, 397; *Hey,* Der Konzern 2004, 577, 582; *Schnitger,* BB 2004, 804, 809; *Schön,* IStR 2004, 289, 298; *Sedemund,* BB 2003, 1362, 1363, 1364; *Wagner,* GmbHR 2003, 684, 690; *Wassermeyer,* EuZW 2003, 257. S. a. *Hochheim,* Der Typenvergleich aus europarechtlicher Sicht, S. 193 f.

297 So auch die Gesetzesbegründung, BT-Drucks. 16/2710, S. 30.

298 Ernst&Young/*Kalbfleisch* § 1 Rn. 44; 48; 54; *Aigner/Kofler,* IStR 2003, 570, 573, 574; *Beinert/Werder,* DB 2005, 1480, 1482; *Gosch,* StBp 2002, 374, 378; *Haase,* SteuerStud 2003, 198, 200, 201; *Kußmaul/Ruiner,* IStR 2007, 696, 698; *Prinz/von Freeden,* Der Konzern 2004, 318, 320; *Rohde,* INF 2006, 24, 26; *Schaumburg,* Der Konzern 2005, 347, 350.

299 Erle/Sauter/*Sauter* § 1 Rn. 35, 45, 67-76; *Deininger,* IStR 2003, 214, 215; *Hennrichs,* in: FS Horn, S. 387, 398 f.; *Hey,* Der Konzern 2004, 577, 582; *Wagner,* GmbHR 2003, 684, 690. Auch *Franz,* Körperschaftsteuerliche Behandlung der grenzüberschreitenden Betätigung von Kapitalgesellschaften innerhalb der EG, S. 51-56; 109, spricht sich unter Verweis auf die Nachteile

Die genaue Einordnung im Rahmen des § 1 Abs. 1 KStG ist dabei auch durchaus von praktischer Relevanz. Denn wenn sich auch einige diesbezügliche Streitfragen durch die Neufassung des § 8b KStG oder die Aufgabe des doppelten Inlandsbezugs bei Organträgergesellschaften mittlerweile erledigt haben,[300] so belegt doch beispielsweise die Neufassung des § 8 Abs. 2 KStG die erhöhte Bedeutung der Anerkennung als Kapitalgesellschaft, da letztlich nunmehr hiervon die Umqualifizierung der Einkünfte abhängt.

An dieser Stelle zeigt sich wieder das Spannungsfeld bzw. -verhältnis zwischen dem Steuerrecht und anderen Rechtsordnungen: Einerseits lässt sich vertreten, die steuerrechtliche Einordnung müsse unabhängig von ausländischem Gesellschaftsrecht eigenständig steuerrechtlich bestimmt werden, andererseits besteht entsprechend den obigen Ausführungen eine strenge Anbindung an das Zivilrecht, wenn es um die Einordnung deutscher Gesellschaften in den Katalog des § 1 Abs. 1 KStG geht.

So wird dann auch teilweise ein körperschaftsteuerlicher Rückgriff auf die international-privatrechtliche Beurteilung und damit letztlich die Maßgeblichkeit des Zivilrechts befürwortet und eine Differenzierung je nach Gesellschaftsstatut gefordert.[301] Für alle inländischen Gesellschaften, d.h. solche mit inländischem Gesellschaftsstatut, sei stets die zivil- bzw. international-privatrechtliche Einordnung ausschlaggebend, so dass eine Körperschaftsteuerpflicht zugezogener Gesellschaften nach § 1 Abs. 1 Nr. 1 KStG ausscheide.[302] Trage aber die in Rede stehende Gesellschaft ein ausländisches Gesellschaftsstatut, wie es unter Zugrundelegung der Überseering-Rechtsprechung gerade bei einer aus dem europäischen Ausland zuziehenden Gesellschaft, die ihren Verwaltungssitz ins Inland verlegt, der Fall sei, zeige ausschließlich ein Typenvergleich, ob dieses Gebilde ggf. Körperschaftsteuersubjekt im Sinne des § 1 Abs. 1 Nr. 1 KStG sein könne.[303] Auch die Vertreter dieser Ansicht weisen jedoch gleich darauf hin, dass bei EU-Gesellschaften (im Sinne der Mutter-Tochter-Richtlinie) diese Vergleichbarkeit stets zu bejahen sein wird,[304] so dass

---

bzw. Mängel des Typenvergleichs gegen dessen Anwendung für den Fall des Zuzugs aus einem „Gründungstheoriestaat" aus.

Jedenfalls aus dem Wortlaut der Gesetzesbegründung (BT-Drucks. 16/2710, S. 30) ergibt sich nicht eindeutig, ob der Gesetzgeber zwingend von einem Typenvergleich für EU-Auslandsgesellschaften ausging oder diesen nur für Drittstaaten-Gesellschaften fordert. Von dieser Frage zu unterscheiden ist diejenige, ob der aus Art 4 Abs. 3 EUV abgeleitete Effektivitätsgrundsatz Deutschland möglicherweise dazu verpflichtet, den von dem anderen Staat verliehenen steuerlichen Status als körperschaftsteuerliches Rechtssubjekt anzuerkennen (vgl. hierzu *Hey*, StuW 2010, 301, 305). Im Gegensatz zu diesem Ansatz wird auch bei einem Verzicht auf den Typenvergleich die Bestimmung der Körperschaftsteuerpflichtigkeit der Scheinauslandsgesellschaft bzw. das notwendige Vorliegen der Voraussetzungen des § 1 Abs. 1 KStG gerade nicht berührt.

300 *Haase*, SteuerStud 2003, 198, 199 f.; *Gosch*, StBp 2002, 374, 377 f.; *Hey*, Der Konzern 2004, 577, 582.

301 *Aigner/Kofler*, IStR 2003, 570, 573.

302 *Aigner/Kofler*, IStR 2003, 570, 573, 574.

303 *Aigner/Kofler*, IStR 2003, 570, 573, 574.

304 *Aigner/Kofler*, IStR 2003, 570, 574; *Schaumburg*, Der Konzern 2005, 347, 350; *Sörgel*, DB 1999,

die Diskussion jedenfalls für den EU-Bereich oftmals (wenn auch nicht immer) eher theoretischer Natur ist.

bb) Europarechtskonformität des Typenvergleichs

Möglicherweise ist der Typenvergleich aufgrund der europarechtlichen Implikationen aber nicht nur entbehrlich, sondern sogar unzulässig. Es erscheint nämlich zweifelhaft, ob diese Vorgehensweise – selbst wenn sie im Ergebnis nur dazu verhilft, die Vergleichbarkeit der ausländischen Gesellschaftsform mit inländischen (Körperschaft)Steuersubjekten zu gewährleisten – mit den vom Europäischen Gerichtshof in den Entscheidungen Centros, Überseering und Inspire Art aufgestellten Grundsätzen vereinbar ist. Es soll untersucht werden, ob das Instrument des Typenvergleichs nicht den Vorgaben auf europäischer Ebene widerspricht (speziell: gegen die Niederlassungsfreiheit verstößt) und daher in Zukunft im Falle von EU-Auslandsgesellschaften unangewendet bleiben muss.

α) Schutzbereich und Beschränkung

Der Anwendungsbereich der Niederlassungsfreiheit gemäß den Art. 49, 54 AEUV ist für eine zuziehende Gesellschaft, die zwar in ihrer Existenz, nicht aber in der Rechtsform ihrer Gründung anerkannt wird, eröffnet; insofern ist die Identität der Gesellschaft betroffen. Die Einordnung anhand des Typenvergleichs müsste nun eine Beschränkung der Niederlassungsfreiheit darstellen. Der Typenvergleich bedeutet für eine Gesellschaft stets eine Erschwerung bzw. Behinderung dergestalt, dass ihr erhöhte Nachweiserfordernisse auferlegt werden, um die Kriterien zur Einordnung als Kapitalgesellschaft als erfüllt anzusehen. Daran ändert sich auch nichts, wenn für eine Vielzahl ausländischer Gesellschaftsformen bereits typisierend die Vergleichbarkeit festgestellt wurde.[305] Immer wieder – man denke nur an Mischformen oder nicht dem „Standard" entsprechende Gesellschaften – kann es zu Unsicherheiten oder Abweichungen kommen, die sich dann im Ergebnis grundlegend auswirken. Hinzu kommt, dass der Typenvergleich trotz festgelegter Merkmale teilweise immer noch nicht hinreichend konkretisiert ist und die Gesellschaft einem erhöhten Maß an Rechtsunsicherheit ausgesetzt ist, ob sie möglicherweise in eine im Verhältnis zur Heimatrechtsordnung andere Gesellschaftsform umqualifiziert wird.[306]

2236, 2237 (noch zu Centros). Dazu, dass sich die Anwendung des Typenvergleichs für die in den Rechtsformlisten der Anhänge zur Mutter-Tochter-Richtlinie und zur Fusions-Richtlinie genannten Gesellschaften nicht schon per se erledigt hat s. *Hochheim*, Der Typenvergleich aus europarechtlicher Sicht, S. 103-106.

305 Übersichten z.B. bei Blümich/*Rengers* § 1 KStG Rn. 146; Erle/Sauter/*Sauter* § 1 Rn. 77-79.

306 Vgl. hierzu *Flick/Heinsen*, IStR 2008, 781-787, insbes. S. 784, 787, zum Urteil des BFH in IStR 2008, 811 = DStR 2008, 2151 (Vorinstanz: FG Baden-Württemberg IStR 2008, 668). Dieser Rechtsstreit betraf zwar eine US-amerikanische LLC, veranschaulicht aber noch einmal die Beschwer des Typenvergleichs, da sich zeigt, dass selbst trotz seitens der Finanzverwaltung festgelegter Einordnungskriterien (BMF-Schreiben v. 19.03.2004, IV B 4 – S 1301 USA – 22/04, BStBl I 2004, 411) bezüglich der Klassifizierung einer Gesellschaft anhand

Diese „Bürde“ des Typenvergleichs trifft auch von vornherein nur Gesellschaften mit Auslandsbezug. Zwar ließe sich argumentieren, dass – von der inhaltlichen Ausgestaltung her – ausländische und inländische Gesellschaften die gleichen Anforderungen erfüllen müssen, um als Kapitalgesellschaft zu gelten.[307] Damit würde allerdings verkannt, dass bei inländischen Gesellschaften gleichsam automatisch aufgrund der Zugehörigkeit zu einer der in § 1 Abs. 1 Nr. 1 KStG genannten Gesellschaftsformen vom Vorliegen dieser Anforderungen ausgegangen wird,[308] während dies bei einer ausländischen Gesellschaft eben erst noch dargelegt und ermittelt werden muss.[309] Diese faktische Zusatzbelastung führt zu einer Ungleichbehandlung ausländischer Gesellschaften. Die Ausübung der Niederlassungsfreiheit der ausländischen Gesellschaft wird für steuerrechtliche Zwecke mit dem (abschreckenden) Erfordernis verbunden, zusätzliche innerstaatliche Voraussetzungen zu erfüllen, so dass eine Beschränkung vorliegt.

Eines Rückgriffs auf die mit dem Ergebnis des Typenvergleichs verbundenen konkreten steuerlichen Rechtsfolgen bedarf es daher nicht bzw. nur eingeschränkt und unterstützend.[310]

β) Rechtfertigung der Beschränkung

Mithin ist für die Anwendung des Typenvergleichs auf eine im Ausland gegründete Gesellschaft eine spezielle Rechtfertigung notwendig. In Betracht kommt hier letztlich allein das Kohärenzargument.

Damit dieses greifen kann, ist – auch nach einem erweiterten Kohärenzverständnis, das keine Personen- und Steueridentität mehr fordert – ein mit dem steuerlich begründeten Nachteil unmittelbar zusammenhängender Vorteil erforderlich. Als ein solcher zum Nachteil des Typenvergleichs konnexer Vorteil könnte angesehen werden, dass über dieses Instrument wiederum die Gleichbehandlung ausländischer Gesellschaften mit vergleichbaren deutschen Gesell-

---

des Typenvergleichs bzw. bezüglich der Würdigung der einzelnen Merkmale nahezu diametrale Auffassungen vertreten werden können. S. zudem *Henke/Lang*, IStR 2001, 512, 520, wenn auch noch vor Veröffentlichung des Kriterienkatalogs seitens der Finanzverwaltung; ferner *Hochheim*, Der Typenvergleich aus europarechtlicher Sicht, S. 106-128 (insbes. S. 124-128) auch mit weiteren Ansätzen zur Begründung einer Ungleichbehandlung.

307 So *Stewen*, FR 2007, 1047, 1051 f.

308 Auch bei inländischen Gesellschaftsformen wie der GmbH & Co. KG oder der Publikums-GmbH & Co. KG, die in der Aufzählung des § 1 Abs. 1 Nr. 1 KStG nicht genannt werden, wird weiterhin unter Hinweis auf die Rechtsprechung des BFH (vgl. BFH BStBl II 1984, 751) auf die zivilrechtliche Rechtsform zurückgegriffen, nicht auf die Realstruktur bzw. den wirtschaftlichen Gehalt des Rechtsgebildes. Vgl. a. Fn. 319.

309 Zu diesem Ansatz *Fischer*, DStR 2006, 2281, 2284; *Hennrichs*, in: FS Horn, S. 387, 398; vgl. a. *Hochheim*, Der Typenvergleich aus europarechtlicher Sicht, S. 126.

310 Anders *Stewen*, FR 2007, 1047, 1052, der genau diese konkreten Rechtsfolgen als entscheidend für die Annahme einer Beschränkung ansieht. *Stein* lässt diesen Ansatz unberücksichtigt und verneint unter Verweis auf eine mangelnde Anerkennungsverpflichtung bereits das Vorliegen einer Beschränkung (*Stein*, Doppelt ansässige Kapitalgesellschaften, S. 66-73).

schaften sichergestellt werden soll. Dieser Vorteil ist für den Steuerpflichtigen allerdings nur ein vermeintlicher, denn zum einen ist er abstrakt und in keiner Weise messbar, so dass er kaum „zur Aufrechnung" dem Nachteil gegenübergestellt werden kann; zum anderen kann die Einordnung als Kapitalgesellschaft bzw. Körperschaft oder Personengesellschaft für Zwecke des deutschen Steuerrechts für die einzelne Gesellschaft aus ihrer Sicht sowohl vor-, als auch nachteilig sein; eine pauschale Bewertung ist insofern nicht möglich.

Die konkreten steuerlichen Konsequenzen, die sich dann aus der Einordnung als bestimmte Gesellschaftsform ergeben, können hingegen nicht als mögliche Vorteile mit dem Typenvergleich verbunden werden, da sich diese als Folge erst auf einer zweiten Ebene untereinander gegenüberstehen. Denn erst im Anschluss an die mit dem Typenvergleich bezweckte Einordnung der Gesellschaft kann auf die innere Schlüssigkeit der Steuerrechtsordnung bezogen auf den jeweiligen Gesellschaftstypus abgestellt werden, erst im Anschluss an diese Vorentscheidung können die innerhalb der dann einschlägigen Steuerarten bestehenden Steuervor- und -nachteile auf möglicherweise bestehende direkte Zusammenhänge untersucht werden.

Dies gilt aber eben nicht für den vorgelagerten Schritt des Typenvergleichs selbst. Dessen potentielles „Gegenstück" bleibt allein das Ziel der Herstellung von Belastungsgleichheit für vergleichbare aus- und inländische Gesellschaften.

Damit greift der Kohärenzgedanke – auch in seiner erweiterten Form – nicht. Allein daraus, dass der Typenvergleich das Gebot einer Besteuerung nach der wirtschaftlichen Leistungsfähigkeit gewährleisten soll, ergibt sich nicht gleichzeitig, dass ihm deshalb kein Verstoß gegen die Niederlassungsfreiheit des Art. 49 AEUV vorgeworfen werden könnte.[311] Mangels Einschlägigkeit eines Rechtfertigungsgrundes verstößt die Durchführung des Typenvergleichs bei EU-ausländischen Gesellschaften gegen die Niederlassungsfreiheit der Art. 49, 54 AEUV.[312]

γ) Ergebnis

Der Typenvergleich mit der Möglichkeit einer Umqualifizierung der Gesellschaft ist europarechtswidrig und hat daher in Fällen EU-ausländischer Gesell-

---

311 Vgl. im Übrigen auch *Hey*, Der Konzern 2004, 577, 582, wonach eine steuerrechtliche Rechtfertigung über die Vermeidung von Konflikten mit der steuerrechtlichen Einordnung im Gründungsstaat bei Vorliegen einer in der Mutter-/Tochterrichtlinie aufgeführten Gesellschaft oder in Fällen, in denen die Einordnung als Personengesellschaft einen Qualifikationskonflikt erst auslösen würde, schwerlich möglich sei.

312 A.A. *Stewen*, FR 2007, 1047, 1051-1054, der mit anderem Ansatz die Einschlägigkeit des Kohärenzarguments bejaht und den Typenvergleich auch als verhältnismäßig ansieht. *Hochheim*, Der Typenvergleich aus europarechtlicher Sicht, S. 133-136, kommt – wenn auch mit etwas anderem Ansatz – ebenfalls zu dem Schluss, dass der Typenvergleich derzeit nicht über das Kohärenzargument gerechtfertigt werden kann, fordert allerdings eine Erweiterung des Kohärenzverständnisses. Auch die von ihr geprüften weiteren Rechtfertigungsansätze greifen im Ergebnis nicht (S.128-146). Zur Schwierigkeit, geeignete Alternativen zu finden bzw. die Europarechtswidrigkeit zu vermeiden, s. ebda, S. 156-188, wobei letztlich die Einführung einer Allgemeinen Unternehmensteuer befürwortet wird (s. auch Fn. 319).

schaften unangewendet zu bleiben. Insoweit besteht auch steuerrechtlich eine Anerkennungspflicht.

Nur noch ergänzend sei daher darauf hingewiesen, dass es auch im Hinblick auf eine einheitliche Anwendung der an den Begriff der Kapitalgesellschaften anknüpfenden Vorschriften wie die §§ 8 Abs. 2, 11, 17 KStG sowohl auf in- wie auch auf ausländische Gesellschaften erstrebenswert ist, von dem Erfordernis eines Typenvergleichs abzusehen.

b) Zuzug aus sog. „Sitztheorie-Staat"

Wie bereits dargelegt, ist es keineswegs wünschenswert, dass die Sitztheorie noch lange aufrechterhalten bzw. auf Dauer Bestand haben wird. Auch erscheint es im Sinne einer größtmöglichen Mobilität der Gesellschaften wahrscheinlich, dass weitere Staaten – wie die Bundesrepublik Deutschland – dazu übergehen werden, auf nationaler sachrechtlicher Ebene eine Verwaltungssitzverlegung zu ermöglichen. Andererseits hat der Europäische Gerichtshof seine in der Daily Mail-Entscheidung getroffenen Aussagen in seinem Cartesio-Urteil nochmals bestätigt, so dass die folgenden Erörterungen auf Basis der dort aufgestellten Grundsätze erfolgen.

aa) Qualifikation als Personengesellschaft

Damit kann es – wie oben gezeigt – auch weiterhin zu Konstellationen kommen, in denen gar keine Gesellschaft mehr besteht, die als eine solche ihres Gründungsstaates anerkannt werden könnte. Mithin ist davon auszugehen, dass sich die Bundesrepublik Deutschland als Zuzugsstaat in diesen Fällen in Zukunft weiterhin auf den Entzug der Rechtsfähigkeit durch den Gründungsstaat „berufen" kann. Dies hätte zur Konsequenz, dass Gesellschaften aus entsprechenden EU-Mitgliedstaaten im Sinne einer „Auffangrechtsform" als Personengesellschaft eingeordnet werden und letztlich § 15 Abs. 1 Nr. 2 EStG mit der Folge der Besteuerung der Einkünfte bei den Gesellschaftern Anwendung findet.

bb) Vereinbarkeit mit dem Gebot gleichmäßiger Besteuerung nach der wirtschaftlichen Leistungsfähigkeit, Art. 3 Abs. 1 GG

Fraglich ist jedoch, ob dieses Ergebnis überhaupt mit dem Gebot gleichmäßiger Besteuerung nach der wirtschaftlichen Leistungsfähigkeit zu vereinbaren ist und ob nicht unabhängig von der formalen Anknüpfung an das jeweils angewandte Internationale Privatrecht und dessen jeweiliger europarechtlicher Beurteilung im Sinne einer eigenen steuerrechtlichen Wertung eine unterschiedslose und einheitliche Anwendung der Regeln für Kapitalgesellschaften gefordert werden sollte, wenn die Gesellschaft grundsätzlich nach ihrem Gründungsstatut anhand eines Typenvergleichs einer deutschen Kapitalgesellschaft entspricht.[313]

313 So vertreten von *Hey*, Der Konzern 2004, 577, 582; *Schaumburg*, in: Lutter, Europäische Auslandsgesellschaften in Deutschland, S. 403, 413 f.; *ders.*, Der Konzern 2005, 347, 350, allerdings jeweils noch unter der Prämisse des Eingreifens von § 1 Abs. 1 Nr. 5 i.V.m. § 3 KStG.

Der Gleichheitssatz des Art. 3 Abs. 1 GG beinhaltet eine der grundlegenden Gerechtigkeitsvorstellungen des Grundgesetzes. In ihm ist auch maßgeblich der Grundsatz der Steuergerechtigkeit verankert, nach dem die Steuerlasten auf die Steuerpflichtigen im Verhältnis der wirtschaftlichen Leistungsfähigkeit verteilt werden.[314] Dies gilt zwar vor allem im Bereich des auf die Leistungsfähigkeit des einzelnen Steuerpflichtigen angelegten Einkommensteuerrechts, ist aber auch als übergreifendes und rechtsprägendes steuerliches Fundamentalprinzip allgemein anerkannt und damit auch im Körperschaftsteuerrecht zu beachten.[315]

Die vormals unter Geltung der Sitztheorie erfolgende Einordnung der zuziehenden Gesellschaft entsprechend dem nichtrechtsfähigen Verein unter § 1 Abs. 1 Nr. 5 KStG i.V.m. § 3 Abs. 1 KStG in Anwendung des vom BFH entwickelten gestuften ausprägungs- und rechtsfähigkeitsorientierten Typenvergleichs beruhte im Wesentlichen darauf, dass dieser Gesellschaft nach ihrem Umzug die Rechtsfähigkeit fehlte.[316] Unter dem Gesichtspunkt einer an der Leistungsfähigkeit ausgerichteten Besteuerung konnte die „Nicht-Qualifikation" als Kapitalgesellschaft aber kaum allein über diese mangelnde Rechtsfähigkeit gerechtfertigt werden, wenn die Gesellschaft im Übrigen alle Merkmale einer deutschen Kapitalgesellschaft aufwies. Gleiches muss gelten, wenn die Gesellschaft nun wegzugsbedingt nach ihrem Heimatrecht die Rechtsform ihres Gründungsstaates verliert und in Deutschland in eine Personengesellschaft umqualifiziert wird. Hier darf dann gerade nicht diese gesellschaftsrechtliche Auffangrechtsform maßgeblich sein, stattdessen muss das Steuerrecht eine eigene Wertung vornehmen. Dies wird umso deutlicher, wenn man sich noch einmal vergegenwärtigt, dass im Körperschaftsteuerrecht gerade die Erfassung bestimmt strukturierter Personen- und Vermögensmassen im Vordergrund steht.[317]

Gestützt wird das Ergebnis wiederum durch die Neufassung des § 1 Abs. 1 Nr. 1 KStG im Zuge des SEStEG. Dort ist – wie bereits angesprochen – dem Klammerzusatz zur Konkretisierung des Begriffs „Kapitalgesellschaft" das Wort „insbesondere" vorangestellt. Dadurch wird verdeutlicht, dass diese Aufzählung keineswegs abschließend ist und eine Anknüpfung an die dort genannten Zivilrechtsformen keineswegs zwingend.[318] Mit dieser Öffnung ist eines der letzten tragenden Argumente zur Begründung der bisherigen Handhabe weggefallen.

Auch aus rechtssystematischen Gründen erscheint schließlich ein einheitliches Verständnis bzw. eine einheitliche „Auslegung" des Begriffs der Kapitalgesellschaft im Sinne von § 1 Abs. 1 Nr. 1 KStG geboten.

---

314 Hierzu BK/*Rüfner* Art. 3 Rn. 197, 199; *Birk*, Steuerrecht, Rn. 186-188; *Hey*, in: Tipke/Lang, Steuerrecht, § 3 Rn. 110, 121.

315 BK/*Rüfner* Art. 3 Rn. 199 f.; *Hey*, in: Tipke/Lang, Steuerrecht, § 3 Rn. 121.

316 Kritisch zu dieser Rechtsprechung schon *Großfeld/Luttermann*, IPRax 1993, 229, 230 f.; *Knobbe-Keuk*, Anm. z. BFH, Urt. v. 23.06.1992 – IX R 182/87, DB 1992, 2070: Die Begründung des BFH sei nicht konsequent, entsprächen sich ausländische und deutsche Kapitalgesellschaft, ergebe sich die Körperschaftsteuerpflicht aus § 1 Abs. 1 Nr. 1 KStG.

317 *Großfeld/Luttermann*, IPRax 1993, 229, 230.

318 Vgl. auch die Gesetzbegründung, BT-Drucks. 16/2710, S. 30.

cc) Ergebnis

Vor dem Hintergrund, dass eben nicht nur das Zivilrecht das Steuerrecht beeinflusst, sondern auch bzw. gerade der Grundsatz der Steuergerechtigkeit gemäß Art. 3 Abs. 1 GG als Leitgedanke das Steuerrecht prägt, ist es nur folgerichtig, auf EU-Gesellschaften, die aus sog. „Sitztheorie-Staaten" zuziehen, ebenfalls den (den Gleichheitsgrundsatz verkörpernden) Typenvergleich anzuwenden, der auch bei diesen Rechtsgebilden zu einer Einordnung als Kapitalgesellschaft führen kann, wenn die Gesellschaft im Übrigen einer Kapitalgesellschaft im Sinne des § 1 Abs. 1 Nr. 1 KStG entspricht.[319] Genau hier liegt dann auch der verbleibende Anwendungsbereich des Typenvergleichs für EU-ausländische Scheinauslandsgesellschaften (wobei im Hinblick auf die grundsätzliche Kritik an diesem Rechtsinstitut weiterhin klarere Kriterien zu fordern sind);[320] die Niederlassungsfreiheit steht insofern nicht entgegen.

c) Wegzugsfälle

Infolge der durch das MoMiG herbeigeführten Änderungen ist es deutschen Kapitalgesellschaften mittlerweile möglich, einen ausländischen Verwaltungssitz zu nehmen, ohne dass dies den Verlust der Rechtsfähigkeit zur Folge hätte;[321] sie stellen damit – wenn eben auch nur aus der Sicht des Zuzugsstaates – eine

---

319 Im Verhältnis zu deutschen Personengesellschaften, die – wie beispielsweise die Publikums-KG – trotz struktureller Nähe zu den Kapitalgesellschaften weiterhin streng rechtsformabhängig nach dem EStG behandelt werden, führt dies allerdings zu einer Inkonsequenz. Ein Überdenken dieser Handhabe auf innerdeutscher Ebene ist gerade vor dem Hintergrund von Art. 3 Abs. 1 GG sicherlich wünschenswert, das Problem kann jedoch an dieser Stelle nicht vertieft werden. Vgl. zum Problem der Rechtsformneutralität z.B. *Hey*, in: Tipke/Lang, Steuerrecht, § 13 Rn. 168-187, dabei insbes. Rn. 185; s.a. *dies.*, StuW 2004, 139, 208-211.
Für eine generelle Einbeziehung der Personenhandelsgesellschaften in die Körperschaftsteuer siehe das Plädoyer von *Hennrichs*, FR 2010, 721-731.

320 So auch *Franz*, Körperschaftsteuerliche Behandlung der grenzüberschreitenden Betätigung von Kapitalgesellschaften innerhalb der EG, S. 55 f.

321 Wie bereits angesprochen, bedeutete die Verlegung des Verwaltungssitzes von der Bundesrepublik Deutschland in einen anderen Staat vor Inkrafttreten des MoMiG nach der herrschenden Meinung den Verlust der Rechtsfähigkeit der Gesellschaft (hierzu auch *Birk*, IStR 2003, 469, 473; *Hey*, Der Konzern 2004, 577, 583; kritisch *Knobbe-Keuk*, ZHR 154 (1990), 325, 351 f.; *Lutter*, BB 2003, 7, 10; *Triebel/von Hase*, BB 2003, 2409, 2413). Im Übrigen hatte die Verlegung des Verwaltungssitzes unter Beibehaltung des statutarischen Sitzes in Deutschland aufgrund der alternativen Anknüpfung zwar zunächst einmal keine Auswirkungen auf die unbeschränkte Steuerpflichtigkeit der Gesellschaft als solche, allerdings kam den beschriebenen zivilrechtlichen Auswirkungen für die Einordnung in § 1 Abs. 1 Nr. 1 oder Nr. 5 KStG dann wieder Bedeutung zu. Aufgrund des Erfordernisses der Rechtsfähigkeit jedenfalls für im Inland gegründete Gesellschaften im Rahmen der Zuordnung zu § 1 Abs. 1 Nr. 1 KStG blieb es insofern bei der Qualifikation als Körperschaftsteuersubjekt nach § 1 Abs. 1 Nr. 5 KStG (*Birk*, IStR 2003, 469, 471, 473; *Hey*, Der Konzern 2004, 577, 578, 584; allerdings str., vgl. z.B. *Dreissig*, DB 2000, 893, 894; auch *Haase*, SteuerStud 2003, 198, 202).

Scheinauslandsgesellschaft dar. Für die Behandlung nach deutschem Steuerrecht bedeutet dies, dass die wegziehende deutsche Gesellschaft mit im Inland verbleibendem Sitz weiterhin als Kapitalgesellschaft im Sinne des § 1 Abs. 1 Nr. 1 KStG unbeschränkt körperschaftsteuerpflichtig bleibt. Der Vollständigkeit halber sei an dieser Stelle noch einmal darauf hingewiesen, dass das deutsche Recht die Verlegung des Satzungssitzes nach herrschender Ansicht (und auch weiterhin) nicht gestattet.[322] Sie führt zum Verlust der deutschen Nationalität, mit dem Beschluss über die Sitzverlegung wird die Eigenschaft als deutsche juristische Person aufgegeben.[323]

B. Ausschluss oder Beschränkung des Besteuerungsrechts infolge Sitzverlegung, § 12 Abs. 1 KStG

Es wurde bereits dargelegt, dass die nunmehr bestehende Möglichkeit der Sitzverlegung für deutsche Kapitalgesellschaften dazu führt, dass auch diese das die Scheinauslandsgesellschaft prägende Charakteristikum der Doppelansässigkeit erfüllen können. Wenn es sich dann auch aus nationaler Sicht weiterhin um eine inländische Gesellschaft handelt, so ist doch eben gleichsam „von außen" betrachtet die Situation einer Scheinauslandsgesellschaft für den Zielstaat gegeben, so dass sich die Frage nach der steuerlichen Bewertung im Wegzugsstaat Deutschland stellt. Zu einer möglichst umfassenden Betrachtung gehört daher im Gleichlauf mit der gesellschaftsrechtlichen Betrachtung neben dem Fall der Rückverlegung des Verwaltungssitzes auch und vor allem die Untersuchung der Wegzugskonstellation bzw. der steuerlichen Folgen, die § 12 Abs. 1 KStG gerade an die Sitzverlegung knüpft.

I. Beurteilung de lege lata

Spätestens mit der Neufassung durch das SEStEG mit dem Ziel, zentrale allgemeine Entstrickungstatbestände einzuführen, dürfte geklärt sein, dass für die Anwendung des § 12 Abs. 1 KStG allein sog. Wegzugsfälle von Relevanz sind.[324]

---

322 Baumbach/Hueck/*Hueck/Fastrich* § 4a Rn. 9, 10; *Triebel/von Hase*, BB 2003, 2409, 2413 f. S. aber auch unter Drittes Kapitel D.IV.2.

323 *Knobbe-Keuk*, ZHR 154 (1990), 325, 352.

324 Exkurs: Auch schon vor der Gesetzesänderung beschränkte sich die Diskussion um eine Besteuerung gemäß § 12 Abs. 2 S. 2 KStG a.F. im Falle des Zuzugs auf die Konstellation, in der eine ausländische Kapitalgesellschaft schon über eine inländische Betriebsstätte in Deutschland Einkünfte erzielte und im Anschluss ihren Verwaltungssitz nach Deutschland verlegte, hierzu näher *Engert*, in: Eidenmüller, Ausländische Kapitalgesellschaften im deutschen Recht, § 8 Rn. 95; *Schaumburg*, Internationales Steuerrecht (2. Aufl.), § 6 5.4; *Birk*, IStR 2003, 469, 470, 473; *Graf/Bisle*, IStR 2004, 838, 839 f.; *Hey*, Der Konzern 2004, 577, 583; *Prinz/von Freeden*, Der Konzern 2004, 318, 320. Im Ergebnis sprachen dabei die besseren Gründe dafür, § 12 Abs. 2 S. 2 KStG auf diese Fälle nicht anzuwenden.

1. Wegzugsfälle

Wie bereits mehrfach angesprochen, könnte zwar nach der Rechtsprechung des Europäischen Gerichtshofs an die Verlegung der Geschäftsleitung ins Ausland weiterhin der Verlust der Rechtsfähigkeit geknüpft werden. Allerdings hat sich der Gesetzgeber mit dem MoMiG für die Möglichkeit der Verwaltungssitzverlegung ins Ausland entschieden, ohne dass dies Auswirkungen auf die Rechtsfähigkeit der Gesellschaft hätte. Auch auf die unbeschränkte Körperschaftsteuerpflichtigkeit hat diese Verwaltungssitzverlegung – den Verbleib des statutarischen Sitzes in der Bundesrepublik Deutschland vorausgesetzt – keinen Einfluss. Trotzdem kommt weiterhin eine steuerliche Entstrickung in Betracht, denn gemäß § 12 Abs. 1 KStG kommt es maßgeblich darauf an, ob das deutsche Besteuerungsrecht infolge der Verlegung der Geschäftsleitung in das EU-/EWR-Ausland hinsichtlich der einzelnen Wirtschaftsgüter ausgeschlossen oder beschränkt wird – unabhängig von der zivilrechtlichen Frage der Sitz- oder Gründungstheorie. Ein Ausschluss liegt dabei grundsätzlich vor, wenn das deutsche Besteuerungsrecht endet; eine Beschränkung entsprechend dem weit zu verstehenden Entstrickungsbegriff immer dann, wenn das Besteuerungsrecht zwar fortbesteht, jedoch seinem Umfang nach verringert wird.[325]

Um die Vorschrift des § 12 Abs. 1 KStG in ihrer jetzigen Gestalt in diesem Zusammenhang richtig einordnen zu können, ist es notwendig, ihre Entwicklung nachzuvollziehen und sich dazu zunächst mit ihrer ursprünglichen Fassung nach dem SEStEG auseinanderzusetzen.

a) Die Regelung des § 12 Abs. 1 KStG i.d.F. des SEStEG

In der Fassung durch das SEStEG bestand die Regelung des § 12 Abs. 1 KStG nur aus dessen heutigem Satz 1.

Aus der Neuregelung wird nun endgültig ersichtlich, dass diese Zuzugskonstellationen von der Besteuerung nach § 12 KStG nicht erfasst sein sollen. Durch die Fassung der Vorschrift wird noch einmal bestätigt und stärker als bisher hervorgehoben, dass sie die konsequente Sicherung des deutschen Steueraufkommens bezweckt und eine Besteuerung eben nur im Falle des Verlusts oder der Beschränkung des deutschen Besteuerungsrechts erfolgen soll. Eine solche Gefährdung des Besteuerungsrechts besteht aber aufgrund der verbleibenden Steuerverhaftung gerade nicht. Für Zuzugskonstellationen aus EU-/EWR-Staaten scheidet eine Anwendung des § 12 KStG damit von vornherein aus, so dass sich die folgenden Ausführungen allein auf die Wegzugsbesteuerung konzentrieren.
Im Übrigen sei darauf hingewiesen, dass ebenfalls mangels Ausschlusses oder Beschränkung des deutschen Besteuerungsrechts von vornherein die Besteuerung solcher stiller Reserven nicht in Betracht kommt, die in Wirtschaftsgütern einer in Deutschland verbliebenen Betriebsstätte ruhen. Die verbleibende Steuerverstrickung reicht dann aus, um den Zweck der Sicherung des deutschen Steueranspruchs zu erfüllen. S. zur Rechtlage nach den §§ 11, 12 KStG a.F. *Schaumburg,* Internationales Steuerrecht (2. Aufl.), § 6 4.8; *ders.,* StuW 2000, 369, 373 f.; *Knobbe-Keuk,* StuW 1990, 372, 376 f., 378 f. Ferner *Hey,* Der Konzern 2004, 577, 583; *Lausterer,* DStZ 2004, 299, 302 (bezogen auf § 6 AStG); *Thömmes,* JbFStR 1997/98, 90, 93; s.a. *Wagner,* GmbHR 2003, 684, 692.

325 Blümich/*Hofmeister* § 12 KStG Rn. 40.

aa) Überführung von Wirtschaftsgütern in ausländische Betriebsstätte als Gewinnrealisierungstatbestand

Insbesondere unter Zugrundelegung der Auffassung der Finanzverwaltung galt dabei im Fall der Verlegung des Verwaltungssitzes zunächst Folgendes:

Die Verlegung des Geschäftsleitungssitzes einer GmbH oder einer AG ins Ausland hat die Begründung einer (Geschäftsleitungs-)Betriebsstätte im Sinne der AO (§ 12 Nr. 1) sowie des OECD-MA (Art. 5 Abs. 2 lit. a), Art. 4 Abs. 3) zur Folge. Die Überführung von materiellen wie immateriellen Wirtschaftsgütern des Anlage- oder Umlaufvermögens in eben diese ausländische Geschäftsleitungs-Betriebsstätte kann mithin wegen einer Beschränkung des deutschen Besteuerungsrechts die Rechtsfolgen der Entstrickung gemäß § 12 Abs. 1 KStG auslösen.[326]

Vor dem Hintergrund, dass der ausländische Geschäftsleitungssitz darüber hinaus zur Annahme eines ausländischen Stammhauses führt, kommt eine grenzüberschreitende Verlagerung steuerverhafteten Vermögens insbesondere in Form von Beteiligungen, immateriellen Wirtschaftsgütern, dem Geschäfts- bzw. Firmenwert oder der gemeinsamen Nutzung von Wirtschaftsgütern innerhalb desselben Rechtsträgers von der inländischen Betriebsstätte in das ausländische Stammhaus in Betracht.[327] Denn bei Bestehen eines dem OECD-MA entsprechenden DBA mit dem betreffenden EU-/EWR-Staat gilt die Gesellschaft infolge der Sitzverlegung für Zwecke des DBA als nunmehr in dem ausländischen Staat ansässig (Art. 4 Abs. 3 OECD-MA). Bei Überführung des Wirtschaftsguts zum ausländischen Stammhaus wird dieses der deutschen Steuerhoheit entzogen; das Besteuerungsrecht Deutschlands beschränkt sich auf Gewinne einer etwaigen deutschen Betriebsstätte.

Für die mithin entscheidende Frage der Zurechnung des Wirtschaftsguts ist – sofern nicht ein direkter physischer Transfer vorliegt – auf die funktionale Zuordnung des Wirtschaftsguts abzustellen, d.h. es ist zu prüfen, ob ein ausreichender funktionaler Zusammenhang mit der in der Betriebsstätte betriebenen Tätigkeit besteht.[328] Dabei ist zu beachten, dass ein Wirtschaftsgut ausschließlich entweder dem Stammhaus oder der Betriebsstätte einer Gesellschaft zugeordnet werden kann, wobei tendenziell entsprechend des Grundsatzes der sog.

---

326 *Hein/Suchan/Geeb*, DStR 2008, 2289, 2294. S. hierzu auch Blümich/*Hofmeister* § 12 KStG Rn. 41; *Schaumburg*, Internationales Steuerrecht, Rn. 6.30-6.32; *Rödder/Schumacher*, DStR 2007, 369, 371 sowie wiederum die Gesetzesbegründung BT-Drucks. 16/2710, S. 31.

327 *Gebert/Fingerhuth*, IStR 2009, 445, 447; *Hein/Suchan/Geeb*, DStR 2008, 2289, 2294; ferner *Schaumburg*, Internationales Steuerrecht, Rn. 6.33 f.; *Köhler*, in: FS Schaumburg, S. 813, 821; *Rödder/Schumacher*, DStR 2006, 1481, 1488. Vgl. a. BMF v. 24.12.1999 – IV B 4 – S 1300-111/99, BStBl I 1999, 1076 = BeckVerw 027468, geändert durch das Schrb. v. 20. 11. 2000, IV B 4 – S 1300 – 222/00, BStBl I 2000, 1509, geändert durch das Schrb. v. 25.8.2009 – IV B 5 – S 1341/07/10004, BStBl I 2009, 888, Tz. 2.4.

328 Ernst&Young/*Holland* § 12 Rn. 33; *Schaumburg*, Internationales Steuerrecht, Rn. 6.33; *Gebert/Fingerhuth*, IStR 2009, 445, 447; *Köhler*, in: FS Schaumburg, S. 813, 820; *ders.*, IStR 2010, 337, 339; *Rödder/Schumacher*, DStR 2006, 1481, 1488.

„Zentralfunktion des Stammhauses" eine Zuordnung zum Stammhaus erfolgen soll.[329]

bb) Neuere BFH-Rechtsprechung zur Aufgabe der finalen Entnahmetheorie

Es erscheint jedoch zweifelhaft, ob diese Beurteilung vor dem Hintergrund der neueren BFH-Rechtsprechung zur Aufgabe der finalen Entnahmetheorie noch haltbar gewesen wäre. Diese besagte, dass die Überführung eines Wirtschaftsguts des Anlagevermögens aus einem inländischen Stammhaus in eine ausländische Betriebsstätte in einem DBA-Staat mit Freistellungsmethode als gewinnrealisierende, mit dem Teilwert zu bewertende Entnahme zu behandeln ist, wobei später auch eine Erweiterung auf die Auslandsüberführung ganzer Betriebe und Teilbetriebe erfolgte.[330] Zur Begründung wurde im Wesentlichen angeführt, der Gewinn der ausländischen Betriebsstätte unterliege aufgrund eines DBA nicht der inländischen Besteuerung, so dass das Wirtschaftsgut aus dem steuerlich erheblichen Bereich ausscheide; dies erfordere zur Sicherung der stillen Reserven eine mit dem Teilwert zu bewertende Entnahme.

Durch § 4 Abs. 1 S. 3 EStG sollte diese finale Entnahmetheorie nach dem Willen des Gesetzgebers nun im Rahmen des SEStEG kodifiziert werden.[331] Die Regelung des § 12 Abs. 1 KStG enthält für den Fall der Überführung von Wirtschaftsgütern einer Kapitalgesellschaft in ihre ausländische Betriebsstätte insoweit eine als Veräußerungsfiktion ausgestaltete Parallelregelung.

In seinem wegweisenden Urteil vom 17.07.2008 betreffend eine deutsche GmbH & Co. KG, die in eine österreichische Tochterpersonengesellschaft eine 100%-ige Beteiligung an einer US-Inc. einbrachte, hat der BFH nun allerdings entschieden, an dieser seit langem kritisierten Rechtsprechung nicht mehr festzuhalten.[332]

Vorab trifft der BFH die europarechtlich relevante Aussage, vor dem Hintergrund der Niederlassungsfreiheit müsse die Übertragung eines Wirtschaftsguts in eine abkommensrechtlich freigestellte (Personengesellschafts-)Betriebsstätte auf Basis des seinerzeitigen Mitunternehmererlasses unter denselben Voraussetzungen steuerneutral möglich sein, unter denen diese Übertragung im Inland steuerneutral erfolgen könne; eine stattdessen erfolgende Sofortbesteuerung würde einen offenkundigen Verstoß gegen Art. 52 EGV (Art. 43 EG, Art. 49 AEUV) darstellen.[333]

---

329 BMF v. 24.12.1999 – IV B 4 – S 1300-111/99, BStBl I 1999, 1076 = BeckVerw 027468, geändert durch das Schrb. v. 20. 11. 2000, IV B 4 – S 1300 – 222/00, BStBl I 2000, 1509, geändert durch das Schrb. v. 25.8.2009 – IV B 5 – S 1341/07/10004, BStBl I 2009, 888, Tz. 2.4.

330 BFH BStBl II 1970, 175; BStBl II 1971, 630. S. statt vieler auch *Kahle/Franke*, IStR 2009, 406, 407; *Roser*, DStR 2008, 2389, 2390.

331 *Kahle/Franke*, IStR 2009, 406 f.; *Körner*, IStR 2009, 741, 744; *Prinz*, DB 2009, 807. Vgl. a. BT-Drucks. 16/2710, S. 26, 30.

332 BFHE 222, 402. Das Urteil befasst sich darüber hinaus mit weiteren problematischen Aspekten zum steuerlichen Umstrukturierungsrecht, die jedoch für die hier interessierende Fragestellung außer Betracht bleiben können.

333 BFHE 222, 402, 411 f.

Konkret bezogen auf die finale Entnahmetheorie führt er dann aus, es mangele hierfür zum einen an einer hinreichenden gesetzlichen Grundlage; zum anderen beruhe sie auf einer unzutreffenden Beurteilung der Abgrenzung zwischen inländischen und ausländischen Einkünften und der Wirkungen der abkommensrechtlichen Freistellung.[334] Hervorzuheben ist insbesondere die Feststellung des Gerichtshofs, dass abkommensrechtlich nach heutiger Erkenntnis die (spätere) Besteuerung im Inland entstandener stiller Reserven durch eine Freistellung der ausländischen Betriebsstättengewinne nicht beeinträchtigt werde.[335] Der inländische Besteuerungszugriff auf Gewinne aus der Veräußerung beweglichen Vermögens, das Betriebsvermögen einer Betriebsstätte ist, die ein Unternehmen eines Vertragsstaates im anderen Vertragsstaat hat, gehe bei Vereinbarung der Freistellungsmethode nur in jenem Umfang verloren, in dem das Vermögen der Betriebsstätte auch tatsächlich zuzuordnen sei und in dem die realisierten Gewinne durch jene Betriebsstätte erwirtschaftet wurden.

Jedenfalls nach der im Streitfall maßgeblichen Rechtslage vor Inkrafttreten des § 4 Abs. 1 S. 3 EStG i.d.F. des SEStEG bestehe daher weder eine Rechtsgrundlage, noch ein Bedürfnis dafür, die Überführung von Wirtschaftsgütern eines inländischen Unternehmens in dessen ausländische Betriebsstätte als Gewinnrealisierungstatbestand anzusehen.[336]

Gestützt auf Art. 4 Abs. 2 DBA-Österreich 1954 (der mit Art. 7 Abs. 2 OECD-MA vergleichbar ist) begründet der BFH die abkommensrechtliche Möglichkeit einer Aufteilung des künftigen Veräußerungsgewinns zwischen Stammhaus und Betriebsstätte nach Verursachungsbeiträgen, womit das Besteuerungsrecht des Stammhausstaates auf die dem Stammhaus zuzurechnenden Gewinnanteile unberührt bleibe.[337]

Die sich im Weiteren stellende Frage, nach welchen Maßstäben die Aufteilung des bei einer Weiterveräußerung entstehenden Gewinns zwischen einerseits der ausländischen Betriebsstätte und andererseits dem Stammhaus zu erfolgen

---

334 BFHE 222, 402, 413.

335 BFHE 222, 402, 414.

336 BFHE 222, 402, 414. Kritisch dazu, dass der BFH die Frage nach den Auswirkungen auf die Rechtslage nach 2006 offen gelassen hat, auch *Hoffmann*, Anm. z. BFH, Urt. v. 17.7.2008 – I R 77/06, DB 2008, 2286, 2287, der fragt, ob die SEStEG-Entstrickungsbesteuerung infolge des Entzugs ihres Fundaments nunmehr in der Luft hängt.

337 BFHE 222, 402, 415. Dies entspricht auch der bisherigen Auffassung auf OECD-Ebene, wonach die Überführung eines Wirtschaftsguts ins Ausland nicht die letzte Chance darstellt, gebildete stille Reserven zu besteuern; dem Staat, aus dem heraus die Verlagerung erfolgt, ist die Besteuerung zum Zeitpunkt der Überführung zwar erlaubt, er ist dazu aber nicht gezwungen. Fraglich ist allerdings wie sich der „Functionally Separate Entity Approach" zu der in Art. 7 Abs. 2 OECD-MA niedergelegten Selbständigkeitsfiktion der Betriebsstätte auf dieses Abkommensverständnis auswirkt, s. hierzu zunächst BFHE 222, 402, 416; zudem *Kahle/Franke*, IStR 2009, 406, 408. Ferner einerseits *Mitschke*, FR 2008, 1144, 1146; *ders.*, FR 2009, 326, 327 f.; *Roser*, DStR 2008, 2389, 2391, und andererseits *Schneider/Oepen*, FR 2009, 22, 24 f. sowie *Ditz*, IStR 2009, 115, 118.
Nach *Körner*, IStR 2009, 741, 744, lässt sich das vom BFH auf abkommensrechtlicher Ebene entwickelte Ergebnis auch aus europarechtlichen Prinzipien ableiten. In diesem Sinne auch *Ditz*, IStR 2009, 115, 118.

hat, reißt der BFH an, lässt sie aber mangels Entscheidungserheblichkeit offen.[338] Im Übrigen spricht sich das Gericht auch gegen eine Besteuerungsmöglichkeit künftiger Wertsteigerungen und Dividenden aus.[339]

cc) Zwischenergebnis

Zusammengefasst verneint der BFH bei der Überführung von Wirtschaftsgütern in eine ausländische Betriebsstätte den Wegfall des deutschen Besteuerungsrechts; dieses bestehe vielmehr hinsichtlich einer zukünftigen Realisation fort.

In zwei bestätigenden Folgeentscheidungen zur finalen Betriebsaufgabe, die ebenfalls zur Rechtslage vor Einführung des SEStEG ergangen sind, weist er darauf hin, dass dies selbst dann gilt, wenn zugleich das Unternehmen insgesamt seinen Sitz in das Ausland verlegt, dadurch die unbeschränkte Steuerpflicht endet und auch keine inländische Betriebsstätte mehr unterhalten wird.[340]

dd) Auswirkungen auf die Auslegung der Entstrickungsvorschriften

Da mithin durch die Aufgabe der finalen Entnahmetheorie der „Auslöser" für die Einführung der Entstrickungsregelungen des § 4 Abs. 1 S. 3 EStG und des hier im Besonderen interessierenden § 12 Abs. 1 KStG gleichsam weggebrochen ist, stellte sich die Frage nach den Auswirkungen dieser Entscheidung auf die Auslegung der Vorschriften. Dabei kristallisierten sich im Wesentlichen zwei sich gegenüberstehende Ansätze heraus:

Die gesetzliche Regelung des § 12 Abs. 1 KStG könnte die BFH-Rechtsprechung überholt haben, so dass diese ab 2006 nicht mehr anzuwenden wäre;[341] umgekehrt könnte aber auch die Rechtsprechung die Vorschrift ihrer Tatbestandsgrundlage beraubt haben mit der Folge einer anderen Auslegung im nunmehr geänderten Kontext zum Fortbestand des deutschen Besteuerungsrechts und damit eines weitgehenden Leerlaufens der Vorschrift. Ersterer beruht auf einem veränderten Verständnis der durch das SEStEG neu gefassten Entstrickungsregelung, wonach ein Ausschluss des Besteuerungsrechts bereits dann vorliegt, wenn sich der weitergehende Aufbau stiller Reserven nach der Überführung des Wirtschaftsguts im Ausland vollzieht und Deutschland auf die neu gebildeten Reserven keinen Zugriff mehr hat.[342] Damit geht es nicht mehr um die Sicherstellung der Besteuerung der bis zur Überführung ins Ausland in

338 BFHE 222, 402, 415 f.

339 BFHE 222, 402, 416.

340 BFH IStR 2010, 98; IStR 2010, 103.
Kritisch im Hinblick darauf, dass ein großer Teil der internationalen Staatenwelt der Auffassung des BFH wohl nicht folgen wird *Wassermeyer*, IStR 2010, 461-466 (insbes. S. 465); zustimmend und den Gedanken der internationalen Entscheidungsharmonie auf das Problem einer DBA-rechtlichen Diskriminierung im Zusammenhang mit Organschaftsstrukturen übertragend *Mitschke*, IStR 2011, 537, 540; s.a. *ders.*, IStR 2012, 6, 10 (S.a. Fünfter Abschnitt D.I., Fn. 490).

341 *Koch*, BB 2008, 2450, 2452; *Mitschke*, FR 2009, 326, 329 f.

342 *Mitschke*, FR 2009, 326, 329.

Deutschland entstandenen stillen Reserven, sondern vielmehr um solche künftiger Natur.

Die Finanzverwaltung hat auf die Entscheidung des BFH mit einem Nichtanwendungserlass reagiert und geht ebenfalls davon aus, dass die gesetzlichen Entstrickungsregelungen des SEStEG von den Urteilsgrundsätzen nicht berührt werden.[343]

Abgesehen davon, dass die Gesetzesbegründung die Forderung nach der Berücksichtigung künftiger stiller Reserven wohl nicht stützt,[344] steht dem auch schon der Wortlaut des § 12 Abs. 1 KStG entgegen, der den Ausschluss oder die Beschränkung des deutschen Besteuerungsrechts fordert.[345] Damit wird aber ein bereits bestehendes Besteuerungsrecht Deutschlands vorausgesetzt, das dann überhaupt erst beschränkt oder ausgeschlossen werden könnte. Bezüglich solcher stillen Reserven, die zum Zeitpunkt der Überführung noch gar nicht entstanden waren, sondern sich erst in Zukunft bilden, steht Deutschland aber gerade noch kein Recht zur Besteuerung zu. Dafür spricht auch, dass die Tatbestandsvoraussetzungen sonst weiter reichen würden als die Rechtsfolge.[346]

Die Auslegung der Begriffe Ausschluss bzw. Beschränkung des deutschen Besteuerungsrechts ist im Übrigen betroffen, wenn die Ausführungen des BFH zur „nachlaufenden" Besteuerung allgemein Bestand haben sollen. Dass die Begründungen des BFH durchaus über die zur „alten" Rechtslage ergangenen Einzelfallentscheidungen hinaus wirken sollten, lässt sich schon daraus folgern, dass diese wiederholt sehr ausführlich und grundlegend gehalten sind. Ausgehend von dieser grundsätzlichen Geltung auch für § 12 Abs. 1 KStG i.d.F. des SEStEG führte insbesondere die Annahme, dass im Hinblick auf das Veranlassungsprinzip das deutsche Besteuerungsrecht für die vor einer Verlagerung ins Ausland entstandenen Gewinne abkommensrechtlich nicht verloren geht, zu einem nur noch sehr begrenzten Anwendungsbereich des § 12 Abs. 1 KStG im Falle der Sitzverlegung von Gesellschaften, da ein Ausschluss oder eine Beschränkung bei weiterbestehendem Recht zur Besteuerung gerade nicht vorliegt und mithin auch kein Bedürfnis für eine zeitnahe Besteuerung gegeben ist.[347]

---

343 BMF v. 20.05.2009 – IV C 6 – S 2134/07/10005, BStBl I 2009, 671, Nr. 3. Kritisch hierzu *Körner*, IStR 2009, 741, 744 f., *ders.*, IStR 2010, 208, der den Erlass insoweit auch als europarechtsinkonform einstuft. A.A. *Mitschke*, Anm. z. BFH, Urt. v. 09.06.2010 – I R 100/09, IStR 2010, 95-97.

344 Dort heißt es: „Dem bisherigen Belegenheitsstaat des Wirtschaftsguts steht auch das Recht zu, den Wertzuwachs zu besteuern, der in dem Zeitraum entstanden ist, in dem die aus dem Besteuerungsrecht ausgeschiedenen Wirtschaftsgüter seiner Steuerhoheit unterlegen haben.", BT-Drucks. 16/2710, S. 26.

345 So auch *Kahle/Franke*, IStR 2009, 406, 409.

346 *Köhler*, IStR 2010, 337, 340; *ders.*, in: FS Schaumburg, S. 813, 832. Für eine Beschränkung auf die zum Überführungszeitpunkt vorhandenen stillen Reserven auch *Prinz*, DB 2009, 807, 810; *Schneider/Oepen*, FR 2009, 22, 25, 28. *Körner*, IStR 2009, 741, 742 f. sieht dies ebenfalls als europarechtlich gebotenen Lösungsansatz.

347 Vgl. a. *Köhler*, IStR 2010, 340; *ders.*, in: FS Schaumburg, S. 813, 830 f.; *Schneider/Oepen*, FR 2009, 22, 28. In diesem Sinne auch *Prinz*, DB 2009, 807, 810 f; *Roser*, DStR 2008, 2389, 2393 f. S. ferner *Körner*, IStR 2009, 741, 744; *ders.*, IStR 2010, 208, 209, der diese Auslegung auch europarechtlich für geboten hält.

Dies wurde teilweise auch schon vor Ergehen der BFH-Entscheidung so vertreten und durch diese nun bestätigt.[348]

Nachdem der gesetzgeberische Wille wohl auf dem vormaligen Verständnis der abkommensrechtlichen Vorschriften beruhte, wonach eine Besteuerung von zunächst inländischem Betriebsstättensubstrat nach Verlagerung ins Ausland nicht mehr möglich war, sollte dieser aufgrund der so elementar veränderten Ausgangslage ebenfalls in neuem Licht gesehen werden.[349] Dabei sollte nicht vergessen werden, dass es dem Gesetzgeber in erster Linie darum ging, das deutsche Besteuerungsrecht zu sichern,[350] was dem mit der geänderten BFH-Rechtsprechung vereinbaren Verständnis der Vorschrift nicht widersprochen hätte. Der Wille des Gesetzgebers verhinderte die neue Auslegung der Entstrickungsvorschriften also ebenso wenig wie deren Wortlaut.

Schließlich entsprach – wie bereits angesprochen wurde und auch später noch zu zeigen sein wird – diese Anpassung bei der Anwendung des § 12 Abs. 1 KStG am ehesten einer europarechtskonformen Ausrichtung, da sie die Sitzverlegung ins EU-Ausland ohne gleichzeitige Auslösung einer Sofortbesteuerung ermöglichen würde.[351]

Die besseren Argumente ließen sich daher für eine entsprechende Auslegung der Entstrickungsregel des § 12 Abs. 1 KStG im Lichte der geänderten BFH-Rechtsprechung anführen.

ee) Ergebnis für die Bewertung der Verlegung des Verwaltungssitzes

Nachdem es keinen Unterschied macht, ob der Transfer des Wirtschaftsguts von Deutschland in eine ausländische Betriebsstätte oder in das nunmehr ausländische Stammhaus erfolgt, bedeuteten die vorstehenden Ausführungen für die Bewertung des Falles der Verlegung des Geschäftsleitungssitzes Folgendes:

Das Besteuerungsrecht für Unternehmensgewinne wird Deutschland als Nicht-(mehr-)Ansässigkeitsstaat insoweit zugewiesen, als diese Gewinne auf eine inländische Betriebsstätte bzw. das ehemals inländische Stammhaus entfallen; dabei ist für die Abgrenzung das tatsächlich zuzuordnende Vermögen und das dort erwirtschaftete Ergebnis entscheidend (Veranlassungsprinzip), vgl. Art. 7 Abs. 1, 2 OECD-MA. Ob es sich bei der Betriebsstätte um die (ehemalige) Stammhaus- bzw. Geschäftsleitungsbetriebsstätte oder um eine andere Betriebsstätte des gleichen Unternehmens handelt, ist insoweit irrelevant.

Entsprechend den Entscheidungen zur finalen Betriebsaufgabe ist es für die nachlaufende Besteuerung ebenfalls irrelevant, wenn allein der Satzungssitz in

348 S. *Rödder/Schumacher*, DStR 2007, 369, 371; *Wassermeyer*, DB 2006, 1176-1180. Vgl. a. *Kahle/Franke*, IStR 2009, 406, 408 sowie *Köhler*, in: FS Schaumburg, S. 813, 829, jeweils m.w.N.

349 *Köhler*, IStR 2010, 337, 341; s.a. *Prinz*, DB 2009, 807, 811. Im Übrigen ist der europarechtskonformen Interpretation bei der Auslegung Vorrang vor der Berücksichtigung des Willens des historischen Gesetzgebers einzuräumen, *Körner*, IStR 2010, 208, 209.

350 Vgl. BT-Drucks. 16/2710, S. 25, 26.

351 *Köhler*, IStR 2010, 337, 339; *ders.*, in: FS Schaumburg, S. 813, 833; *Körner*, IStR 2009, 741-745. S.a. Fn. 418.

Deutschland verbleibt, ohne dass weiterhin auch noch eine inländische Betriebsstätte bestünde.

Aufgrund des zeitlich unbegrenzt fortbestehenden Besteuerungsrechts an den während der Zugehörigkeit zu einer inländischen (Stammhaus-)Betriebsstätte gebildeten stillen Reserven kommt es damit trotz Verlagerung der steuerlichen Ansässigkeit ins Ausland im Inland nicht zur Sofortbesteuerung von stillen Reserven, die in den nunmehr dem ausländischen Stammhaus zuzuordnenden Wirtschaftsgütern enthalten sind. Eine Steuererhebung erfolgt dann erst im Zeitpunkt der tatsächlichen Realisation der zum Übertragungszeitpunkt bestehenden stillen Reserven.

b) Die Regelung des § 12 Abs. 1 KStG i.d.F. des Jahressteuergesetzes 2010[352]

Als Reaktion auf die Rechtsprechung des BFH zur Aufgabe der finalen Entnahmetheorie und um die erwartete entsprechende Auslegung der Entstrickungsvorschrift des § 12 Abs. 1 KStG zu verhindern, hat der Gesetzgeber die Vorschrift in Übereinstimmung mit der Ansicht der Finanzverwaltung um einen – rückwirkend geltenden – Satz 2 ergänzt.[353] Dieser soll in Form eines Regelbeispiels den Hauptanwendungsfall des § 12 Abs. 1 S. 1 erläutern, nämlich dass ein bisher einer inländischen Betriebsstätte einer Körperschaft, Personenvereinigung oder Vermögensmasse zuzuordnendes Wirtschaftsgut einer ausländischen Betriebsstätte dieser Körperschaft, Personenvereinigung oder Vermögensmasse zuzuordnen ist.[354]

Vor diesem Hintergrund bleibt es damit bei der in diesem Kapitel unter B.I.1.a) aa) dargestellten Rechtslage bei Verwaltungssitzverlegung. Die Rechtsfolge im Falle des Ausschlusses oder der Beschränkung des deutschen Besteuerungsrechts besteht dann in der Aufdeckung und Besteuerung der stillen Reserven. Über die in § 12 Abs. 1 S. 1 a.E. KStG angeordnete entsprechende Geltung des § 4g EStG wird den Kapitalgesellschaften dabei die Möglichkeit eröffnet, einen Ausgleichsposten zu bilden und die Versteuerung des Gewinns auf fünf Veranlagungszeiträume zu verteilen. Nach dem Wortlaut der Vorschrift beschränkt sich diese Möglichkeit aber auf den Fall, dass ein Wirtschaftsgut in eine EU-ausländische Betriebsstätte desselben unbeschränkt Steuerpflichtigen überführt wird, nicht jedoch in das ausländische Stammhaus.[355] Dementsprechend entfällt diese Option der aufgeschobenen Besteuerung in der soeben dargestellten Konstellation, dass ein Wirtschaftsgut bei Verlagerung des Geschäftsleitungsorts mit der Folge eines nunmehr ausländischen Stammhauses mit übertragen wird;[356] es kommt vielmehr zu einer ungemilderten sofortigen Gewinnbesteuerung.

---

352 BGBl. I 2010, 1768.

353 Vgl. die Stellungnahme des Bundesrates zum Entwurf eines Jahressteuergesetzes 2010, BR-Drucks. 318/10 (B), S. 6-10 bzw. BT-Drucks. 17/2823, S. 3-5.
Die Rückwirkung wird in § 34 Abs. 8 S. 2, 3 KStG angeordnet.

354 Auch die Entstrickungsvorschrift des § 4 Abs. 1 EStG wurde um einen entsprechenden S. 4 ergänzt.

355 Im Falle einer Verlagerung in einen EWR-Staat gilt die Regelung ohnehin nicht.

356 *Gebert/Fingerhuth*, IStR 2009, 445, 447; *Rödder/Schumacher*, DStR 2007, 369, 372.

2. Rückverlegung des Verwaltungssitzes

Verlegt eine ausländische Kapitalgesellschaft, die zuvor ihren Sitz unter Beibehaltung ihrer Rechtsfähigkeit nach Deutschland verlegt hatte und hier nach § 1 Abs. 1 Nr. 1 KStG unbeschränkt steuerpflichtig war, diesen wieder zurück ins Ausland, so lässt dies die Anknüpfung an die unbeschränkte Steuerpflicht entfallen. Mit diesem Ausscheiden aus der unbeschränkten Steuerpflicht geht dann regelmäßig die Schlussbesteuerung nach § 12 Abs. 1 KStG einher.

Wie bereits angesprochen, gilt dies allerdings dann nicht, wenn Wirtschaftsgüter weiterhin einer im Inland belegenen Betriebsstätte zuzuordnen sind und damit stille Reserven in Deutschland steuerverstrickt bleiben.[357] Mangels Ausschlusses oder Beschränkung des deutschen Besteuerungsrechts in solchen Fällen ist dies schon vom Wortlaut nicht erfasst und entspricht – erst recht seit der Neuformulierung des § 12 Abs. 1 KStG – auch nicht dem Zweck der Vorschrift, da der deutsche Steueranspruch durch die Steuerverstrickung in der Betriebsstätte ausreichend gesichert ist. Es kommt hier lediglich zu einem Wechsel von der unbeschränkten zur beschränkten Steuerpflicht und damit zu einer Reduktion des Welteinkommensprinzips auf das Territorialitätsprinzip.

II. Gemeinschaftsrechtskonformität der Wegzugsbesteuerung

Jedenfalls in Anbetracht der Ergänzung des § 12 Abs. 1 KStG stellt sich weiterhin – unabhängig von dem Streit um die Theorien zum Personalstatut – die Frage, ob bzw. inwieweit die Schlussbesteuerung gemäß § 12 Abs. 1 KStG europarechtskonform ist. Diesbezüglich ist noch keine Entscheidung des Europäischen Gerichtshofs ergangen, allerdings lassen insbesondere die Ausführungen in den Urteilen de Lasteyrie du Saillant[358] und N[359] Rückschlüsse für die Beurteilung der deutschen Wegzugsbesteuerung nach dem KStG zu.

1. de Lasteyrie du Saillant

Der Entscheidung de Lasteyrie du Saillant lag folgender Sachverhalt zugrunde:

Der Kläger Hughes de Lasteyrie du Saillant verlegte Mitte September 1998 seinen Wohnsitz von Frankreich nach Belgien. Zu diesem Zeitpunkt bzw. irgendwann in den letzten fünf Jahren vor seinem Wegzug aus Frankreich hielt er mit seinen Familienangehörigen unmittelbar oder mittelbar Wertpapiere, die zum Bezug von mehr als 25 % der Gewinne einer gesellschaftssteuerpflichtigen Gesellschaft mit Sitz in Frankreich berechtigten. Gemäß einer Vorschrift des französischen Steuergesetzbuchs (Art. 167bis CGI) und deren Durchführungsbestimmungen wurde der Kläger im Hinblick auf die Wertsteigerungen besteuert,

357 Schon zur alten Rechtslage *Engert*, in: Eidenmüller, Ausländische Kapitalgesellschaften im deutschen Recht, § 8 Rn. 114. Vgl. a. Fn. 324.

358 EuGH, Urt. v. 11.03.2004 – C-9/02, Slg. I-2409 – de Lasteyrie du Saillant.

359 EuGH, Urt. v. 07.09.2006 – C-470/04, Slg. I-7409 – N.

weil der gemeine Wert dieser Wertpapiere über deren Anschaffungspreis lag. Der Kläger hielt die zugrunde liegende Vorschrift wegen Verstoßes gegen das Gemeinschaftsrecht für rechtswidrig. Der Conseil d'État widersprach dem und legte dem Europäischen Gerichtshof die Frage zur Vorabentscheidung vor, ob es der in Art. 52 EGV (Art. 49 AEUV) verankerte Grundsatz der Niederlassungsfreiheit einem Mitgliedstaat verwehre, zur Vorbeugung gegen die Steuerflucht eine solche Regelung einzuführen, wonach Wertsteigerungen bei Verlegung des steuerlichen Wohnsitzes besteuert werden.

Zu Beginn seiner Entscheidung betont der Europäische Gerichtshof erneut die grundlegende Bedeutung der Niederlassungsfreiheit für das Gemeinschaftsrecht, bestätigt deren Umfang und Anwendungs- bzw. Geltungsbereich sowie die Einordnung als Beschränkungsverbot.[360] Auch weist er erneut darauf hin, dass dieses Beschränkungsverbot ebenfalls hinsichtlich steuerrechtlicher Vorschriften gelte.[361]

Die nun in Rede stehende Vorschrift des französischen Steuergesetzbuchs sei geeignet, die Niederlassungsfreiheit zu beschränken, da sie für Steuerpflichtige, die ihren Wohnsitz ins Ausland verlegen wollten, wegen der unterschiedlichen Behandlung gegenüber Personen, die ihren Wohnsitz in Frankreich beibehalten, und der daraus folgenden erheblichen Auswirkungen auf das Vermögen zumindest abschreckende Wirkung habe.[362] Erstere würden nämlich allein wegen der Verlegung des Wohnsitzes ins Ausland für ein noch nicht realisiertes und verfügbares Einkommen steuerpflichtig, während die Wertsteigerungen für letztere nur steuerpflichtig würden, wenn und soweit sie tatsächlich realisiert worden seien.

Auch die Durchführungsvorschriften führten zu keinem anderen Ergebnis, sondern bestätigten diesen Schluss; insbesondere habe die Sicherheitsleistung als solche eine beschränkende Wirkung, da sie den Steuerpflichtigen an der Nutzung der als Sicherheit geleisteten Vermögenswerte hindere.

In der Folge zeigt der Europäische Gerichtshof dann wiederum die Rechtfertigungsmöglichkeit solcher Beschränkungen und deren Voraussetzungen auf.[363] Bezogen auf die Vorschrift des Art. 167bis CGI führt er aus, diese Regelung gehe mit ihrer Unterstellung, dass ihren Wohnsitz ins Ausland verlegende Steuerpflichtige die Umgehung des französischen Steuerrechts beabsichtigten, weit über das hinaus, was zur Erreichung des mit ihr verfolgten Ziels der Vermeidung der Steuerflucht erforderlich sei.[364] Entsprechendes gelte für die Rechtfertigung der zur Durchführung dieser Regelung aufgestellten Voraussetzungen.[365] Auch Steuermindereinnahmen stellten nach ständiger Rechtsprechung keinen zwingenden Grund des Allgemeininteresses dar, der zur Rechtfertigung einer gegen eine Grundfreiheit verstoßenden Maßnahme angeführt werden könne.[366]

360 EuGH, Urt. v. 11.03.2004 – C-9/02, Slg. I-2409 Rn. 40, 42, 43 – de Lasteyrie du Saillant.
361 EuGH, Urt. v. 11.03.2004 – C-9/02, Slg. I-2409 Rn. 44 – de Lasteyrie du Saillant.
362 EuGH, Urt. v. 11.03.2004 – C-9/02, Slg. I-2409 Rn. 45-48 – de Lasteyrie du Saillant.
363 EuGH, Urt. v. 11.03.2004 – C-9/02, Slg. I-2409 Rn. 49 – de Lasteyrie du Saillant.
364 EuGH, Urt. v. 11.03.2004 – C-9/02, Slg. I-2409 Rn. 50-54 – de Lasteyrie du Saillant.
365 EuGH, Urt. v. 11.03.2004 – C-9/02, Slg. I-2409 Rn. 55-57 – de Lasteyrie du Saillant.
366 EuGH, Urt. v. 11.03.2004 – C-9/02, Slg. I-2409 Rn. 60 – de Lasteyrie du Saillant.

Schließlich sei Art. 167bis CGI auch nicht durch das Erfordernis gerechtfertigt, die Kohärenz des französischen Steuersystems zu wahren.[367]

Im Ergebnis hält der Europäische Gerichtshof fest, dass der in Art. 52 EGV (Art. 49 AEUV) verankerte Grundsatz der Niederlassungsfreiheit dahin auszulegen sei, dass er es einem Mitgliedstaat verwehre, zur Vorbeugung gegen die Steuerflucht eine Regelung wie die in Art. 167bis CGI vorgesehene einzuführen, wonach latente Wertsteigerungen besteuert werden, wenn ein Steuerpflichtiger seinen Wohnsitz ins Ausland verlegt.[368]

2. N

Die Entscheidung in der Rechtssache N betraf das niederländische System der Wegzugsbesteuerung:

Im Januar 1997 verlegte N seinen ständigen Wohnsitz von den Niederlanden nach Großbritannien. Zu diesem Zeitpunkt war er Alleingesellschafter dreier Gesellschaften mit beschränkter Haftung niederländischen Rechts, deren tatsächliche Geschäftsführung sich seitdem auf der zur Gruppe der Niederländischen Antillen gehörenden Insel Curaçao befand. Für das Jahr 1997 gab N ein Einkommen in Höhe von mehr als 15,5 Millionen NLG an, das fast ausschließlich auf Gewinn aus wesentlicher Beteiligung beruhte. Die daraufhin durch Bescheid festgesetzte Steuerforderung in Höhe von knapp 230.000 NLG wurde auf Antrag des N entsprechend der damaligen gesetzlichen Regelung gegen Sicherheitsleistung gestundet. Im Zuge dessen verpfändete N seine Anteile an einer der Gesellschaften. Nach Erlass der de Lasteyrie du Saillant-Entscheidung (s.o. Fünftes Kapitel B.II.1.) wurde dem N dann mitgeteilt, dass diese von ihm geleistete Sicherheit als freigegeben gelte, da der Staatssekretär für Finanzen nunmehr die Auffassung vertrat, eine Stundung dürfe nicht mehr von einer Sicherheitsleistung abhängig gemacht werden. Nach Zurückweisung des gegen den Steuerbescheid eingelegten Einspruchs des N war nun der Gerechtshof Arnheim mit dem sich anschließenden Rechtsstreit befasst und möchte von dem Europäischen Gerichtshof neben der Frage der anwendbaren Bestimmungen im Wesentlichen geklärt wissen, ob Art. 43 EG (Art. 49 AEUV) dahin auszulegen ist, dass er es einem Mitgliedstaat verwehrt, ein System wie das im Ausgangsverfahren streitige einzuführen, nach dem der Wertzuwachs besteuert wird, wenn ein Steuerpflichtiger aus diesem Mitgliedstaat wegzieht.[369]

Nachdem der Europäische Gerichtshof zu Beginn seiner Entscheidung noch einmal die Anwendung der Niederlassungsfreiheit im Falle von Gesellschaftsbeteiligungen, die einen bestimmenden Einfluss ermöglichen, bestätigt und das Verhältnis zu Art. 18 EG (Art. 21 AEUV) klargestellt hat,[370] geht er in der Folge

367 EuGH, Urt. v. 11.03.2004 – C-9/02, Slg. I-2409 Rn. 63 – de Lasteyrie du Saillant.

368 EuGH, Urt. v. 11.03.2004 – C-9/02, Slg. I-2409 Rn. 69 – de Lasteyrie du Saillant.

369 Die vierte Vorlagefrage zur Wirkung der Sicherheitenfreigabe, zur Bedeutung der Form des Aktes, auf dessen Grundlage diese erfolgt, und zu einem möglichen Schadenersatzanspruch ist für die weiteren Ausführungen nicht von Relevanz.

370 EuGH, Urt. v. 07.09.2006 – C-470/04, Slg. I-7409 Rn. 22 f., 26 f., 29 – N.

unter Verweis auf die de Lasteyrie du Saillant-Entscheidung davon aus, dass das niederländische System zur Wegzugsbesteuerung die Niederlassungsfreiheit behindere.[371]

Im Hinblick darauf, dass N allein wegen seines Wegzugs mit noch nicht realisiertem und ihm nicht zur Verfügung stehendem Einkommen steuerpflichtig wurde, während bei einem Verbleib in den Niederlanden der Wertzuwachs erst bei tatsächlicher Realisierung besteuert worden wäre, stellt er eine Benachteiligung von N gegenüber Personen fest, die ihren Wohnsitz in den Niederlanden beibehalten. Auch die Sicherheitsleistung, an die die Stundungsmöglichkeit geknüpft wird, entfalte beschränkende Wirkung.[372]

Sodann führt der Gerichtshof aus, dass nach der Wohnsitzverlegung eingetretene Wertminderungen nicht berücksichtigt worden seien.[373] Damit hätte die Steuer auf den nicht realisierten Wertzuwachs, die zum Zeitpunkt der Wohnsitzverlegung festgesetzt, gestundet und bei einer späteren Veräußerung fällig geworden wäre, die Steuer übersteigen können, die der Steuerpflichtige hätte entrichten müssen, wenn die Veräußerung zu demselben Zeitpunkt ohne Wegzug aus den Niederlanden stattgefunden hätte, denn dort wäre die Einkommensteuer auf der Grundlage des bei Veräußerung tatsächlich realisierten Wertzuwachses berechnet worden, der möglicherweise niedriger aus- oder gar nicht anfällt.[374]

Im Rahmen der Rechtfertigungsprüfung nennt der Europäische Gerichtshof zunächst die am Territorialitätsprinzip orientierte Aufteilung der Besteuerungsbefugnis zwischen den Mitgliedstaaten und die Beseitigung von Doppelbesteuerung als anerkannte im Allgemeininteresse liegende Ziele, die eine Rechtfertigungsmöglichkeit eröffnen.[375] Allerdings gehe das Erfordernis der Stellung von Sicherheiten als Voraussetzung für eine Stundung über das hinaus, was zur Erreichung dieser Ziele erforderlich sei. Insoweit stünden in Form der Amtshilfe- und der Beitreibungsrichtlinie weniger einschneidende Mittel zur Verfügung.[376] Schließlich sei für ein verhältnismäßig ausgestaltetes System der Wegzugsbesteuerung erforderlich, dass Wertminderungen, die möglicherweise nach Wohnsitzverlegung eintreten, vollständig Berücksichtigung finden, soweit dies nicht bereits im Aufnahmemitgliedstaat der Fall sei.[377]

Als Antwort auf die oben genannte Vorlagefrage lässt sich daher festhalten, dass Art. 43 EG (Art. 49 AEUV) dahingehend auszulegen ist, dass er es einem

---

371 EuGH, Urt. v. 07.09.2006 – C-470/04, Slg. I-7409 Rn. 33-35 – N.

372 EuGH, Urt. v. 07.09.2006 – C-470/04, Slg. I-7409 Rn. 36 – N.

373 EuGH, Urt. v. 07.09.2006 – C-470/04, Slg. I-7409 Rn. 37 – N.

374 Auch die bei einem Wegzug erforderlich werdende Abgabe einer Steuererklärung stellt als zusätzliche Formalität eine die Niederlassungsfreiheit beschränkende Maßnahme dar, die jedoch vom EuGH im Rahmen der Rechtfertigungsprüfung als nicht unverhältnismäßig im Hinblick auf die damit verfolgten Ziele angesehen wird. Insbesondere hätte eine nachträgliche Festsetzung nicht zu geringeren Verpflichtungen für den Steuerpflichtigen geführt, EuGH, Urt. v. 07.09.2006 – C-470/04, Slg. I-7409 Rn. 38, 49 f. – N.

375 EuGH, Urt. v. 07.09.2006 – C-470/04, Slg. I-7409 Rn. 42 – N.

376 EuGH, Urt. v. 07.09.2006 – C-470/04, Slg. I-7409 Rn. 51-53 – N.

377 EuGH, Urt. v. 07.09.2006 – C-470/04, Slg. I-7409 Rn. 54 – N.

Mitgliedstaat verwehrt, ein System wie das im Ausgangsverfahren streitige einzuführen, nach dem der Wertzuwachs besteuert wird, wenn ein Steuerpflichtiger aus diesem Mitgliedstaat wegzieht, und das die Stundung dieser Steuer von der Leistung von Sicherheiten abhängig macht und Wertminderungen, die möglicherweise nach der Verlegung des Wohnsitzes des Betroffenen eingetreten und nicht bereits im Aufnahmemitgliedstaat berücksichtigt worden sind, nicht vollständig berücksichtigt.[378]

3. „Folgerungen" für die Beurteilung der Wegzugsbesteuerung

In erster Linie hatte die Entscheidung in der Rechtssache de Lasteyrie du Saillant Konsequenzen für den der französischen Regelung sehr ähnlichen § 6 AStG (a.F.). Nachdem davon auszugehen war, dass auch dieser – trotz unterschiedlicher Zielrichtung – einer europarechtlichen Prüfung nicht standhalten würde[379] und die Kommission diesbezüglich bereits ein Vertragsverletzungsverfahren gegen die Bundesrepublik Deutschland eingeleitet hatte, entschloss sich der Gesetzgeber im Zuge des SEStEG zu einer Neuregelung der Wegzugsbesteuerung gemäß § 6 AStG in einer den Anforderungen des Europarechts genügenden Weise.[380]

Zudem hat der Europäische Gerichtshof in Rn. 68 seiner Entscheidung ausgeführt, dass die Frage der Aufteilung der Besteuerungsrechte zwischen den Mitgliedstaaten sowie die hier insbesondere interessierende Frage nach dem Recht der Mitgliedstaaten, latente Wertsteigerungen als Reaktion auf künstliche Wohnsitzverlagerungen zu besteuern, in dieser Sache gerade keiner Entscheidung bedurften. Rückschlüsse auf die Wegzugsbesteuerung nach den §§ 11, 12 KStG a.F. konnten daher nicht ohne weiteres gezogen, sondern nur sehr zurückhaltend und vorsichtig angedacht werden.

Nichtsdestotrotz wurde aus der Argumentation des Europäischen Gerichtshofs teilweise schon die Europarechtswidrigkeit der deutschen Wegzugsbesteuerung nach dem KStG gefolgert.[381] Weitere Reaktionen in diese Richtung – auch bezogen auf § 12 Abs. 1 KStG (SEStEG) – folgten dann auf die im Anschluss

---

378 EuGH, Urt. v. 07.09.2006 – C-470/04, Slg. I-7409 Rn. 55 – N.

379 So – mit teilweise unterschiedlichen Begründungen – auch die einheitliche Meinung in der Literatur, vgl. *Ettinger*, RIW 2006, 94, 99; *Ettinger/Eberl*, GmbHR 2005, 152, 158 m.w.N.; *Hey*, StuW 2004, 193, 199; *Kleinert/Probst*, DB 2004, 673, 674, 675; *Lausterer*, DStZ 2004, 299, 302, 304; *Schnitger*, BB 2004, 804, 808. S.a. *Schaumburg*, StuW 2000, 369, 374 m.w.N.; *Schaumburg/Schaumburg*, StuW 2005, 306, 313; *Schindler*, IStR 2004, 300, 310; *Thömmes*, JbFStR 1997/98, 90, 91, 93. Vgl. zudem *Hey*, Der Konzern 2004, 577, 583; *dies.*, StuW 2004, 193, 199.

380 Die Vereinbarkeit der Regelung mit Verfassungs- und Gemeinschaftsrecht wurde vom BFH anerkannt, BFH NJW 2009, 109 (bestätigt durch BFH DStR 2009, 2295). S. ferner *Dörfler/Ribbrock*, BB 2008, 304, 309.

381 *Ettinger*, RIW 2006, 94, 99; *Ettinger/Eberl*, GmbHR 2005, 152, 158; *Schaumburg/Schaumburg*, StuW 2005, 306, 313. Insbesondere auch *Kleinert/Probst*, DB 2004, 673, 674, 675; ferner *Schnitger*, BB 2004, 804, 809, 810. Vgl. zudem *Engert*, in: Eidenmüller, Ausländische Kapitalgesellschaften im deutschen Recht, § 8 Rn. 111, 113.

ergangene Entscheidung in der Rechtssache N.[382] Diese bezog sich zwar auch auf den Wegzug natürlicher Personen, der Europäische Gerichtshof nahm hier aber zu Zulässigkeit und Ausgestaltung der Wegzugsbesteuerung direkt Stellung, so dass sich dem Urteil deutlich klarere Vorgaben für die gemeinschaftsrechtliche Beurteilung der deutschen Wegzugsbesteuerung auch von juristischen Personen entnehmen lassen.

4. Europarechtliche Prüfung

Im Folgenden soll daher die Vereinbarkeit der Wegzugsbesteuerung mit der gemeinschaftsrechtlich für Gesellschaften gewährleisteten Niederlassungsfreiheit anhand der vom Europäischen Gerichtshof entwickelten Kriterien näher untersucht werden.

a) Besteuerung der stillen Reserven dem Grunde nach

Dabei soll der Blick zunächst auf die grundsätzliche Zulässigkeit der Besteuerung stiller Reserven im Falle des Umzugs einer Kapitalgesellschaft gerichtet werden.

aa) Schutzbereich und Beschränkung

Im Falle der grenzüberschreitenden Verlegung des Verwaltungssitzes einer Kapitalgesellschaft ist deren gemeinschaftsrechtlich gewährleistete Niederlassungsfreiheit einschlägig.

Zwar verbietet § 12 Abs. 1 KStG einen Umzug ins Ausland nicht, jedoch liegt eine Beschränkung dieser Grundfreiheit auch schon dann vor, wenn deren Ausübung behindert oder weniger attraktiv gemacht wird. Dies kann für den grenzüberschreitenden Fall angesichts der Tatsache, dass die Verwaltungssitzverlegung innerhalb der Bundesrepublik Deutschland nicht die Rechtsfolgen des § 12 Abs. 1 KStG auslösen kann, kaum bezweifelt werden. Zum einen wird für einen grenzüberschreitenden Umzug trotz teilweise gleicher Interessenlage der Steuergläubiger die zusätzliche Hürde aufgestellt, noch nicht realisierte stille Reserven im Veranlagungszeitraum des Umzugs zu versteuern, ohne die liquiden Mittel zur Zahlung der Steuern auf den Verlegungsgewinn zur Verfügung zu haben. Es kommt also zu nicht unerheblichen Zins- und Liquiditätsnachteilen, die sich entgegen der Gesetzesbegründung[383] auf die Lebensdauer des Wirtschaftsguts auch nicht wieder ausgleichen; eine Kompensation findet nur hinsichtlich der

382 *Lieber*, jurisPR-SteuerrR 46/2006 Anm. 5. Für einen Einfluss dieser Entscheidungen auf die Wegzugsbesteuerung von Unternehmen s. a. D/J/P/W/*Benecke* § 12 Rn. 61; *Hey*, in: Tipke/Lang, Steuerrecht, § 13 Rn. 154; *Köhler*, in: FS Schaumburg, S. 813, 826; ferner die Mitteilung der Kommission an den Rat, das Europäische Parlament und den Europäischen Wirtschafts- und Sozialausschuss, Wegzugsbesteuerung und die Notwendigkeit einer Koordinierung der Steuerpolitiken der Mitgliedstaaten, KOM 2006 (825) endg.

383 BT-Drucks. 16/2710, S. 26.

Steuerlast als solcher statt.[384] Zum anderen begründet auch schon der zur Ermittlung des (nicht zwingend entstehenden) Verlegungsgewinns notwendige erhöhte Gewinnermittlungs- und Steuererklärungsaufwand jedenfalls eine Behinderung der Niederlassungsfreiheit.

An dieser Einschätzung ändert sich auch durch die Entscheidung des Europäischen Gerichtshofs in der Rechtssache Cartesio nichts.[385] Insbesondere lässt dieses Urteil keinen Erst-Recht-Schluss dahingehend zu, dass wenn es den Mitgliedstaaten sogar freistehe, die Verlegung des Verwaltungssitzes in das EU-Ausland mit dem Verlust des bisherigen Gesellschaftsstatuts zu sanktionieren, es auch und eben erst recht keine Beschränkung der Niederlassungsfreiheit darstelle, wenn an den Wegzug lediglich negative steuerliche Folgen geknüpft würden, das Gesellschaftsstatut im Übrigen aber durch die Gesellschaft beibehalten werden könne.[386]

Denn wie der Europäische Gerichtshof in der Cartesio-Entscheidung gerade unter Verweis auf Daily Mail noch einmal deutlich gemacht hat, ist die Frage, ob Art. 43 EG (Art. 49 AEUV) auf eine sich auf die Niederlassungsfreiheit berufende Gesellschaft anwendbar ist, gemäß Art. 48 EG (Art. 54 AEUV) eine Vorfrage, die nur dann, wenn der Gesellschaft danach die Niederlassungsfreiheit zugute kommt, überhaupt erst zu der weiteren Frage nach einer Beschränkung dieser Grundfreiheit führt. Dieses Stufenverhältnis bedeutet, dass zunächst die Frage nach der Anwendbarkeit der Niederlassungsfreiheit gleichsam im Wege einer Vorprüfung des Art. 54 AEUV nach nationalem Sachrecht zu beantworten ist.[387] Auf dieser „ersten Stufe" ergibt sich aber bezogen auf die Wegzugsbesteuerung gemäß § 12 Abs. 1 KStG, dass die wegziehende Kapitalgesellschaft sich auf die Niederlassungsfreiheit nach Art. 49 AEUV berufen kann. Denn die Existenz der Gesellschaft in ihrer bisherigen Form wird durch den Wegzug nicht (mehr) berührt. Es besteht – auch nach der Verlegung des Verwaltungssitzes ins Ausland – weiterhin eine „nach den Rechtsvorschriften eines Mitgliedstaates gegründete Gesellschaft" im Sinne des Art. 54 AEUV, so dass der Anwendungsbereich der Niederlassungsfreiheit und die nachgelagerte Frage nach einer Beschränkung derselben eröffnet sind.

Hier liegt gerade ein Unterschied zu den Konstellationen bei Daily Mail und Cartesio: Im Falle von Daily Mail bestand das steuerrechtliche Genehmigungserfordernis nur, wenn die Gesellschaft ihre Geschäftsleitung ins Ausland verlegen und dabei ihre Rechtspersönlichkeit und Eigenschaft als Gesellschaft britischen Rechts beibehalten wollte. Gerade dann existierte aber keine Gesellschaft mehr, der die Niederlassungsfreiheit Schutz gewähren könnte. Im Falle von Cartesio beruhte die Vorlagefrage auf einer Regelung, wonach eine in Ungarn gegründete Gesellschaft nach geltendem ungarischen Recht ihren Sitz nicht unter Beibehaltung ihres Personalstatuts ins Ausland verlegen konnte, weswegen ihr

384 S.a. *Eickmann*, Der Wegzug von Kapitalgesellschaften im Steuerrecht, S. 190; *Eickmann/Stein*, DStZ 2007, 723, 727. Vgl. a. *Blumenberg/Lechner*, BB-Special 8/2006, 25, 28.

385 A.A. *Gebert/Fingerhuth*, IStR 2009, 445, 448.

386 So aber *Gebert/Fingerhuth*, IStR 2009, 445, 448.

387 *Zimmer/Naendrup*, NJW 2009, 545, 546 f.

Antrag auf Eintragung und Änderung ihres Sitzes im Handelsregister abgelehnt wurde.[388] Die Vorschrift des § 12 Abs. 1 KStG knüpft allerdings nicht an eine Auflösung der Gesellschaft an, sondern greift unabhängig davon bei Ausschluss oder Beschränkung des Besteuerungsrechts der Bundesrepublik Deutschland, d.h. wie oben dargelegt insbesondere bei der Verlagerung bzw. Überführung von Wirtschaftsgütern ins Ausland infolge einer entsprechenden Verwaltungssitzverlegung.[389]

bb) Rechtfertigung der Beschränkung

Zu prüfen bleibt jedoch, ob die genannten Beschränkungen den oben dargelegten Rechtfertigungsanforderungen des Europäischen Gerichtshofs genügen.

α) Auswirkungen auf die Haushaltslage

Insoweit kann zunächst festgehalten werden, dass allein der fiskalische Zweck, Steuerausfälle zu verhindern, keinen zwingenden Grund des Allgemeininteresses darstellt, der für sich genommen eine Beschränkung der Niederlassungsfreiheit rechtfertigt (s. schon unter Drittes Kapitel C.III.2.a)dd)).

β) Erschwerte Sachaufklärung

Zu denken wäre ferner an den Rechtfertigungsgrund der wirksamen Steueraufsicht und -kontrolle. Wie bereits oben (Drittes Kapitel C.III.2.b)aa)) angedeutet, ist jedoch hier neben der Beitreibungsrichtlinie insbesondere die Amtshilferichtlinie zu beachten. Insoweit ist schon nicht ersichtlich, dass diese völlig ungeeignet ist, die nationalen Kontrollen zu ermöglichen. Zudem sind in diesem Zusammenhang auch die Auskunftsklauseln der DBAs zu berücksichtigen.

---

388 Deshalb hatte der EuGH nach seiner Gedankenführung auch keinerlei Anlass, sich in der Cartesio-Entscheidung mit seinem Urteil in der Rechtssache de Lasteyrie du Saillant zu befassen. In Cartesio war bereits der Anwendungsbereich der Niederlassungsfreiheit nicht eröffnet, so dass der EuGH zur Frage der Beschränkung gar nicht mehr kam. Hingegen musste bei de Lasteyrie du Saillant eine Beschränkung der unstreitig anwendbaren Niederlassungsfreiheit geprüft werden, s. *Zimmer/Naendrup*, NJW 2009, 545, 546, 547. Dieses Verständnis bestätigend dann auch EuGH, Urt. v. 29.11.2011 – C-371/10, DStR 2011, 2334 Rn. 28, 30-33 – National Grid Indus.

389 Auswirkungen auf die Wegzugsbesteuerung könnte die Cartesio-Entscheidung jedoch unter folgendem Gesichtspunkt haben: Wenn man davon ausgeht, dass nach der Cartesio-Entscheidung auch eine Satzungssitzverlegung (ohne die Rechtsfolge der Auflösung bzw. Liquidation) zulässig sein muss, könnte dies dafür sprechen, dass dann auch die Wegzugsbesteuerung mit einer zwangsweisen Auflösung der stillen Reserven europarechtlich nicht zulässig ist, s. hierzu *Campos Nave*, BB 2009, 870, 872. Zu berücksichtigen ist allerdings, dass dies der Cartesio-Entscheidung allenfalls für den Fall des Wegzugs mit dem Ziel einer Umwandlung in eine Zuzugsstaatgesellschaft entnommen werden kann (s. hierzu auch schon unter Drittes Kapitel D.IV.2., Fn. 230). Im Übrigen ist die Lösung dieses Problems wohl in erster Linie auf gesellschaftsrechtlicher Ebene zu suchen, die Rechtsfolgen des § 12 Abs. 1 KStG sind nicht automatisch allein an die Satzungssitzverlegung geknüpft.

γ) Vermeidung von Steuermissbräuchen und -umgehungen

Möglicherweise kommt jedoch eine Rechtfertigung der Regelung unter dem Gesichtspunkt der Vermeidung von Steuerumgehung bzw. -missbrauch in Betracht. Problematisch erscheint insoweit, dass § 12 Abs. 1 KStG es zwar auch verhindert, dass Kapitalgesellschaften zeitweilig oder kurz vor ihrer geplanten Liquidation ins Ausland „umziehen", um dort ihre stillen Reserven zu realisieren und dann zu für sie günstigeren Konditionen zu versteuern als in Deutschland. Allerdings zielte und zielt diese Regelung nicht darauf ab, allein derartige die Niederlassungsfreiheit gleichsam missbrauchende Umzüge auszuschalten. Vielmehr erfasst § 12 Abs. 1 KStG beispielsweise auch dauerhafte Umzüge ins Ausland und solche, die jedenfalls nicht ausschließlich steuerlich motiviert sind und damit nicht nur zur Vermeidung einer deutschen Besteuerung erfolgen. Die Vorschrift ist damit gerade nicht auf missbräuchliche Umgehungen beschränkt. Entsprechend der oben (Drittes Kapitel C.III.2.b)bb)) erläuterten eingeschränkten Akzeptanz dieses Rechtfertigungsgrundes ist § 12 Abs. 1 KStG daher zu typisierend und pauschal ausgestaltet und muss folglich im Rahmen der Verhältnismäßigkeit an der Erforderlichkeit scheitern.

δ) Kohärenzargument

Bei der Schlussbesteuerung steht jedoch auch nicht die Frage des Missbrauchs (die bei der de Lasteyrie du Saillant-Entscheidung eine entscheidende Rolle spielte), sondern die der Kohärenz im Vordergrund, nämlich die Frage, ob ein Mitgliedstaat, der durch Besteuerungsverzicht zur Erwirtschaftung stiller Reserven beigetragen hat, diese bei Wegzug besteuern darf.[390] Möglicherweise könnte aus dieser Überlegung heraus in Fällen bereits entstandener Steueransprüche – zu denen neben den im Zeitpunkt des Wegzugs bereits erzielten Einkünften eben auch „verstrickte" stille Reserven oder Rückstellungen bzw. Rücklagen gehören können, die aus Anlass des Wegzugs dann berücksichtigungsfähig sind, wenn es andernfalls zu einer ungerechtfertigten Steuerbefreiung käme – das Niederlassungsfreiheitsrecht (gerechtfertigterweise) einzuschränken sein.[391]

Wie oben bereits dargelegt, kommt eine Rechtfertigung über das Kohärenzargument dann in Betracht, wenn die in Frage stehende Regelung zugleich Teil einer Gesamtregelung ist, die eine Verbindung von steuerlichen Vorteilen und steuerlichen Nachteilen (für ein und dieselbe Person) dergestalt enthält, dass zwischen nach- und vorteilhafter Regelung ein direkter, zur Erhaltung der Kohärenz im Steuersystem des Mitgliedstaates erforderlicher Zusammenhang besteht. Dabei kann die Sicherung der Besteuerung solcher stiller Reserven, die während der unbeschränkten Steuerpflicht im Inland angesammelt wurden, als Teilaspekt der Kohärenz angesehen werden und auch für sich genommen ein legitimes Allgemeininteresse darstellen.[392]

390 S.a. *Hofmeister*, in: FS Wassermeyer, S. 437, 445; *Schindler*, IStR 2004, 300, 305. Diesen Punkt lassen *Kleinert/Probst*, DB 2004, 673-675, völlig außer acht.

391 *Wagner*, GmbHR 2003, 684, 692; S.a. *Schindler*, IStR 2004, 300, 305.

392 *Schindler*, IStR 2004, 300, 305; *Schwenke*, DStZ 2007, 235, 242.

Bezogen auf § 12 Abs. 1 KStG lässt sich insoweit zunächst sagen, dass er als allgemeiner körperschaftsteuerlicher Entstrickungstatbestand eine zentrale Rolle innerhalb der im Zuge des SEStEG systematisch zusammengefassten und fortentwickelten Entstrickungsregelungen einnimmt. Die Vorschrift ist Teil des Gesamtregelungskomplexes zur steuerlichen Erfassung und Sicherstellung von Gewinnen, die auf Wertsteigerungen von Wirtschaftsgütern des Betriebsvermögens während der Ansässigkeit in Deutschland beruhen; dem Ganzen liegt das Realisationsprinzip zugrunde. Dieses Realisationsprinzip ist im deutschen Recht zum einen in § 5 Abs. 1 S. 1 EStG in Verbindung mit dem handelsrechtlichen Normensystem der Grundsätze ordnungsgemäßer Buchführung (vgl. § 252 Abs. 1 Nr. 4 2. HS HGB) verankert, zum anderen ist es aber auch durch das Grundprinzip der Besteuerung nach der wirtschaftlichen Leistungsfähigkeit und durch das Übermaßverbot spezifisch steuerrechtlich legitimiert.[393] Es bedeutet, dass nur realisierte Gewinne ausgewiesen bzw. besteuert werden, bloße Wertsteigerungen ruhender Vermögensgegenstände jedoch nicht, so dass sich bis zum Realisationszeitpunkt eben die stillen Reserven bilden.[394] So wird sowohl dem Leistungsfähigkeitsprinzip Rechnung getragen, das stets Liquidität für die Steuerzahlung voraussetzt, wie auch dem Übermaßverbot, das eine vorsichtige Besteuerung und damit eine Besteuerung nur des liquiden Einkommens gebietet. Das Realisationsprinzip führt jedoch lediglich zu einer zeitlichen Einschränkung, zu einem Aufschub der Besteuerung. Es stellt damit die Kehrseite der Regelung dar, dass Wertsteigerungen des Betriebsvermögens grundsätzlich mit dem Zeitpunkt der Realisierung der Besteuerung unterliegen. Somit besteht ein direkter Zusammenhang im oben genannten Sinne zwischen dem Aufschub der Besteuerung der Wertsteigerungen und der Pflicht zur Ausweisung und Versteuerung realisierter Wertsteigerungen als Gewinn; die vorübergehende Nichtbesteuerung korrespondiert mit der späteren Besteuerung.

Es lässt sich also festhalten, dass § 12 Abs. 1 KStG Bestandteil einer kohärenten Regelung ist.[395]

Damit der beschriebene Zusammenhang auch gewahrt bleibt, wird durch § 12 Abs. 1 KStG als Ersatzrealisationstatbestand sichergestellt, dass eine der unbeschränkten Körperschaftsteuerpflicht unterliegende Kapitalgesellschaft nicht den Aufschub der Besteuerung der Wertsteigerungen für sich in Anspruch nimmt, ohne sich jedoch dann durch einen grenzüberschreitenden Umzug der Pflicht zur Versteuerung der Wertsteigerungen zu entziehen. Der Erhalt dieser Kohärenz stellt ein legitimes und nach dem derzeitigen Stand des Gemeinschaftsrechts europarechtskonformes Ziel dar, das zur Rechtfertigung einer Beschränkung der Niederlassungsfreiheit herangezogen werden kann.

Unterstützend kann im Hinblick auf die Gesetzesbegründung[396] zudem der Aspekt der Aufteilung der Besteuerungsbefugnis angeführt werden, der im in-

393 *Hennrichs*, in: Tipke/Lang, Steuerrecht, § 9 Rn. 89, 401-403, 410; *Schaumburg*, StuW 2000, 369, 373; *Schaumburg/Schaumburg*, StuW 2005, 306, 312.

394 *Birk*, Steuerrecht, Rn. 831, 902 f.; *Hennrichs*, in: Tipke/Lang, Steuerrecht, § 9 Rn. 89, 401, 410.

395 So auch *Eickmann*, Der Wegzug von Kapitalgesellschaften im Steuerrecht, S. 191.

396 BT-Drucks. 16/2710, S. 26.

soweit vergleichbaren Urteil N und in der Rechtssache National Grid Indus zur Rechtfertigung diente.[397]

cc) Zwischenergebnis

Es lässt sich also festhalten, dass die Niederlassungsfreiheit es einem Mitgliedstaat (hier der Bundesrepublik Deutschland) grundsätzlich nicht verwehrt, im Falle des Umzugs einer Kapitalgesellschaft und der damit einhergehenden Verlagerung von Wirtschaftsgütern in einen anderen Mitgliedstaat die stillen Reserven der Gesellschaft aufzudecken und als Teil des Gewinns zu besteuern, soweit dies zum Erhalt der Kohärenz im nationalen Steuersystem notwendig ist.

b) Zudem: Besteuerung der stillen Reserven der Höhe nach

Problematisch erscheint ferner, wie es europarechtlich zu bewerten ist, dass die Schlussbesteuerung nach § 12 Abs. 1 KStG die im Zeitpunkt des Umzugs vorhandenen stillen Reserven erfasst und folglich der Verlegungsgewinn durch nach dem Umzug eintretende Wertminderungen nicht mehr beeinflusst wird.

Dabei ließe sich einerseits anführen, dass eine Abgrenzung zwischen der Besteuerungshoheit des Wegzugsstaates und der des Zuzugsstaates zu erfolgen hat und dass aufgrund dieser Abgrenzung die nach dem Umzug eintretenden Wertveränderungen der Steuerhoheit des Zuzugsstaates unterliegen.[398] Aus dieser Erwägung in Verbindung mit dem Zweck des § 12 Abs. 1 KStG ergäbe sich, dass nach dem Umzug neben den eingetretenen Werterhöhungen auch die Wertminderungen lediglich im Zuzugsstaat zu berücksichtigen sind.

Andererseits kann argumentiert werden, der deutsche Staat sei aufgrund der Wirkung der Grundfreiheiten nur berechtigt, die zum späteren Zeitpunkt tatsächlich realisierten stillen Reserven zu besteuern.[399] Anderenfalls käme es zu einer im Vergleich zum Inlandsfall überhöhten Besteuerung, die wiederum ihrerseits europarechtlich unzulässig wäre.

Durch den AEU-Vertrag selbst ist diese Frage wohl ebenso wenig beantwortet[400] wie lange Zeit durch die Rechtsprechung des Europäischen Gerichtshofs.[401] Zwar könnte man die im Urteil N getroffene Aussage, ein System könne nur

397 Vgl. EuGH, Urt. v. 29.11.2011 – C-371/10, DStR 2011, 2334 Rn. 46, 80 – National Grid Indus; s.a. Urt. v. 12.07.2012 – C-269/09, BeckRS 2012, 81443 Rn. 78 – Kommission./.Königreich Spanien.

398 *Stein*, Doppelt ansässige Kapitalgesellschaften, S. 106-110; Blümich/*Hofmeister* § 12 KStG Rn. 27; *ders.*, in: FS Wassermeyer, S. 437, 446 f.; *Dörfler/Ribbrock*, BB 2008, 304, 308.

399 *Eickmann*, Der Wegzug von Kapitalgesellschaften im Steuerrecht, S. 130; *Körner*, IStR 2009, 741, 743; *Schnitger*, BB 2004, 804, 813. S. ferner *Schindler*, IStR 2004, 300, 309.

400 Dazu, dass sich dem europäischen Primärrecht keine Aussagen zu einer zwischenstaatlichen Verteilungsgerechtigkeit entnehmen lassen, s. *Hey*, in: FS Schaumburg, S. 767, 773.

401 S. nunmehr aber die Entscheidung des EuGH in der Rechtssache National Grid Indus (Urt. v. 29.11.2011 – C-371/10, DStR 2011, 2334). Zur Besonderheit des grenzüberschreitenden Besteuerungssachverhalts als Dreiparteienverhältnis und den damit zusammenhängenden Problemen des EuGH, verbindliche Aussagen zur Verteilungsgerechtigkeit zwischen den Mitgliedstaaten zu treffen, s. *Hey*, StuW 2004, 193, 198.

dann als verhältnismäßig angesehen werden, wenn es Wertminderungen, die möglicherweise nach der Verlegung des (Wohn-)Sitzes eingetreten sind, vollständig berücksichtige, soweit diese nicht bereits im Aufnahmemitgliedstaat berücksichtigt worden seien,[402] im Sinne des letzteren Ansatzes deuten.[403] Klar ist damit aber lediglich, dass einer der beiden beteiligten Staaten die Wertminderungen berücksichtigen muss, denn dem Steuerpflichtigen darf die Nutzung der Niederlassungsfreiheit nicht zu dem Nachteil gereichen, dass Wertsteigerungen in größerem Umfang besteuert werden als im Falle der Beibehaltung des Wohnsitzes. Eine Entscheidung, wer primär zur Berücksichtigung nachträglicher Wertminderungen verpflichtet ist, hat der Europäische Gerichtshof bei genauer Betrachtung hingegen gerade nicht getroffen.

In seinem wenige Monate später ergangenen Urteil in der Rechtssache Test Claimants in Class IV of the ACT Group Litigation[404] scheint der Gerichtshof vielmehr in die andere Richtung zu tendieren. Den Ausführungen insbesondere in Rn. 59 lässt sich – übertragen auf die Wegzugsbesteuerung – entnehmen, dass der Gerichtshof es tendenziell ablehnt, von dem Wegzugsstaat zu verlangen, dafür zu sorgen, dass es bei Realisierung der stillen Reserven im Zuzugsstaat nicht zu einer Mehrbelastung kommt. Dies deshalb, weil ansonsten letztlich der Wegzugsstaat auf sein Recht zur Besteuerung eines Einkommens, das durch eine in seinem Hoheitsgebiet ausgeübte wirtschaftliche Tätigkeit erzielt wurde, verzichten müsste. Genauso wie Wertsteigerungen nach Überführung des Wirtschaftsguts auf einer wertschöpfenden Tätigkeit der ausländischen (Stammhaus-)Betriebsstätte beruhen, sind regelmäßig auch Wertminderungen der Tätigkeit der (Stammhaus-)Betriebsstätte im Hoheitsgebiet des anderen EU-Staates zuzurechnen. Dies entspricht auch am ehesten dem Territorialitätsprinzip bzw. einer ausgewogenen Aufteilung der Besteuerungsbefugnis.[405]

Es ist daher überzeugend, in erster Linie den Zuzugsstaat in der Pflicht zu sehen, die dort herbeigeführten Wertverluste im Rahmen der unbeschränkten Steuerpflicht zu berücksichtigen. Im entscheidenden Zeitpunkt des steuerlichen Zugriffs ist er der Staat, der abkommensrechtlich nach dem Welteinkommensprinzip besteuert und in dem – nach entsprechender „Beendigung" der unbeschränkten Steuerpflicht im Wegzugsstaat – die Wertminderungen erst entstanden sind. Deutschland als dieser Wegzugsstaat besteuert aufgrund der sog. „tie breaker rule" der jeweiligen DBA wie ein Quellenstaat nur noch ein spezielles auf seinem Hoheitsgebiet entstandenes Steuersubstrat.

An dieser Stelle primär den Zuzugsstaat im Blick zu haben, gilt vor allem vor dem Hintergrund, dass Kapitalgesellschaften im Ausland bilanzieren müssen;[406]

---

402 EuGH, Urt. v. 07.09.2006 – C-470/04, Slg. I-7409 Rn. 37, 54 – N.

403 Vgl. hierzu auch § 6 Abs. 6 S. 1 AStG n.F., der bestimmt, dass zwischen Festsetzung und Realisierung entstandene Wertminderungen berücksichtigt werden, soweit diese nicht bereits im Zuzugsstaat steuerlich geltend gemacht werden konnten.

404 EuGH, Urt. v. 12.12.2006 – C-374/04, Slg. I-11673 – Test Claimants in Class IV of the ACT Group Litigation.

405 Allgemein zur Aufteilung der Besteuerungsrechte und dem „quellentheoretischen Ansatz" des EuGH s. die Analyse von *Hey*, in: FS Schaumburg, S. 767, insbes. 774-791.

406 *Stein*, Doppelt ansässige Kapitalgesellschaften, S. 107 f.

das Wirtschaftsgut ist im Zuzugsstaat regelmäßig mit dem gemeinen Wert in der Eröffnungsbilanz anzusetzen, d.h. der Wegzug hat eine Anhebung des in Deutschland bilanzierten Buchwerts zur Folge. Es bleibt daher im Zuzugsstaat nicht ohne Auswirkung, wenn sich im Zuge des Realisationsakts zeigt, dass das betreffende Wirtschaftsgut in der Eröffnungsbilanz des Zuzugsstaates zu hoch bewertet wurde. Ein solcher im Zuzugsstaat entstandener Buchverlust kann dort zu einer Steuerminderung führen. Es besteht mithin die Möglichkeit einer umfassenden Berücksichtigung der Buchverluste durch die Kapitalgesellschaft im Zuzugsstaat, so dass keine Schlechterstellung aus Sicht der steuerpflichtigen Kapitalgesellschaft vorliegt.

Für die Nichtberücksichtigung nachträglicher Wertminderungen spricht zudem auch die Gefahr einer doppelten Verlustberücksichtigung in Fällen, in denen das Wirtschaftsgut im Zuzugsstaat nicht mit dem Buchwert, sondern dem gemeinen Wert angesetzt wird.[407]

Die Niederlassungsfreiheit verlangt nach alledem also nicht, dass Deutschland die im Zeitpunkt der Wegzugsbesteuerung bestehenden Reserven nur insoweit erfassen darf, als sie später auch realisiert worden sind.[408] Die Besteuerung der im Entstrickungszeitpunkt vorhandenen Reserven ist europarechtlich zulässig.

c) Zudem: Besteuerungszeitpunkt und Sicherheitsleistung

Schließlich ergeben sich unter grundfreiheitsrechtlichen Gesichtspunkten Zweifel im Hinblick gerade auf die sofortige Besteuerung stiller Reserven bzw. im Hinblick auf die Stundungsregelung zu den sich aus der Besteuerung der stillen Reserven ergebenden Steueransprüchen und die Frage der Sicherheitsleistung.

Der Gesetzgeber hat darauf verzichtet, eine dem § 6 AStG vergleichbare Stundungsregelung für die betriebliche Wegzugsbesteuerung einzuführen. Auch der Verweis auf § 4g EStG und die dort geregelte Option der ratierlichen Auflösung der jeweiligen stillen Reserven durch Bildung eines Ausgleichspostens gilt – wie oben gezeigt – nur für einen speziellen Entstrickungsfall und greift daher für den Fall der Überführung von Wirtschaftsgütern infolge Sitzverlegung nicht. Hinzu kommt, dass damit nur eine geringe Barwertreduzierung der Belastung aus dem vorzeitigen Besteuerungszugriff bewirkt wird und die Ausgestaltung der Ausnahmeregelung sich nicht an den wirtschaftlichen Realitäten orientiert.

---

407 Hierzu *Stein,* Doppelt ansässige Kapitalgesellschaften, S. 108 f. Zur Lösung von Problemen bei Uneinheitlichkeit des gemeinen Werts in Weg- und Zuzugsstaat infolge von Bewertungsunterschieden schlägt er im Sinne einer europarechtskonformen Regelung schließlich vor, dass der Zuzugsstaat in Konfliktfällen die Ansätze des gemeinen Werts des Wegzugsstaates übernimmt (S. 109 f.). In diesem Zusammenhang auch *Kessler/Philipp,* DStR 2012, 267, 271 im Zuge der National Grid Indus-Entscheidung (EuGH, Urt. v. 29.11.2011 – C-371/10, DStR 2011, 2334).

408 In diesem Sinne dann auch EuGH, Urt. v. 29.11.2011 – C-371/10, DStR 2011, 2334 Rn. 51-64 – National Grid Indus, der dabei auch zwischen Feststetzung und Fälligkeit der Steuer differenziert. Ausführlich zu verschiedenen Konzepten einer europarechtskonformen Abgrenzung der Besteuerungsrechte von Wegzugs- und Zuzugsstaat *Kessler/Huck/Obser/Schmalz,* DStZ 2004, 855, 862-867.

Im betrieblichen Bereich bleibt es daher bei der Sofortbesteuerung. Damit kommt eine Stundung der Steueransprüche weiterhin nur auf Antrag unter den Voraussetzungen des § 222 AO in Betracht. Dieser gestundete Steueranspruch ist regelmäßig mit 6 v. H. pro Jahr zu verzinsen (§§ 233, 234, 238 Abs. 1 AO), ferner wird die Stundung grundsätzlich nur gegen Sicherheitsleistung gewährt.[409]

Im Hinblick auf eine mögliche Rechtfertigung über die Wirksamkeit der steuerlichen Kontrolle ist vorab festzustellen, dass das Argument des Gesetzgebers, ein der Regelung des § 6 AStG n.F. entsprechendes Stundungsmodell sei zu schwierig umzusetzen bzw. nicht administrierbar und führe zu erheblichen Schwierigkeiten bei der Steuererhebung[410], vor dem EuGH – insbesondere im Hinblick auf die Amtshilfe- und Beitreibungsrichtlinie – keinen Bestand haben wird. Daran ändern auch mögliche faktische Anwendungsschwierigkeiten in der Praxis nichts, denn die Sicherstellung einer funktionierenden Zusammenarbeit obliegt allein den Mitgliedstaaten und kann eine Rechtfertigung nicht begründen.

Ein Blick auf die – nur ergänzend heranzuziehende – Fusionsrichtlinie[411] zeigt, dass die Rechtsfolge eines Besteuerungsaufschubs im Sinne eines „Einfrierens" der bis vor dem Wegfall des Besteuerungsrechts gelegten stillen Reserven durch Fortführen der Buchwerte im Rahmen einer steuerlichen Betriebsstätte eine weit weniger einschneidende Maßnahme darstellt als die sofortige Besteuerung.

Bezüglich der Stundungsproblematik könnte man zunächst daran denken, dass es im Verhältnis zu einer Nichtgewährung bzw. zu einer nur verzinslichen Stundung ein milderes, aber gleich geeignetes Mittel darstellen könnte, die Steuer zunächst nur vorläufig festzusetzen und dabei die Stundung mit der auflösenden Bedingung zu verknüpfen, dass die Steuer im Veräußerungsfall, also im Fall des Ausscheidens des jeweiligen Wirtschaftsguts aus dem Betriebsvermögen, sofort fällig wird.[412] Jedoch zieht dies für den Steuerpflichtigen Melde-, Dokumenta-

---

409 Vgl. zudem den durch das JStG 2010 eingeführten § 36 Abs. 5 EStG, der auf Antrag eine zinslose gleichmäßig auf fünf Jahre verteilte Ratenzahlung der aus der Sofortversteuerung resultierenden Belastung ermöglicht. Nach *Mitschke*, IStR 2012, 6, 9, dürfte dies allerdings ggf. schon ausreichen, um einer europarechtlichen Überprüfung unter Verhältnismäßigkeitsgesichtspunkten standzuhalten. A.A. zu Recht z.B. *Hennrichs*, in: Tipke/Lang, § 9 Rn. 477; *Hey*, ebda, § 11 Rn. 102; § 13 Rn. 154; *Beutel/Rehberg*, IStR 2012, 94, 95 f.; *Thömmes/Linn*, IStR 2012, 282, 283 f.; auch (jedenfalls bzgl. der derzeitigen Fassung) *Hahn*, BB 2012, 681, 686 f.

410 BT-Drucks. 16/2710, S. 26.

411 Richtlinie 90/434/EWG des Rates vom 23. Juli 1990 über das gemeinsame Steuersystem für Fusionen, Spaltungen, Abspaltungen, die Einbringung von Unternehmensteilen und den Austausch von Anteilen, die Gesellschaften verschiedener Mitgliedstaaten betreffen, sowie für die Verlegung des Sitzes einer Europäischen Gesellschaft oder einer Europäischen Genossenschaft von einem Mitgliedstaat in einen anderen Mitgliedstaat, ABl. Nr. L 225 v. 20.08.1990, S. 1, zuletzt geändert bzw. aufgehoben und ersetzt durch Art. 17 ÄndRL 2009/133/EG vom 19.10.2009, ABl. Nr. L 310 v. 25.11.2009, S. 34. Ergänzend sei angemerkt, dass die Regelung des § 12 Abs. 1 KStG weitgehend der Regelung des Art. 10b Fusionsrichtlinie entspricht, jedoch teilweise darüber hinausgeht. Beispielsweise gilt letzterer nur für die Sitzverlegung einer SE bzw. SCE, § 12 Abs. 1 KStG greift aber eben auch beim Wegzug in- und ausländischer Kapitalgesellschaften.

412 So für § 6 AStG diskutiert bei *Thömmes*, JbFStR 1997/98, 90, 95.

tions- und Erklärungspflichten von ggf. erheblichem Umfang nach sich. Eine solche Mitwirkung im Sinne einer jährlichen formlosen Erklärung mag zwar im Falle des § 6 AStG, bei dem dann Auskunft über den Verbleib der Beteiligung zu erteilen wäre, auch als noch verhältnismäßig erscheinen.[413] Im Falle des § 12 Abs. 1 KStG wäre die Erfüllung solcher Erklärungs- und auch Kontrollpflichten jedoch erheblich aufwendiger, müsste doch ggf. das Schicksal sehr vieler Wirtschaftsgüter über lange Zeiträume hinweg verfolgt werden. Hinzu kommt, dass gerade bei stillen Reserven, die in selbstgeschaffenen immateriellen Wirtschaftsgütern ruhen, oftmals eine Kontrolle ihrer weiteren Existenz gar nicht oder nur mit unverhältnismäßigem Aufwand durchgeführt werden kann.[414] Die Europäische Kommission schlägt zwar – nicht zuletzt in Anwendung des Ansatzes des Europäischen Gerichtshofs in der Entscheidung N[415] – auch für Unternehmen eine Unterrichtungspflicht in der Form vor, dass der Steuerpflichtige zum Zeitpunkt der Verbringung von Wirtschaftsgütern in einen anderen Mitgliedstaat eine Steuererklärung einreichen muss, in der er die „Nicht-Veräußerung" des Wirtschaftsgutes bestätigt; ferner eine einfache jährlich abzugebende Erklärung, aus der sich ergibt, dass seine Betriebsstätte in dem anderen Mitgliedstaat weiterhin im Besitz des dorthin verbrachten Wirtschaftsguts ist, zusammen mit einer Mitteilung zum Zeitpunkt der tatsächlichen Veräußerung bzw. der Verbringung des Wirtschaftsguts in einen Drittstaat.[416] In Anbetracht der vorangegangenen Ausführungen erscheint eine so „einfache" Umsetzung jedoch zweifelhaft. Sollte der Erklärungsaufwand erwartungsgemäß höher sein, wäre in diesem Ansatz (der darüber hinaus auch möglicherweise für sich genommen unverhältnismäßig wäre) also nicht unbedingt ein relativ milderes Mittel zu sehen.[417]

Für diesen Fall kommt jedoch als weitere Alternative eine großzügige an die Stundung angelehnte Regelung in Betracht, wonach die Steueransprüche, die sich aus der Besteuerung der stillen Reserven ergeben, automatisch langfristig zinslos gestundet werden und den Steuerpflichtigen ggf. ein Wahlrecht zugestanden wird, die Ansprüche jederzeit unter Abzug von Zwischenzinsen zu tilgen.[418] Eine solche Ausgestaltung würde ein jedenfalls zunächst unter Verhältnis-

413 *Schindler*, IStR 2004, 300, 309.

414 *Hofmeister*, in: FS Wassermeyer, S. 437, 448. Auch *Schnitger*, BB 2004, 804, 813 sieht hier nur einen sehr engen Spielraum. Kritisch ferner *Stein*, Doppelt ansässige Kapitalgesellschaften, S. 110 f., 112.

415 EuGH, Urt. v. 07.09.2006 – C-470/04, Slg. I-7409 Rn. 49 – N.

416 Mitteilung der Kommission an den Rat, das Europäische Parlament und den Europäischen Wirtschafts- und Sozialausschuss, Wegzugsbesteuerung und die Notwendigkeit einer Koordinierung der Steuerpolitiken der Mitgliedstaaten, KOM 2006 (825) endg.

417 Dies sieht auch der Europäische Gerichtshof in seiner Entscheidung National Grid Indus (Urt. v. 29.11.2011 – C-371/10, DStR 2011, 2334 Rn. 71-73), verweist dann aber auf ein Wahlrecht zwischen Sofortbesteuerung und Besteuerungsaufschub als relativ milderes Mittel (s. hierzu auch Fn. 418).

418 So *Hofmeister*, in: FS Wassermeyer, S. 437, 448. Dies ist weitergehend als ein Alternativvorschlag der Kommission, wonach ein Wahlrecht dahingehend eingeräumt werden kann, auf den Zahlungsaufschub zu verzichten und die Steuer zum Zeitpunkt der Verbringung zu zahlen (Sofortversteuerung), s. Mitteilung der Kommission an den Rat, das Europäische Parlament und den Europäischen Wirtschafts- und Sozialausschuss, Wegzugsbe-

mäßigkeitsgesichtspunkten relativ milderes Mittel darstellen, dürfte dann aber auch für sich genommen einer europarechtlichen Überprüfung standhalten.[419] Dabei bietet sich im Sinne eines reduzierten Nachweiserfordernisses ein Nichtrealisierungsnachweis durch Vorlage des im EU-Zuzugsstaat anzufertigenden Jahresabschlusses an.[420]

Als relativ milderes und gleichzeitig vorzugswürdiges Mittel kommt darüber hinaus eine Umsetzung des späteren Steuerzugriffs dergestalt in Betracht, dass unter Nutzung der Beitreibungsrichtlinie in Anlehnung an die Betriebsstättenverwaltungsgrundsätze bezüglich der entstrickten Wirtschaftsgüter beim Wegzug der Gesellschaft ein passiver Ausgleichsposten in der Bilanz der Gesellschaft gebildet wird (Merkpostenmethode).[421] Damit würde dann zunächst kein steuerpflichtiger Gewinn entstehen. Sobald aber das Wirtschaftsgut im Ausland

---

steuerung und die Notwendigkeit einer Koordinierung der Steuerpolitiken der Mitgliedstaaten, KOM 2006 (825) endg. Für ein solches Wahlrecht auch *Stein,* Doppelt ansässige Kapitalgesellschaften, S. 104 f.; *Eickmann/Stein,* DStZ 2007, 723, 729.

Vgl. aber auch *Schwenke,* DStZ 2007, 235, 246 f., der unter Berücksichtigung der de Lasteyrie du Saillant-Entscheidung hier gerade die Sofortbesteuerung als europarechtskonform ansieht, da das Ziel der Sicherstellung der stillen Reserven mit einer aufgeschobenen Besteuerung nicht erreicht werden könne.

419 Zur Lösung bzw. Vermeidung von Folgeproblemen wie Doppelbesteuerung oder ungewollter Nichtbesteuerung, die aus der mangelnden Konformität bzw. Abstimmung der Regelungen zwischen den Mitgliedstaaten resultieren, müssen diese Mechanismen und Leitlinien entwickeln. Zu möglichen Zweifelsfragen s. a. *Rödder,* IStR 2005, 297, 298 f.; vgl. ferner die Mitteilung der Kommission an den Rat, das Europäische Parlament und den Europäischen Wirtschafts- und Sozialausschuss, Wegzugsbesteuerung und die Notwendigkeit einer Koordinierung der Steuerpolitiken der Mitgliedstaaten, KOM 2006 (825) endg.

420 So vorgeschlagen von *Stein,* Doppelt ansässige Kapitalgesellschaften, S. 112 f.
Körner, IStR 2009, 741, 742 f., 745, 746 f.; *ders.,* IStR 2010, 208 f., *ders.,* IStR 2011, 527, 530, sieht in der Sofortversteuerung zwar ebenfalls einen Verstoß gegen die europarechtlichen Vorgaben (zuletzt auch mit Hinweis auf einen Aussetzungsbeschluss des FG Rheinland-Pfalz, IStR 2011, 308, im Hinblick auf die Europarechtskonformität der Sofortversteuerung bei Sitzverlegung einer SE; a.A. *Mitschke,* IStR 2011, 294, 296-298), hielt die Regelung des § 12 Abs. 1 KStG (SEStEG) aber für einer europarechtskonformen Auslegung zugänglich: Die Vorschrift sei dahingehend zu interpretieren, dass bei EU-Sachverhalten weder ein Verlust noch eine Beschränkung des deutschen Steuerrechts geboten sei, um beim Transfer stiller Reserven in der EU dem europarechtlich vorgegebenen Recht auf Buchwertfortführung bzw. auf Steuerneutralität des Vorgangs gerecht zu werden. Infolge der Änderungen komme eine solche europarechtskonforme Interpretation des § 12 Abs. 1 KStG in der Fassung nach dem JStG 2010 im Hinblick auf die Wortlautgrenze jedoch nun nicht mehr in Betracht, *Körner,* IStR 2011, 527, 531; *ders.,* IStR 2012, 1, 4 (a.A. *Mitschke,* IStR 2012, 6, 10). Die Möglichkeit einer EU-konformen Auslegung sah auch *Köhler,* in: FS Schaumburg, S. 828-833, allerdings ebenfalls für § 12 Abs. 1 KStG (SEStEG) und gerade unter Berücksichtigung der BFH-Entscheidung zur Aufgabe der finalen Entnahmetheorie. S.a. unter Fünftes Kapitel B.I.1.a)bb).

421 *Eickmann,* Der Wegzug von Kapitalgesellschaften im Steuerrecht, S. 131; *Engert,* in: Eidenmüller, Ausländische Kapitalgesellschaften im deutschen Recht, § 8 Rn. 118; S.a. *Beinert/Werder,* DB 2005, 1480, 1486; *Thömmes,* JbFStR 1997/98, 90, 94; angesprochen auch bei *Blumenberg/Lechner,* BB-Special 8/2006, 25, 28; *Köhler,* in: FS Schaumburg, S. 813, 827; *Werra/Teiche,* DB 2006, 1455, 1457.

veräußert wird, kommt es zur erfolgswirksamen Auflösung dieses Passivpostens und folglich zur Ausweisung des realisierten Gewinns.

Die Verhältnismäßigkeit der ihrerseits beschränkende Wirkung entfaltenden Sicherheitsleistung im Falle der Wegzugsbesteuerung ist ebenfalls vor dem Hintergrund der Amtshilfe- und insbesondere der Beitreibungsrichtlinie, wonach auch die Verpflichtung zur Vollstreckungshilfe im Bereich der Einkommen- und Körperschaftsteuer besteht,[422] zu verneinen.[423] Dies hat der Europäische Gerichtshof bestätigt und das Erfordernis einer Sicherheitsleistung ebenfalls als unverhältnismäßig angesehen.[424]

Die Sofortversteuerung bzw. die Regelungen zu Stundung und Sicherheitsleistung halten daher einer europarechtlichen Überprüfung nicht stand.

d) Ergebnis

Im Ergebnis bleibt für § 12 Abs. 1 KStG festzuhalten, dass die Rechtsfolge der Besteuerung der stillen Reserven dem Grunde nach im Falle der Sitzverlegung zwar die Niederlassungsfreiheit im Sinne der Art. 49, 54 AEUV beschränkt, dass diese Beschränkung jedoch über den Gesichtspunkt der Kohärenz des Steuersystems gerechtfertigt werden kann. Auch ist es europarechtlich zulässig, dass bei der Schlussbesteuerung nach § 12 Abs. 1 KStG letztlich der Verlegungsgewinn durch nach dem Umzug eintretende Wertminderungen nicht mehr beeinflusst wird. Unverhältnismäßig und damit letztlich europarechtswidrig sind aber die Regelungen zur Sofortversteuerung bzw. zu Stundung und Sicherheitsleistung. Insofern sollte für die Zukunft eine automatische langfristige zinslose Stundung ohne Sicherheitsleistung oder eine Lösung über Ausgleichsposten erwogen werden.

---

422 S. die Richtlinie 2008/55/EG des Rates vom 26. Mai 2008 über die gegenseitige Unterstützung bei der Beitreibung von Forderungen in Bezug auf bestimmte Abgaben, Zölle, Steuern und sonstige Maßnahmen, ABl. EU Nr. L 150 v. 10.06.2008, S. 28, ausgedehnt durch die jetzige Richtlinie 2010/24/EU des Rates vom 16. März 2010 über die Amtshilfe bei der Beitreibung von Forderungen in Bezug auf bestimmte Steuern, Abgaben und sonstige Maßnahmen, ABl. EU Nr. L 84 v. 31.03.2010, S. 1.

423 S.a. *Eickmann*, Der Wegzug von Kapitalgesellschaften im Steuerrecht, S. 130; *Engert*, in: Eidenmüller, Ausländische Kapitalgesellschaften im deutschen Recht, § 8 Rn. 118; *Hey*, StuW 2004, 193, 200. Ferner *Hofmeister*, in: FS Wassermeyer, S. 437, 448; *Kessler/Huck/Obser/Schmalz*, DStZ 2004, 855, 858; *Lausterer*, DStZ 2004, 299, 302; *Schön*, IStR 2004, 289, 297; s. zudem *Schindler*, IStR 2004, 300, 309.

424 Vgl. nur EuGH, Urt. v. 07.09.2006 – C-470/04, Slg. I-7409 Rn. 51-53 – N. Fraglich ist allerdings, wie in diesem Zusammenhang die Aussagen der EuGH in der Rechtssache National Grid Indus zu verstehen sind (Urt. v. 29.11.2011 – C-371/10, DStR 2011, 2334 Rn. 73 f.). S. dazu überzeugend *Beutel/Rehberg*, IStR 2012, 94, 96, wonach hierin keine grundsätzliche Abkehr von der bisherigen Auffassung des EuGH zu sehen ist, und zudem *Körner*, IStR 2012, 1, 4; *Thömmes/Linn*, IStR 2012, 282, 285-288 einerseits und *Mitschke*, IStR 2012, 6, 9, insbes. 10 f.; *Hahn*, BB 2012, 681, 685 andererseits. Ferner *Kessler/Philipp*, DStR 2012, 267, 271 f. Vgl. zuletzt auch EuGH, Urt. v. 6.9.2012 – C-38/10, IStR 2012, 763 – Kommission./.Portugal, in dem der EuGH kein Wort mehr zu einer Sicherheitsleistung verliert.

C. Einkunftsart und Gewinnermittlung

Für die Bestimmung der Einkunftsart knüpft auch der durch das SEStEG neu gefasste § 8 Abs. 2 KStG an die Eigenschaft als Kapitalgesellschaft an. Mit der Anerkennung der Körperschaftsteuersubjektivität der EU-Scheinauslandsgesellschaft im Sinne des § 1 Abs. 1 Nr. 1 KStG ist die Frage nach der Art der von der doppelansässigen Kapitalgesellschaft erzielten Einkünfte folglich ebenfalls beantwortet. Denn gemäß § 8 Abs. 2 KStG sind bei unbeschränkt Steuerpflichtigen im Sinne des § 1 Abs. 1 Nr. 1 bis 3 KStG alle Einkünfte als Einkünfte aus Gewerbebetrieb zu behandeln. Damit hat sich die Frage nach der Anwendbarkeit des § 8 Abs. 2 KStG a.F. zwar erledigt und folglich auch die früher an dieser Stelle erforderliche Diskussion um die Buchführungspflicht nach deutschem Handelsrecht.[425]

Allerdings wird die Kontroverse um die Rechnungslegung der Scheinauslandsgesellschaft spätestens bei der Frage nach der Ermittlung der als gewerblich qualifizierten Einkünfte wieder relevant. Nach dem in § 5 Abs. 1 S. 1 Hs. 1 EStG (i.V.m. § 8 Abs. 1 KStG) weiterhin verankerten Maßgeblichkeitsgrundsatz ist bei Gewerbetreibenden, die aufgrund gesetzlicher Vorschriften verpflichtet sind, Bücher zu führen und regelmäßig Abschlüsse zu machen, oder die dies ohne eine solche Verpflichtung tun, für den Schluss des Wirtschaftsjahres das Betriebsvermögen anzusetzen, das nach den handelsrechtlichen Grundsätzen ordnungsgemäßer Buchführung auszuweisen ist (es sei denn, im Rahmen der Ausübung eines steuerlichen Wahlrechts wird oder wurde ein anderer Ansatz gewählt, § 5 Abs. 1 S. 1 Hs. 2 EStG).[426] Wegen der engen Verknüpfungen mit den Bilanzierungsvorschriften des HGB soll daher an dieser Stelle die Rechnungslegung der Scheinauslandsgesellschaft näher betrachtet werden.

---

425 Nach alter Rechtslage richtete sich die Qualifikation der Einkünfte als gewerblich danach, ob der Steuerpflichtige nach den Vorschriften des HGB zur Führung von Büchern in Deutschland verpflichtet war. Demnach war bereits im Rahmen der Anwendbarkeit des § 8 Abs. 2 KStG zu diskutieren, ob für die Scheinauslandsgesellschaft neben einem Abschluss nach den Vorschriften des Gründungsstaates zudem ein solcher nach HGB zu erstellen war. Damit verbunden war dann auch die Frage nach der steuerlichen Gewinnermittlung sowie nach der Art der Einkünfteermittlung.

426 Auch das Gesetz zur Modernisierung des Bilanzrechts (BilMoG) hält am Grundsatz der Maßgeblichkeit der Handelsbilanz für die Steuerbilanz (trotz zahlreicher Durchbrechungen) grundsätzlich fest, vgl. *Arbeitskreis Bilanzrecht der Hochschullehrer Rechtswissenschaft*, BB 2008, 152, 154; *dies.*, DB 2009, 2570, 2571; *Hennrichs*, in: FS Schmidt, S. 581, 587. S. auch BT-Drucks. 16/10067, S. 32, 34, 124.

Exkurs: Die Rechnungslegung der Scheinauslandsgesellschaft

Einzugehen ist dabei zunächst auf die erste Alternative des § 5 Abs. 1 S.1 Hs. 1 EStG, d.h. auf die Fälle einer gesetzlichen Verpflichtung zur Buchführung und zum Erstellen von Abschlüssen.[427] Sollte die Scheinauslandsgesellschaft nämlich die Pflichten zur Rechnungslegung, Rechnungslegungspublizität und Abschlussprüfung nach dem Handelsgesetzbuch – insbesondere auch die Pflicht zur Buchführung gemäß § 238 HGB – erfüllen müssen, so wäre gleichzeitig die Art der Einkünfteermittlung geklärt: bei der Verpflichtung zur Buchführung über die §§ 6 und 238 ff. HGB ergäben sich im Hinblick auf § 5 Abs. 1 EStG keine Besonderheiten mehr.

I. Buchführungspflicht nach HGB

Zu prüfen ist daher zunächst, ob sich eine handelsrechtliche Pflicht zur Buchführung begründen lässt.

1. Einordnung des Bilanzrechts nach IPR

Grundsätzlich ist gemäß § 238 Abs. 1 HBG jeder „Kaufmann" verpflichtet, Bücher zu führen. Der Erörterung der Kaufmannseigenschaft der Scheinauslandsgesellschaft[428] als sog. Teilfrage vorgelagert, ist jedoch die sog. Hauptfrage, ob bei diesen Sachverhalten mit Auslandsbezug nach den Regeln des Internationalen Privatrechts überhaupt deutsches Sachrecht zur Anwendung gelangt. Damit kommt es also zunächst entscheidend auf die internationalprivatrechtliche Zuordnung des Bilanzrechts an.

Genau diese Einordnung des Bilanzrechts bzw. seine Rechtsnatur sind seit jeher umstritten. Teilweise wird das Bilanzrecht dem Öffentlichen Recht zugewiesen, teilweise erfolgt eine Zurechnung zum Gesellschaftsrecht. Einschlägige Rechtsprechung hierzu liegt bislang noch nicht vor und die gesetzliche Regelung ist ebenfalls nicht eindeutig. Auch das geplante Gesetz zum Internationalen Gesellschaftsrecht würde den Konflikt nicht lösen: In der Entwurfsbegründung

---

427 Ergänzend sei angemerkt, dass sich diese gesetzliche Verpflichtung nach deutschem Recht ergeben müsste; auf eine „heimatrechtliche" Rechnungslegungspflicht kann es an dieser Stelle nicht ankommen; s. auch noch unter Fünftes Kapitel C. Exkurs II.1.

428 Diese wird im Hinblick auf § 1 Abs. 1, 2 und § 6 Abs. 1 HGB zu bejahen sein, vgl. hierzu *Weis*, Rechnungslegungspflichten von EU-Scheinauslandsgesellschaften im Land ihrer tatsächlichen wirtschaftlichen Betätigung, S. 11 f.; *Dierksmeier*, BB 2005, 1516, 1519; *Kessler/Eicke*, DStR 2005, 2101, 2102; *Wachter*, FR 2006, 393, 394. Für eine Kaufmannseigenschaft nach § 1 Abs. 1, 2 bzw. kraft Rechtsform und einer daraus resultierenden Pflicht zur Buchführung nach HGB s. *Ebert/Levedag*, GmbHR 2003, 1337, 1339; *Korts/Korts*, BB 2005, 1474, 1475; *Rohde*, INF 2006, 24, 26; in diesem Sinne auch *Prinz/von Freeden*, Der Konzern 2004, 318, 321 sowie *Hey*, Der Konzern 2004, 577, 585, die die doppelansässige Kapitalgesellschaft als Formkaufmann nach § 6 Abs. 2 HGB qualifizieren will; dies bezweifelnd *Hennrichs*, in: FS Horn, S. 387, 391; ebenso ablehnend wiederum *Wachter*, FR 2006, 393, 394.

heißt es ausdrücklich, dass der Entwurf auf Bestimmungen zum anwendbaren Sachrecht für die Rechnungslegung von Unternehmen verzichtet.[429] Es solle bei dem „derzeitigen System" verbleiben, da es fraglich erscheine, ob eine Kollisionsnorm allen Differenzierungen im deutschen und ausländischen Sachrecht der Rechnungslegung gerecht werden könne – dies zum einen im Hinblick auf eine (vermeintlich) weitgehende Vereinheitlichung des Sachrechts aufgrund von EU-Richtlinien, von denen durch kollisionsrechtliche Bestimmungen ohnehin nicht abgewichen werden dürfe, zum anderen vor dem Hintergrund, dass es von dem Grundsatz einer engen Verknüpfung von Bilanz- und Gesellschaftsrecht wiederum eine Reihe von Ausnahmen gebe. Damit bleibt also zunächst die Frage nach der internationalprivatrechtlichen Einordnung zu klären.

a) öffentlich-rechtliche Qualifikation

Die Vertreter der öffentlich-rechtlichen Einordnung der Bilanzvorschriften[430] können sich darauf berufen, dass die Rechnungslegung der Dokumentation bzw. Information und dem Schutz der Gläubiger und damit (zugleich) öffentlichen bzw. Gemeinwohlinteressen dient.[431] Dies ferner auch deshalb, weil die Dokumentation auch bei der Bekämpfung von Betrug und Steuerhinterziehung oftmals von Nutzen sein kann. Zudem wird auf die umfangreichen Möglichkeiten staatlicherseits verwiesen, die Einhaltung der Rechnungslegungsvorschriften zu überwachen und ggf. bei Mängeln Zwangsmaßnahmen einzuleiten.[432] Schließlich spreche auch die Rechtsformneutralität vieler Rechnungslegungsvorschriften gegen eine gesellschaftsrechtliche und damit für eine öffentlich-rechtliche Einordnung.[433]

Diese auch internationalprivatrechtliche Zuordnung zum Öffentlichen Recht hat eine gesonderte Anknüpfung zur Folge, so dass es maßgeblich auf die Rechnungslegungsvorschriften am Ort der kaufmännischen Niederlassung ankommt. Demnach wäre die EU-Auslandsgesellschaft mit tatsächlichem Verwaltungssitz in Deutschland bei Erfüllung der Kaufmannseigenschaft zur Rechnungslegung nach deutschem Handelsrecht verpflichtet.

b) gesellschaftsrechtliche Qualifikation

Die Verfechter der gesellschaftsrechtlichen Zuordnung stützen sich insbesondere darauf, dass Gesellschafts- und Bilanzrecht derart eng miteinander verwoben

429 Begründung zum Referentenentwurf eines Gesetzes zum Internationalen Privatrecht der Gesellschaften, Vereine und juristischen Personen, abrufbar unter www.bmj.bund.de.

430 MünchKomm/*Kindler* IntGesR Rn. 226, 273 f.; auch *Spahlinger/Wegen*, in: Spahlinger/Wegen, Internationales Gesellschaftsrecht, Rn. 563; *Schumann*, ZIP 2007, 1189, 1190. Ohne nähere Begründung ferner *Ebert/Levedag*, GmbHR 2003, 1337, 1338, 1339; *Rohde*, INF 2006, 24, 26. I.E. auch *Weis*, Rechnungslegungspflichten von EU-Scheinauslandsgesellschaften im Land ihrer tatsächlichen wirtschaftlichen Betätigung, S. 113-123, insbes. S. 122.

431 MünchKomm/*Kindler* IntGesR Rn. 226, 253; *Schumann*, ZIP 2007, 1189, 1190.

432 MünchKomm/*Kindler* IntGesR Rn. 226.

433 *Schumann*, ZIP 2007, 1189, 1190.

sind, dass die jeweils damit verbundenen Rechtsfragen wie Ausschüttungssperren, Kapitalerhaltung, Überschuldung etc. nicht auf der Grundlage verschiedener Rechtsordnungen geklärt werden können, sondern dass im Gegenteil ein Gleichlauf des anwendbaren Rechts geradezu zwingend sei.[434] Abzustellen sei auf die Zusammenschau eines komplexen Gefüges größtenteils gesellschaftsrechtlicher Regulierungsansätze, in denen die Rechnungslegung nur eines von vielen Elementen ist. Daher schade es im Ergebnis auch nicht, dass viele der Vorschriften zur Rechnungslegung auch für Einzelkaufleute Geltung beanspruchten.

Demnach käme es allein auf das Recht des Gründungsstaates an, so dass eine Bilanz nach deutschem HGB neben der notwendigerweise nach ausländischem „Heimatrecht" vorzunehmenden Rechnungslegung für Zwecke des Handels- und Gesellschaftsrechts nicht zu erstellen wäre.

c) Stellungnahme

Zunächst könnte darauf verwiesen werden, dass das Bilanzrecht im nationalen Sachrecht vom deutschen Schrifttum mehrheitlich als dem Öffentlichen Recht zugehörig angesehen wird. Abgesehen davon jedoch, ob dies für die internationalprivatrechtliche Einordnung einfach übernommen werden kann oder soll, erscheint schon zweifelhaft, ob diese Zuordnung auch auf nationaler Ebene überhaupt im Sinne eines strengen Alternativverhältnisses vorgenommen werden muss. Denn eine wirkliche „Entscheidung" über die Zuordnung zu dem ein oder anderen Rechtsbereich muss (und kann) für das Bilanzrecht letztlich gar nicht getroffen werden. Wenn man nämlich dem Bilanzrecht seine öffentlich-rechtliche Natur zwar nicht absprechen kann, so lassen sich doch auch die gesellschaftsrechtlichen Funktionen des Jahresabschlusses nicht leugnen, die die Rechnungslegung als Teil des Gesellschaftsrechts erscheinen lassen und für dieses von immenser Bedeutung sind. Der Gläubigerschutz ist nicht der alles beherrschende Zweck der Buchführung. Daher hat das Bilanzrecht vielmehr einen Doppelcharakter: man könnte es gleichsam als „öffentliches Gesellschaftsrecht" bezeichnen.[435] Die Bedeutung der jeweiligen Ziele der Rechnungslegungsvorschriften wird dabei oftmals auch von der Rechtsform oder der Unternehmensgröße beeinflusst. Die Idee von der Übertragung der Einordnung auf nationaler Ebene auf die internationalprivatrechtliche Ebene scheint damit schon ins Wanken zu geraten.

Letztlich muss die Frage nach der internationalprivatrechtlichen Qualifikation des Bilanzrechts aber ohnehin nicht allein dogmatisch aufgrund der Ein-

434 *Rehberg*, in: Eidenmüller, Ausländische Kapitalgesellschaften im deutschen Recht, § 5 Rn. 109; *Westhoff*, in: Hirte/Bücker, Grenzüberschreitende Gesellschaften, § 18 Rn. 26, 23; *Zimmer*, Internationales Gesellschaftsrecht, S. 179-183; *Beinert/Werder*, DB 2005, 1480, 1484; *Just/Krämer*, BC 2006, 29; *Kußmaul/Ruiner*, IStR 2007, 696, 697; *Müller*, BB 2006, 837, 842. Vgl. zudem *Graf/Bisle*, IStR 2004, 873, 874; i.E. auch Bamberger/Roth/*Mäsch* Art. 12 EGBGB Anh II Rn. 73; *Just*, Die englische Limited in der Praxis, Rn. 258. S. ferner (auch zur europarechtlichen Dimension) *Eidenmüller/Rehberg*, ZVglRWiss 105 (2006), 427, 432, 435, 442.

435 Vgl. die Formulierung bei *Hennrichs*, in: FS Horn, S. 387, 391. Zur Doppelnatur auch *Eidenmüller/Rehberg*, ZVglRWiss 105 (2006), 427, 442.

ordnung als privat- oder öffentlich-rechtlich, sondern vor allem teleologisch und funktionell beantwortet werden, d.h. es ist auf Sinn und Zweck der Bilanzierungsvorschriften sowie auf ihre sachliche Nähe abzustellen. Dies ergibt sich schon aus der Aufgabe der internationalprivatrechtlichen Kollisionsnormen, Wertungs- und Funktionszusammenhänge zu erhalten bzw. sicherzustellen.

Dabei kommen dem Bilanzrecht – wie gerade bereits angedeutet – auch bzw. gerade im Gesellschaftsrecht äußerst wichtige Aufgaben zu. Zu nennen ist hier zunächst neben der Beweissicherungsfunktion die gesellschaftsbezogene Informationsfunktion, materiell-rechtlich auch ausgedrückt in § 264 Abs. 2 S. 1 HGB und dem dieser Vorschrift zugrunde liegenden Art. 2 Abs. 3 der 4. Richtlinie (EG-Richtlinie zum Jahresabschluss)[436]: Die Rechnungslegung dient der Selbstinformation der Gesellschaft bzw. ihrer Verwaltung und der Gesellschafter über den Geschäftsverlauf, ebenso aber – über die Hinterlegung im Handelsregister – auch der Information Dritter (Gläubiger, Anleger und auch Arbeitnehmer) über die Gesellschaftsverhältnisse.[437] Hervorzuheben ist aber insbesondere auch, dass die Bilanzierungsvorschriften als Mittel fungieren, um die Anwendbarkeit der Vorschriften zur Kapitalerhaltung im Verhältnis zu den Gesellschaftern zu sichern.[438] Sie sollen Gewähr dafür bieten, dass nur als ausreichend sicher angesehene Vermögensmehrungen als Gewinnausschüttungen an die Gesellschafter fließen, um die Haftungsmasse für die Gläubiger der Gesellschaft zu sichern. Ausprägungen hiervon sind die sog. Ausschüttungsbemessungs- und die Ausschüttungsbegrenzungsfunktion, denn der Jahresabschluss bildet vor allem die Grundlage zur Ermittlung des ausschüttungsfähigen Gewinns und flankiert eben zudem über Ausschüttungssperren schützend das Kapitalerhaltungsprinzip. An diesen Funktionen bzw. Zwecksetzungen ändert sich auch durch das BilMoG nichts, vielmehr werden hierdurch die Ziele der handelsrechtlichen Rechnungslegung weiterhin verwirklicht.[439]

---

436 Vierte Richtlinie 78/660/EWG des Rates vom 25. Juli 1978 aufgrund von Art. 54 Abs. 3 Buchstabe g) des Vertrages über den Jahresabschluss von Gesellschaften bestimmter Rechtsformen, ABl. Nr. L 222 v. 14.8.1978, S. 11 – Zuletzt geändert durch Art. 1 ÄndRL 2009/49/EG vom 18. 6. 2009 (ABl. Nr. L 164, S. 42).

437 *Thiele/Stellbrink/Ziesemer,* in: Baetge/Kirsch/Thiele Einführung Rn. 23-32; *Rehberg,* in: Eidenmüller, Ausländische Kapitalgesellschaften im deutschen Recht, § 5 Rn. 107; *Zimmer,* Internationales Gesellschaftsrecht, S. 181; *Baetge/Kirsch/Solmecke,* Wpg 2009, 1211, 1213; *Schön,* in: FS Heldrich, S. 391, 392; *Arbeitskreis Bilanzrecht der Hochschullehrer Rechtswissenschaft,* BB 2002, 2372, 2373; *dies.,* BB 2008, 152, 153; *Graf/Bisle,* IStR 2004, 873, 874.

438 *Thiele/Stellbrink/Ziesemer,* in: Baetge/Kirsch/Thiele Einführung Rn. 33-37; *Zimmer,* Internationales Gesellschaftsrecht, S. 182; *Arbeitskreis Bilanzrecht der Hochschullehrer Rechtswissenschaften,* BB 2002, 2372, 2373; *Baetge/Kirsch/Solmecke,* Wpg 2009, 1211, 1213; *Hennrichs,* Wahlrechte im Bilanzrecht der Kapitalgesellschaften, S. 13-20; *ders.,* in: Henze/Hoffmann-Becking, Gesellschaftsrecht 2003, S. 101, 123-126; *ders.,* StuW 2005, 256, 257; *ders.,* in: FS Schmidt, S. 581 f.; *Schön,* in: FS Heldrich, S. 391, 392, 399.

439 S. hierzu die Untersuchung von *Baetge/Kirsch/Solmecke,* Wpg 2009, 1211-1222, insbes. S. 1214-1222. Ferner Baumbach/Hopt/*Merkt* Einl v § 238 Rn. 25, 27; *Arbeitskreis Bilanzrecht der Hochschullehrer Rechtswissenschaft,* BB 2008, 152, 153; *Hennrichs,* in: FS Horn, S. 387, 392; *ders.,* in: FS Schmidt, S. 581, 583, 586; *Schön,* in: FS Heldrich, S. 391, 399. S.a. BT-Drucks. 16/10067, S. 32, 34, 35.

Für die jedenfalls auch gesellschaftsrechtliche Qualifikation des Bilanzrechts spricht ferner ein systematisches Argument: Die EG-Bilanzrichtlinie ist die Vierte gesellschaftsrechtliche Richtlinie[440], die in Zusammenhang mit der Ersten und Zweiten gesellschaftsrechtlichen Richtlinie[441] zu sehen ist.[442] Auch der EuGH zählt dementsprechend die Bilanzrichtlinie zu den „Richtlinien über das Gesellschaftsrecht".[443] Diese auch auf europarechtlicher Ebene zum Ausdruck kommenden engen Funktionszusammenhänge lassen es durchaus als gerechtfertigt und letztlich folgerichtig erscheinen, das Bilanzrecht im Rahmen des Internationalen Privatrechts als Teil des Gesellschaftsrechts einzuordnen.

Die mit dem BilMoG beabsichtigte Stärkung der Informations- bzw. Rechenschaftsfunktion hat auch keine Auswirkungen auf die „Rangfolge" dieser Zwecke: Keiner der beiden Zwecke dominiert, es bleibt dabei, dass Informations- und Kapitalerhaltungszweck gleichwertig nebeneinander stehen (Interessenregelung), vgl. auch hierzu *Baetge/Kirsch/Solmecke*, Wpg 2009, 1211-1222, insbes. S. 1213, 1221 f.; zudem (zur Beurteilung noch vor dem BilMoG) *Thiele/Stellbrink/Ziesemer*, in: Baetge/Kirsch/Thiele Einführung Rn. 38; *Hennrichs*, in: Henze/Hoffmann-Becking, Gesellschaftsrecht 2003, S. 101, 123.

440 Vierte Richtlinie 78/660/EWG des Rates vom 25. Juli 1978 aufgrund von Art. 54 Abs. 3 Buchstabe g) des Vertrages über den Jahresabschluss von Gesellschaften bestimmter Rechtsformen, ABl. Nr. L 222 v. 14.8.1978, S. 11 – Zuletzt geändert durch Art. 1 ÄndRL 2009/49/EG vom 18. 6. 2009 (ABl. Nr. L 164, S. 42).

441 Erste Richtlinie 68/151/EWG des Rates vom 9. März 1968 zur Koordinierung der Schutzbestimmungen, die in den Mitgliedstaaten den Gesellschaften im Sinne des Artikels 58 Absatz 2 des Vertrages im Interesse der Gesellschafter sowie Dritter vorgeschrieben sind, um diese Bestimmungen gleichwertig zu gestalten, ABl. Nr. L 65 v. 14.3.1968, S. 8 – s. jetzt Richtlinie 2009/101/EG des Europäischen Parlaments und des Rates vom 16. September 2009 zur Koordinierung der Schutzbestimmungen, die in den Mitgliedstaaten den Gesellschaften im Sinne des Artikels 48 Absatz 2 des Vertrags im Interesse der Gesellschafter sowie Dritter vorgeschrieben sind, um diese Bestimmungen gleichwertig zu gestalten (ABl. Nr. L 258, S. 11).
Zweite Richtlinie 77/91/EWG des Rates vom 13. Dezember 1976 zur Koordinierung der Schutzbestimmungen, die in den Mitgliedstaaten den Gesellschaften im Sinne des Artikels 58 Absatz 2 des Vertrages im Interesse der Gesellschafter sowie Dritter für die Gründung der Aktiengesellschaft sowie für die Erhaltung und Änderung ihres Kapitals vorgeschrieben sind, um diese Bestimmungen gleichwertig zu gestalten, ABl. Nr. L 26 v. 31.1.1977, S. 1 – zuletzt geändert durch Art. 1 ÄndRL 2009/109/EG vom 16. 9. 2009 (ABl. Nr. L 259, S. 14).

442 S.a. Baumbach/Hopt/*Merkt* (33), Einl v § 238 Rn. 4 („Teil des europäischen Gesellschaftsrechts"); *Hennrichs*, Wahlrechte im Bilanzrecht der Kapitalgesellschaften, S. 20; *ders.*, in: Henze/Hoffmann-Becking, Gesellschaftsrecht 2003, S. 101, 123 f.; *ders.*, StuW 2005, 256, 257; *ders.*, in: FS Horn, S. 387, 392; *ders.*, in: FS Schmidt, S. 581, 582. Vgl. ferner die Formulierung im „Gesetz zur Durchführung der Vierten, Siebenten und Achten Richtlinie des Rates der Europäischen Gemeinschaften zur Koordinierung des Gesellschaftsrechts" (Bilanzrichtlinien-Gesetz – BiRiLiG).

443 EuGH, Urt. v. 30.09.2003 – C-167/01, Slg. I-10155 Rn. 7, 10, 51 – Inspire Art.

2. Vereinbarkeit mit der europäischen Niederlassungsfreiheit

Überdies könnte auch die europäische Niederlassungsfreiheit einer Buchführungspflicht nach deutschem HGB entgegenstehen.[444]

a) Schutzbereich und Beschränkung

Da die EU-Scheinauslandsgesellschaften in Deutschland als Kapitalgesellschaften anzuerkennen und in der Regel wie ihr deutsches Pendant zu behandeln sind, würde die Verpflichtung zu einer weiteren deutschen Bilanzierung (mit den damit verbundenen Kosten) eine Schlechterstellung im Vergleich zu rein inländischen Gesellschaften bedeuten. Die Grundfreiheiten des AEUV sind – wie bereits oben dargestellt – nicht nur als Diskriminierungs-, sondern vielmehr auch als Beschränkungsverbote ausgestaltet, d.h. auch nichtdiskriminierende allgemeine Beschränkungen mit negativer bzw. abschreckender Wirkung auf die Wahrnehmung der Grundfreiheiten bedürfen zu ihrer Zulässigkeit der Rechtfertigung. Dabei kann der Notwendigkeit einer doppelten Handelsbilanz nach dem Recht des Gründungsstaates und nach deutschem Recht die Eingriffsqualität jedenfalls dergestalt nicht abgesprochen werden, dass EU-Auslandsgesellschaften aufgrund der zusätzlichen Verpflichtung möglicherweise davon abgehalten werden können, in Deutschland ihren tatsächlichen Verwaltungssitz zu nehmen.

b) Rechtfertigung

Damit kommt es darauf an, ob diese Maßnahme der doppelten Rechnungslegungspflicht der vierstufigen Rechtfertigungsprüfung standhalten könnte. Insoweit ließe sich zunächst argumentieren, dass die deutsche Buchführungspflicht dem Gläubigerschutz als im Sinne der Rechtfertigungslehre anerkanntem zwingendem Grund des Allgemeininteresses dient.[445]

Fraglich erscheint dabei schon die Geeignetheit der Maßnahme, nicht zuletzt im Hinblick auf die mangelnde Pflicht zur Publizierung der nach deutschem Recht erfolgten Rechnungslegung (s. auch noch unter Fünftes Kapitel C. Exkurs I.3.b)).[446]

Jedenfalls und vor allem bestehen aber auch Zweifel an der Erforderlichkeit einer solchen zusätzlichen Rechnungslegung nach Handelsrecht. Dies insbesondere deshalb, weil die Gesellschaft und deren Gläubiger durch die Vorschrif-

444 Hierzu auch *Just*, Die englische Limited in der Praxis, Rn. 258; *Arnold*, StuW 2005, 148, 152; *Hennrichs*, in: FS Horn, S. 387, 393, 394; *Müller*, BB 2006, 837, 842; *Schön*, in: FS Heldrich, S. 391, 395; *Schumann*, ZIP 2007, 1189, 1192; *Wachter*, FR 2006, 393, 394; a.A. MünchKomm/*Kindler* IntGesR Rn. 227.

445 S.a. *Rehberg*, in: Eidenmüller, Ausländische Kapitalgesellschaften im deutschen Recht, § 5 Rn. 111; *Korts/Korts*, BB 2005, 1474, 1475, 1476.

446 *Rehberg*, in: Eidenmüller, Ausländische Kapitalgesellschaften im deutschen Recht, § 5 Rn. 111; *Eidenmüller/Rehberg*, ZVglRWiss 105 (2006), 427, 440; S.a. *Beinert/Werder*, DB 2005, 1480, 1484.

ten des „heimatlichen" Gesellschafts- und Bilanzrechts genügend geschützt werden. Diese Regelungen garantieren bereits, dass die zur Kontrolle der Gesellschaft erforderlichen Informationen umfassend, d.h. auch für die Zweigniederlassung, vorliegen. Insbesondere sind die Bilanzen nach EU-ausländischem Recht nach der Konzeption des europäischen Bilanzrechts und der Harmonisierung im Wege der EG-Bilanzrichtlinie als gleichwertig anzusehen.[447] Damit ist ein ausreichender Schutz – jedenfalls in der Regel – bereits über die Anwendung des Bilanzrechts des Gründungsstaates gewährleistet. Der Erstellung einer zusätzlichen deutschen Handelsbilanz bedarf es daher nicht. Vielmehr würde eine Pflicht hierzu über das zur Zweckerreichung erforderliche Maß hinausgehen und wäre mithin unverhältnismäßig und im Ergebnis europarechtswidrig.

c) Ergebnis

Damit gebietet es auch die europäische Niederlassungsfreiheit, von einer zusätzlichen handelsrechtlichen Buchführungspflicht nach deutschem Recht abzusehen.

3. Die Regelung des § 325a HGB

Und noch ein weiterer Gesichtspunkt kann gegen das Erfordernis einer doppelten Bilanzierungspflicht angeführt werden: die Vorschrift des § 325a HGB zur Offenlegung der Rechnungslegungsunterlagen, die auf den Art. 3 und 4 der europäischen Zweigniederlassungsrichtlinie[448] beruht. Danach sind EU-ausländische Kapitalgesellschaften mit einer Zweigniederlassung in Deutschland verpflichtet, „die nach dem Recht der Hauptniederlassung" erstellten, geprüften und offengelegten Rechnungslegungsunterlagen nach den entsprechenden Vorschriften des HGB (§§ 325, 328, 329 Abs. 1 und 4 HGB) offenzulegen.

a) Begriff der Zweigniederlassung

Gegen einen Schluss aus dieser Vorschrift ließe sich zunächst einwenden, diese beträfe schon nach ihrem Wortlaut nur Zweigniederlassungen und diese lägen bei der hier besprochenen Scheinauslandsgesellschaft im eigentlichen Sinne nicht vor.

---

447 *Rehberg*, in: Eidenmüller, Ausländische Kapitalgesellschaften im deutschen Recht, § 5 Rn. 111; *Beinert/Werder*, DB 2005, 1480, 1484; *Eidenmüller/Rehberg*, ZVglRWiss 105 (2006), 427, 439. In diesem Sinne auch *Just*, Die englische Limited in der Praxis, Rn. 258; *Westhoff*, in: Hirte/Bücker, Grenzüberschreitende Gesellschaften, § 18 Rn. 29, 33. A.A. bezüglich der Europarechtswidrigkeit einer zusätzlichen deutschen Buchführungspflicht *Weis*, Rechnungslegungspflichten von EU-Scheinauslandsgesellschaften im Land ihrer tatsächlichen wirtschaftlichen Betätigung, S. 77-97; 111 f.

448 Elfte Richtlinie 89/666/EWG des Rates vom 21. Dezember 1989 über die Offenlegung von Zweigniederlassungen, die in einem Mitgliedstaat von Gesellschaften bestimmter Rechtsformen errichtet wurden, die dem Recht eines anderen Staates unterliegen, ABl. Nr. L 395 v. 30.12.1989, S. 36

Unter einer Zweigniederlassung versteht man grundsätzlich einen von der Hauptniederlassung räumlich getrennten, wirtschaftlich und organisatorisch weitgehend selbständigen Teil des Unternehmens, von dem wesentliche Geschäfte des Unternehmens eigenständig erledigt werden.[449] Regelmäßig stellt daher der tatsächliche Verwaltungssitz einer Gesellschaft deren Hauptniederlassung im Sinne der §§ 13 ff. HBG dar, so dass bei einer Scheinauslandsgesellschaft, bei der der Verwaltungssitz nach Deutschland verlegt wird, das Vorliegen einer Zweigniederlassung schon allein wegen der fehlenden räumlichen Trennung zu verneinen wäre.

Jedoch ist dem entgegenzuhalten, dass eine Zweigniederlassung im Sinne des § 325a HGB nicht notwendig eine Hauptniederlassung voraussetzt, sondern faktisch auch diese selbst sein kann.[450] Dies ergibt sich wiederum aus der bereits besprochenen Entscheidungskette des Europäischen Gerichtshofs Centros – Überseering – Inspire Art: Bereits in der Rechtssache Centros hat der Gerichtshof entschieden, dass die Einordnung als Zweigniederlassung nicht das Bestehen einer Hauptniederlassung erfordert. Im sich anschließenden Überseering-Urteil hat er dann klargestellt, dass die unterschiedliche Behandlung einer Sitzverlegung im Verhältnis zur Neugründung einer Gesellschaft nicht gerechtfertigt sei. In der darauf folgenden Inspire Art-Entscheidung schließlich geht der EuGH von der Anwendbarkeit der Zweigniederlassungsrichtlinie unabhängig davon aus, ob das nationale Recht die ausländische Gesellschaft als Zweigniederlassung oder Kapitalgesellschaft ansieht. Dem haben sich auch die deutschen Gerichte angeschlossen und das Handelsgeschäft der EU-Auslandsgesellschaften wird nun bei einem inländischen Handelsregister als Zweigniederlassung angemeldet.[451]

Letztlich ist damit eine Gleichstellung von Zweigniederlassung und Hauptniederlassung gegeben. Der Heranziehung des § 325a HGB in den Konstellationen der Scheinauslandsgesellschaft steht damit eine mangelnde Zweigniederlassungseigenschaft nicht entgegen. Die Verweisung auf das Recht der „Hauptniederlassung" ist schließlich als Bezugnahme auf den Satzungssitz der Gesellschaft im Gründungsstaat zu verstehen.[452] Dies ergibt sich schon aus dem

---

449 Baumbach/Hopt/*Hopt* § 13 Rn. 3, 4; MünchKomm/*Kindler* IntGesR Rn. 214; Ebenroth/Boujong/Joost/Strohn/*Pentz* § 13d Rn. 8; *Habersack/Verse*, Europäisches Gesellschaftsrecht, § 5 Rn. 56; *Westhoff*, in: Hirte/Bücker, Grenzüberschreitende Gesellschaften, § 18 Rn. 37; *Zimmer*, Internationales Gesellschaftsrecht, S. 184.

450 MünchKomm/*Kindler* IntGesR Rn. 205; Ebenroth/Boujong/Joost/Strohn/*Pentz* § 13d Rn. 8; *Habersack/Verse*, Europäisches Gesellschaftsrecht, § 5 Rn. 56; *Spahlinger/Wegen*, in: Spahlinger/Wegen, Internationales Gesellschaftsrecht, Rn. 567; *Westhoff*, in: Hirte/Bücker, Grenzüberschreitende Gesellschaften, § 18 Rn. 66; *Beinert/Werder*, DB 2005, 1480, 1484; *Binge/Thölke*, DNotZ 2004, 21, 24; *Eidenmüller/Rehberg*, ZVglRWiss 105 (2006), 427, 431; *Graf/Bisle*, IStR 2004, 873, 874; *Hennrichs*, in: FS Horn, S. 387, 393; *Möhlenbrock*, in: FS Schaumburg, S. 920; *Pohl*, in: FS Raupach, S. 375, 381; *Riegger*, ZGR 2004, 510, 513, 516; *Schön*, in: FS Heldrich, S. 391, 393, 397; *Schumann*, ZIP 2007, 1189, 1190.

451 Z.B. OLG Zweibrücken NZG 2003, 537, 538. S. *Binge/Thölke*, DNotZ 2004, 21, 24; *Schön*, in: FS Heldrich, S. 391, 393, jeweils m.w.N.; Zudem *Fleischer/Schmolke*, JZ 2008, 233, 237, 240.

452 MünchKomm/*Kindler* IntGesR Rn. 205; *Spahlinger/Wegen*, in: Spahlinger/Wegen, Internationales Gesellschaftsrecht, Rn. 567; *Westhoff*, in: Hirte/Bücker, Grenzüberschreitende Gesellschaften, § 18 Rn. 65; *Beinert/Werder*, DB 2005, 1480, 1484; *Eidenmüller/Rehberg*,

Zweck der Zweigniederlassungsrichtlinie, Personen zu schützen, die über eine Zweigniederlassung mit einer ausländischen Gesellschaft in Geschäftsbeziehungen eintreten.[453]

b) Aufstellung und Offenlegung der Bilanz

Ferner ließe sich aber anführen, dass die Vorschrift unmittelbar nur die Offenlegung, nicht jedoch die Aufstellung der Bilanz regelt.

Allerdings lässt sich daraus sehr wohl auch eine Erkenntnis hinsichtlich der Erstellung einer „deutschen" Bilanz gewinnen. Denn es würde wenig Sinn ergeben und auch der von der 11. Richtlinie beabsichtigten Vereinfachung der Rechnungslegung von Gesellschaften mit Zweigniederlassungen in einem anderen Staat[454] widersprechen, die Bilanzierung nach deutschem Recht zu fordern, dann aber gleichzeitig – wie gerade in § 325a HGB geschehen – die Offenlegung der ohnehin zu erstellenden ausländischen Unterlagen anzuordnen.[455]

Eine zusätzliche Pflicht zur Offenlegung nach deutschem Recht kann ihrerseits gerade nicht statuiert werden. In diesem Zusammenhang ist nämlich noch Folgendes zu beachten: Wie bereits angesprochen, beruht § 325a HGB auf der europäischen Zweigniederlassungsrichtlinie. Darin wird die Verpflichtung zur Offenlegung bestimmter Umstände abschließend geregelt; die Richtlinie versteht sich insoweit als Maximalregelung. Daraus folgt dann, dass die Mitgliedstaaten Zweigniederlassungen EU-ausländischer Kapitalgesellschaften keine weitergehenden Publizitätspflichten auferlegen dürfen.[456] Demnach dürfte jedenfalls für

---

ZVglRWiss 105 (2006), 427, 436; *Graf/Bisle*, IStR 2004, 873, 874; *Schön*, in: FS Heldrich, S. 391, 394; *Schumann*, ZIP 2007, 1189, 1191. Vgl. auch schon *Zimmer*, Internationales Gesellschaftsrecht, S. 185, 194 f.

453 Erwägungsgrund 6 der Elften Richtlinie 89/666/EWG des Rates vom 21. Dezember 1989 über die Offenlegung von Zweigniederlassungen, die in einem Mitgliedstaat von Gesellschaften bestimmter Rechtsformen errichtet wurden, die dem Recht eines anderen Staates unterliegen, ABl. Nr. L 395 v. 30.12.1989, S. 36.

454 S. hierzu den 9. Erwägungsgrund der Elften Richtlinie 89/666/EWG des Rates vom 21. Dezember 1989 über die Offenlegung von Zweigniederlassungen, die in einem Mitgliedstaat von Gesellschaften bestimmter Rechtsformen errichtet wurden, die dem Recht eines anderen Staates unterliegen, ABl. Nr. L 395 v. 30.12.1989, S. 36; ferner unter Fünftes Kapitel C. Exkurs I.4.

455 *Rehberg*, in: Eidenmüller, Ausländische Kapitalgesellschaften im deutschen Recht, § 5 Rn. 110; *Arnold*, StuW 2005, 148, 152; *Beinert/Werder*, DB 2005, 1480, 1484; *Hennrichs*, in: FS Horn, S. 387, 393.

456 Vgl. z.B. die Formulierung „lediglich" in Art. 2 Abs. 1 und Art. 3 der Zweigniederlassungsrichtlinie (Elfte Richtlinie 89/666/EWG des Rates vom 21. Dezember 1989 über die Offenlegung von Zweigniederlassungen, die in einem Mitgliedstaat von Gesellschaften bestimmter Rechtsformen errichtet wurden, die dem Recht eines anderen Staates unterliegen, ABl. Nr. L 395 v. 30.12.1989, S. 36). S. zudem EuGH, Urt. v. 30.09.2003 – C-167/01, Slg. I-10155 Rn. 66-70 – Inspire Art; *Habersack/Verse*, Europäisches Gesellschaftsrecht, § 5 Rn. 51; *Eidenmüller/Rehberg*, ZVglRWiss 105 (2006), 427, 431, 436; *Riegger*, ZGR 2004, 510, 516; *Schön*, in: FS Heldrich, S. 391, 394, 398; *Schumann*, ZIP 2007, 1189, 1191; *Wachter*, FR 2006, 393, 395. A.A. *Weis*, Rechnungslegungspflichten von EU-Scheinauslandsgesellschaften im Land ihrer tatsächlichen wirtschaftlichen Betätigung, S. 71-76, der die Zweigniederlas-

diese Zweigniederlassungen nicht zusätzlich die Offenlegung der Bilanz nach deutschem Recht gefordert werden.

Ohne Pflicht zur Offenlegung macht aber eben auch die Aufstellung der Bilanz kaum Sinn bzw. verliert ihren eigentlichen Zweck und kann daher vernünftigerweise nicht gefordert werden.

Dies gilt dann in letzter Konsequenz nicht nur für die eigentlichen Zweigniederlassungen, sondern auch für die Konstellation der Scheinauslandsgesellschaft, da – wie soeben aufgezeigt – eine Zweigniederlassung im Sinne des § 325a HGB auch die Hauptniederlassung selbst sein kann. Abschließend sei zudem noch einmal darauf hingewiesen, dass aufgrund der Rechtsangleichung auf europäischer Ebene bei Zugrundelegung des Heimatrechts letztlich bereits nach materiell gleichwertigen Rechtsvorschriften erstellt, geprüft und offengelegt wird.[457] Damit kann auch die Regelung des § 325a HGB gegen eine doppelte Buchführungspflicht angeführt werden.[458]

4. Buchführungspflicht nach den §§ 13, 13d HGB

Schließlich könnte noch eine deutsche Buchführungspflicht der Scheinauslandsgesellschaft aufgrund der Anwendung der §§ 13, 13d HGB diskutiert werden. Dies wird teilweise für die Fälle vertreten, in denen die ausländische Gesellschaft eine inländische Zweigniederlassung unterhält.[459]

Die Regelungen der §§ 13, 13d HGB betreffen jedoch allein registerrechtliche Fragen und treffen keine Aussage über eine mögliche Bilanzierungspflicht.[460]

Im Übrigen besitzt die Zweigniederlassung selbst keine eigene Rechtspersönlichkeit, sondern stellt nur einen rechtlich unselbständigen Teil des anderen – hier ausländischen – Rechtsträgers dar.[461] Allein dieser Rechtsträger ist aber

---

sungsrichtlinie ebenso wie § 325a HGB wegen des zeitlichen Moments in den Erwägungsgründen der Richtlinie („nachdem") im Hinblick auf die aus seiner Sicht mangelnde Vergleichbarkeit der Bilanzrechte für derzeit (bezogen auf das Jahr 2009) nicht anwendbar hält, vgl. unter Fünftes Kapitel C. Exkurs I.4.

457 Beck'scher Bil-Komm/*Ellrott/Aicher* § 325a Rn. 31; MünchKommHGB/*Fehrenbacher* § 325a Rn. 13 sowie auch schon unter Fünftes Kapitel C. Exkurs I.2.b).

458 So i.E. auch *Spahlinger/Wegen*, in: Spahlinger/Wegen, Internationales Gesellschaftsrecht, Rn. 567; *Binge/Thölke*, DNotZ 2004, 21, 31; *Dierksmeier*, BB 2005, 1516, 1518. Ferner auch *Just*, Die englische Limited in der Praxis, Rn. 259 (der dort wohl anstelle der Publizitäts- die Zweigniederlassungsrichtlinie meint). A.A. MünchKomm/*Kindler* IntGesR Rn. 227; ferner *Weis*, Rechnungslegungspflichten von EU-Scheinauslandsgesellschaften im Land ihrer tatsächlichen wirtschaftlichen Betätigung, S. 69 f.

459 *Hey*, Der Konzern 2004, 577, 585.

460 *Hennrichs*, in: FS Horn, S. 387, 394. Zustimmend *Weis*, Rechnungslegungspflichten von EU-Scheinauslandsgesellschaften im Land ihrer tatsächlichen wirtschaftlichen Betätigung, S. 69. In diesem Sinne wohl auch *Westhoff*, in: Hirte/Bücker, Grenzüberschreitende Gesellschaften, § 18 Rn. 42.

461 Baumbach/Hopt/*Hopt* § 13 Rn. 4; *Hennrichs*, in: FS Horn, S. 387, 394; *Schön*, in: FS Heldrich, S. 391, 393; *Wachter*, FR 2006, 393, 395. So grundsätzlich auch MünchKomm/*Kindler* IntGesR Rn. 215, 223, der dann aber für die Buchführungs- und Rechnungslegungspflicht eine Sonderanknüpfung vertritt (Rn. 226 f.).

auch Zuordnungsobjekt für rechtliche Pflichten wie die Bilanzierungspflicht, so dass die Rechtsverhältnisse der Zweigniederlassung von denen des ausländischen Rechtsträgers nicht getrennt oder unterschieden werden können.[462] Für die Zweigniederlassung werden daher in den §§ 13, 13d HGB auch keine Buchführungspflichten angeordnet, vielmehr treffen diese nur den Rechtsträger nach dem auf ihn anwendbaren Sachrecht. Und wie bereits erläutert, ist der Rechtsträger, die EU-Auslandsgesellschaft, nur nach ihrem Heimatrecht zur Buchführung verpflichtet, was sich dann einheitlich auch auf die Zweigniederlassung als unselbständigen Bestandteil erstreckt.

Letztlich gebietet dies auch wieder die europäische Niederlassungsfreiheit,[463] denn ansonsten müsste trotz einer bereits für die gesamte Gesellschaft (einschließlich der Zweigniederlassung) erfolgten Rechnungslegung nach heimatlichem Recht zusätzlich noch eine Bilanzierung nach deutschem Recht für die Zweigniederlassung erfolgen.

Gegen eine deutsche Bilanzierungspflicht im Falle einer Zweigniederlassung spricht weiter auch der in den Erwägungsgründen der Zweigniederlassungsrichtlinie[464] zum Ausdruck kommende Gedanke.[465] Dort heißt es u.a.: „Einzelstaatliche Vorschriften, welche die Offenlegung von Unterlagen der Rechnungslegung verlangen, die sich auf die Zweigniederlassung beziehen, haben ihre Berechtigung verloren, nachdem die einzelstaatlichen Vorschriften über die Erstellung, Prüfung und Offenlegung von Unterlagen der Rechnungslegung der Gesellschaft angeglichen worden sind. Deshalb genügt es, die von der Gesellschaft geprüften und offengelegten Rechnungslegungsunterlagen beim Register der Zweigniederlassung offenzulegen."

Schließlich begründen die §§ 13, 13d HGB als Sachnormen mangels kollisionsrechtlichen Gehalts keine eigene handelsrechtliche Buchführungspflicht für die Scheinauslandsgesellschaft.[466]

---

462 Baumbach/Hopt/*Hopt* § 13 Rn. 8, ebda *Merkt* § 238 Rn. 9; *Hennrichs*, in: FS Horn, S. 387, 395; *Schön*, in: FS Heldrich, S. 391, 393. Wiederum zustimmend *Weis*, Rechnungslegungspflichten von EU-Scheinauslandsgesellschaften im Land ihrer tatsächlichen wirtschaftlichen Betätigung, S. 69.

463 *Wachter*, FR 2006, 393, 395.

464 Elfte Richtlinie 89/666/EWG des Rates vom 21. Dezember 1989 über die Offenlegung von Zweigniederlassungen, die in einem Mitgliedstaat von Gesellschaften bestimmter Rechtsformen errichtet wurden, die dem Recht eines anderen Staates unterliegen, ABl. Nr. L 395 v. 30.12.1989, S. 36

465 *Westhoff*, in: Hirte/Bücker, Grenzüberschreitende Gesellschaften, § 18 Rn. 46 f.; *Wachter*, FR 2006, 393, 395.

466 MünchKomm/*Kindler* IntGesR Rn. 219. S.a. Ebenroth/Boujong/Joost/Strohn/*Pentz* § 13d Rn. 6; *Weis*, Rechnungslegungspflichten von EU-Scheinauslandsgesellschaften im Land ihrer tatsächlichen wirtschaftlichen Betätigung, S. 69, unter Verweis auf die europarechtliche Entstehungsgeschichte und die systematische Stellung der Vorschriften.

5. Ergebnis

Im Ergebnis besteht daher für die Scheinauslandsgesellschaft keine Pflicht zur Buchführung bzw. Bilanzierung nach den Vorschriften des deutschen HGB, sie ist alleine nach ihrem Heimatrecht zur Rechnungslegung verpflichtet.

II. Weitere Anknüpfungsmöglichkeiten zur Gewinnermittlung

Nachdem nun eine gesetzliche Pflicht zur Bilanzierung nach Handelsrecht, insbesondere nach den §§ 238 ff. HGB, nicht besteht, ist die Frage nach der Art der Einkünfteermittlung weiter offen.

Klar ist zunächst, dass für die EU-Auslandsgesellschaft eine Einnahmen-Überschuss-Rechnung zur steuerlichen Gewinnermittlung nicht in Betracht kommt.[467] Denn eine solche greift gemäß § 4 Abs. 3 EStG (i.V.m. § 8 Abs. 1 KStG) nur bei Steuerpflichtigen, die nicht aufgrund gesetzlicher Vorschriften zur Buchführung und zur Erstellung von Abschlüssen verpflichtet sind und die dies auch nicht freiwillig tun. Die Scheinauslandsgesellschaft führt aber gerade Bücher und zwar nach dem Recht ihres Gründungsstaates. Dabei gebieten es weder der Wortlaut der Vorschrift noch ihr Sinn und Zweck, insoweit eine deutsche Buchführungspflicht zu fordern.[468] Denn mit der ausländischen Handelsbilanz besteht eine (anzupassende) Grundlage für einen Betriebsvermögensvergleich. Nur wenn dies nicht der Fall ist, soll die Möglichkeit einer Einnahmen-Überschuss-Rechnung gegeben sein. Dies würde nicht in ausreichendem Maße berücksichtigt, wenn man für eine nicht im deutschen Handelsregister eingetragene Scheinauslandsgesellschaft eine Einnahmen-Überschuss-Rechnung zuließe.[469]

Letztlich können damit für die Frage der Ermittlung des steuerlichen Gewinns drei Anknüpfungspunkte in Erwägung gezogen werden: die Anwendung des Maßgeblichkeitsgrundsatzes nach § 5 Abs. 1 S. 1 Hs. 1 2. Alt. EStG bezogen auf die ausländische Steuerbilanz, die Buchführungspflicht nach Steuerrecht gemäß den §§ 140, 141 AO und die Gewinnermittlung durch Betriebsvermögensvergleich nach § 4 Abs. 1 EStG.

1. Ableitung aus der EU-ausländischen Handelsbilanz, § 8 Abs. 1 KStG i.V.m. § 5 Abs. 1 S. 1 Hs. 1 2. Alt. EStG

Gemäß § 5 Abs. 1 S. 1 Hs. 1 2. Alt. EStG gilt der Maßgeblichkeitsgrundsatz auch für Gewerbetreibende, die ohne gesetzliche Verpflichtung hierzu Bücher füh-

---

467 *Beinert/Werder*, DB 2005, 1480, 1485; *Korts/Korts*, BB 2005, 1474, 1476; *Wachter*, FR 2006, 393, 399. So auch aufgegriffen von *Möhlenbrock*, in: FS Schaumburg, S. 913, 932.

468 S.a. *Engert*, in: Eidenmüller, Ausländische Kapitalgesellschaften im deutschen Recht, § 8 Rn. 51. Anders im Rahmen des § 5 Abs. 1 S. 1 Hs. 1 EStG, vgl. Fünftes Kapitel C. Exkurs. (Fn. 427) sowie Fünftes Kapitel C.II.1.

469 Hierzu und zur Frage einer möglichen Inländerdiskriminierung der GmbH s. *Wachter*, FR 2006, 393, 399 m.w.N. A.A. noch *Kußmaul/Ruiner*, IStR 2007, 696, 698.

ren und regelmäßig Abschlüsse machen. Dies wird bei EU-ausländischen Gesellschaften wegen ihrer heimatlichen Buchführungspflicht regelmäßig der Fall sein. Trotzdem erscheint die Folgerung, dass dann die nach ausländischem Recht erstellte Handelsbilanz für Zwecke der deutschen steuerlichen Gewinnermittlung maßgeblich wäre und damit das ausländische Bilanzrecht über die Höhe des in Deutschland steuerpflichtigen Gewinns entscheiden würde, mehr als zweifelhaft.[470]

Dies einerseits im Hinblick auf das Demokratieprinzip, mit dem eine derartige Verweisung auf eine ausländische Rechtsordnung kaum zu vereinbaren wäre.[471] Im Übrigen ist zu berücksichtigen, dass ausländische Rechnungslegungsvorschriften auch gar nicht notwendigerweise an steuerrechtlichen Zielsetzungen ausgerichtet sind.[472]

Zum anderen ist die nach der Tatbestandsseite mögliche Zugrundelegung der ausländischen Bilanz auch im Hinblick auf die Rechtsfolgenseite wenig sinnvoll, denn nach § 5 Abs. 1 S. 1 Hs. 1 a.E. EStG ist dann das Betriebsvermögen anzusetzen, das nach den handelsrechtlichen Grundsätzen ordnungsgemäßer Buchführung auszuweisen ist, womit gleichsam ausdrücklich die inländischen Bilanzierungsvorschriften nach dem HGB in Bezug genommen werden.[473]

Daraus ergibt sich, dass nur eine Buchführung nach deutschem Recht als maßgeblich angesehen werden kann.[474]

2. Ableitung aus parallel aufzustellender Bilanz nach handelsrechtlichen Grundsätzen für Zwecke des Steuerrechts, § 8 Abs. 1 KStG i.V.m. § 5 Abs. 1 EStG i.V.m. den §§ 140, 141 AO

Ähnliches gilt für eine steuerrechtlich begründete Buchführungspflicht nach § 140 AO. Nach der abgeleiteten Buchführungspflicht gemäß § 140 AO hat derjenige, der nach anderen als den Steuergesetzen zur Führung von für die Besteuerung bedeutsamen Büchern verpflichtet ist, diese Verpflichtung auch für die Besteuerung zu erfüllen. Insofern könnte man wiederum zunächst annehmen, dass für die Anwendung dieser Vorschrift eine Buchführungspflicht nach EU-ausländischem Gesellschaftsrecht ausreichend ist. Aus dem Gesetzeswortlaut selbst lässt sich jedenfalls keine Einschränkung auf eine Buchführungspflicht nach deutschem Handelsrecht erkennen.

Allerdings würde sich auch in diesem Fall das Problem stellen, dass dann die deutsche Steuerbilanz von der nach ausländischem Recht erstellten Handelsbi-

---

470 *Engert*, in: Eidenmüller, Ausländische Kapitalgesellschaften im deutschen Recht, § 8 Rn. 53; *Hennrichs*, in: FS Horn, S. 387, 401; *Wachter*, FR 2006, 393, 400.

471 *Hennrichs*, in: FS Horn, S. 387, 401.

472 *Engert* in: Eidenmüller, Ausländische Kapitalgesellschaften im deutschen Recht, § 8 Rn. 53.

473 BFH BStBl II 1990, 57; *Beinert/Werder*, DB 2005, 1480, 1485; *Hennrichs*, in: FS Horn, S. 387, 401.

474 *Engert*, in: Eidenmüller, Ausländische Kapitalgesellschaften im deutschen Recht, § 8 Rn. 53. I.E. auch *Arnold*, StuW 2005, 148, 152; *Hey*, Der Konzern 2004, 577, 585.

lanz abhängig wäre.[475] Ebenso würde sich in gleicher Weise eine Kollision mit dem Demokratieprinzip ergeben.

Eine originär steuerrechtliche Pflicht zur Buchführung nach den Grundsätzen des HGB könnte sich aus § 141 AO ergeben.[476] Voraussetzung für die Eröffnung des Anwendungsbereichs dieser Norm ist dabei zunächst ein jährlicher Umsatz von mehr als 500.000 € bzw. ein jährlicher Gewinn von mehr als 50.000 € (§ 141 Abs. 1 S. 1 Nr. 1 bzw. 4 AO); ferner auch ein Hinweis auf die Buchführungspflicht durch die Finanzbehörde (§ 141 Abs. 2 S. 1 AO). Werden diese Umsatz- bzw. Gewinnschwellen überschritten, so sieht § 141 AO eine Verpflichtung zur Buchführung vor, wobei insbesondere die Vorschriften der §§ 238, 240, 241, 242 Abs. 1 und der §§ 243 bis 256 HGB entsprechend gelten.

In den einschlägigen Fällen begründet das Steuerrecht also eine Buchführungspflicht nach den deutschen handelsrechtlichen Vorschriften.

3. Ermittlung durch Betriebsvermögensvergleich, § 8 Abs. 1 KStG i.V.m. § 4 Abs. 1 EStG

Liegen die Voraussetzungen des § 141 AO hingegen nicht vor, überschreiten insbesondere Umsatz und Gewinn die vorgegebenen Schwellenwerte nicht, so ist für die steuerliche Gewinnermittlung auf den Betriebsvermögensvergleich nach § 4 Abs. 1 EStG abzustellen.

Zur Ermittlung dieses Betriebsvermögens sieht das Gesetz zwar explizit keine Regelung vor, jedoch ist davon auszugehen, dass die handelsrechtlichen Grundsätze ordnungsgemäßer Buchführung auch außerhalb des Anwendungsbereichs des Maßgeblichkeitsgrundsatzes zugrunde gelegt werden können.[477] Dies lässt sich nicht zuletzt auf die Regelung in § 4 Abs. 2 S. 1 EStG zum Betriebsvermögensvergleich stützen, wonach eine Änderung der Bilanz auch noch nach Einreichung beim Finanzamt erfolgen darf, wenn sie den Grundsätzen ordnungsgemäßer Buchführung gerade nicht entspricht. Dabei könnte die nach ausländischem Recht erstellte Bilanz als Basis dienen, die dann gemäß § 60 Abs. 2 EStDV an die deutschen steuerrechtlichen Vorgaben anzupassen wäre.

Allerdings ist fraglich, ob bzw. unter welchen Voraussetzungen die deutsche Finanzverwaltung eine solche Gewinnermittlung anerkennt. So hat beispielsweise laut der OFD Hannover die steuerliche Gewinnermittlung allein nach

---

475 *Wachter*, FR 2006, 393, 399; zweifelnd ferner *Arnold*, StuW 2005, 148, 152; *Möhlenbrock*, in: FS Schaumburg, S. 931 (Fn. 87). So unter Verweis auf den Zusammenhang mit § 5 Abs. 1 EStG auch *Beinert/Werder*, DB 2005, 1480, 1485. Für eine Anwendung des § 140 AO in diesen Fällen allerdings *Rehberg*, in: Eidenmüller, Ausländische Kapitalgesellschaften im deutschen Recht, § 5 Rn. 113; ebda *Engert* § 8 Rn. 57.

476 S. *Engert*, in: Eidenmüller, Ausländische Kapitalgesellschaften im deutschen Recht, § 8 Rn. 55; *Arnold*, StuW 2005, 148, 152; *Beinert/Werder*, DB 2005, 1480, 1485; *Prinz/von Freeden*, Der Konzern 2004, 318, 321; *Wachter*, FR 2006, 393, 399.

477 *Engert*, in: Eidenmüller, Ausländische Kapitalgesellschaften im deutschen Recht, § 8 Rn. 58; *Hennrichs*, in: Tipke/Lang, Steuerrecht, § 9 Rn. 1; *Wachter*, FR 2006, 393, 400.

den Vorschriften des HGB zu erfolgen, eine – in diesem Falle – nach englischem Recht erstellte Gewinnermittlung sei unbeachtlich.[478]

Auch unter diesem Gesichtspunkt kann es daher geboten bzw. sicherer sein, von vornherein für steuerliche Zwecke zusätzlich nach deutschem Handelsrecht zu bilanzieren.

4. Ergebnis

Im Ergebnis besteht daher für die Scheinauslandsgesellschaft jedenfalls faktisch die Notwendigkeit einer doppelten Buchführung nach „heimatlichem" und nach deutschem Handelsrecht, wenn es sich dabei auch nicht um eine originär handelsrechtliche, sondern um eine steuerliche Bilanzierungspflicht handelt.[479]

III. Europarechtskonformität einer steuerlich begründeten zusätzlichen Buchführungspflicht

Damit stellt sich abschließend die Frage, ob diese steuerrechtlich begründete Doppelbelastung bei der Bilanzierung – im Gegensatz zur handelsrechtlich begründeten – mit der europäischen Niederlassungsfreiheit vereinbar ist.

1. Futura Participations

Hierfür kann zunächst die Entscheidung des Europäischen Gerichtshofs in der Rechtssache Futura Participations[480] herangezogen werden.

In diesem Verfahren ging es um die Anerkennung von Verlustvorträgen der luxemburgischen Niederlassung der französischen Klägerin Futura Participations SA. Das luxemburgische Steuerrecht sah insoweit vor, dass die Verluste aus der Tätigkeit der Zweigniederlassung herrühren mussten. Dies konnte nur im Wege einer Buchführung der Niederlassung im Inland nachgewiesen werden, so dass der Europäische Gerichtshof sich in dieser Rechtssache mit einer im Steuerrecht wurzelnden Buchführungspflicht auseinandersetzen musste.

In seiner Entscheidung stellt der Gerichtshof zunächst klar, dass er in der Belastung mit einer zusätzlichen steuerlichen Buchführungspflicht zwar einen Eingriff in die Niederlassungsfreiheit sieht.[481]

Im Rahmen der Rechtfertigungsprüfung führt er dann aber aus, der nationale Steuergesetzgeber müsse sich zur Ermittlung der Bemessungsgrundlage für die mitgliedstaatliche Ertragsteuer nicht auf die Buchführung der Gesellschaft nach dem Handelsbilanzrecht verweisen lassen. Zur Begründung verweist er er-

---

478 OFD Hannover v. 28. Februar 2007, S 2700 – 2 – StO 242, Ziffer 3.8.5, BeckVerw 103896.

479 *Hennrichs*, in: FS Horn, S. 387, 401. S.a. *Dierksmeier*, BB 2005, 1516, 1519; *Riegger*, ZGR 2004, 510, 517; *Wachter*, FR 2006, 393, 400, 401.

480 EuGH, Urt. v. 15.05.1997 – C-250/95, Slg. I-2471 – Futura Participations.

481 EuGH, Urt. v. 15.05.1997 – C-250/95, Slg. I-2471 Rn. 24, 25 – Futura Participations.

neut auf die Kompetenz der Mitgliedstaaten zur Regelung der direkten Steuern und ferner darauf, dass das harmonisierte Bilanzrecht nicht auf die Zwecke des Steuerrechts zugeschnitten sei.[482]

Im Falle Futura wurde die fragliche luxemburgische Regelung zwar dennoch für europarechtswidrig erklärt, dies lag jedoch darin begründet, dass das luxemburgische Recht nicht im Allgemeinen für die Einkommensermittlung zu einer Buchführung für die Niederlassung verpflichtete, sondern nur für den Nachweis, dass es sich um die Geltendmachung gerade im Inland entstandener Verluste handelte. Für diesen für die luxemburgischen Behörden relevanten Beleg der Verluste ist eine zusätzliche Buchführung jedoch nicht erforderlich.

2. Schlussfolgerungen

Die der Entscheidung zugrunde liegenden grundsätzlichen Erwägungen lassen allerdings auf die auch europarechtliche Zulässigkeit einer steuerlich begründeten zusätzlichen Buchführungspflicht schließen.[483] Denn weiterhin besteht (trotz Bestrebungen zur Vereinheitlichung) aufgrund der Kompetenzverteilung auf europäischer Ebene keine Harmonisierung der Vorschriften auf dem Gebiet der direkten Steuern der Mitgliedstaaten. Ebenso mangelt es den Bezügen zur Ermittlung der Bemessungsgrundlage weiterhin an Kongruenz. Vielmehr erfolgt eine Orientierung an jeweils unterschiedlichen Zwecken und Zielen; die mitgliedstaatliche Bilanzierung ist nicht stets auf die Ermittlung eines auch steuerlichen Abschlusses zugeschnitten.

3. Ergebnis

Die zweifache Gewinnermittlung, d.h. insbesondere auch die Anwendung der nationalen Vorschriften zur Einkünfteermittlung, lässt sich daher in Anbetracht der mangelnden Harmonisierung der steuerlichen Bemessungsgrundlagen auf europäischer Ebene durchaus rechtfertigen.

IV. Gesamtergebnis

Zumindest in tatsächlicher Hinsicht besteht für die Scheinauslandsgesellschaft – europarechtlich zulässig – eine steuerrechtlich begründete Pflicht zur Buchführung nach deutschem Handelsrecht.

---

482 EuGH, Urt. v. 15.05.1997 – C-250/95, Slg. I-2471 Rn. 32-35 – Futura Participations.

483 So auch *Engert*, in: Eidenmüller, Ausländische Kapitalgesellschaften im deutschen Recht, § 8 Rn. 56; *Eidenmüller/Rehberg*, ZVglRWiss 105 (2006), 427, 444. Vgl. a. *Frotscher*, Internationales Steuerrecht, Rn. 280.

D. Die Organschaft nach § 14 KStG

Gerade auch im Rahmen der Organschaftsregelung spielt die Konstellation der Scheinauslandsgesellschaft aufgrund der Doppelansässigkeit eine besondere Rolle. Denn wegen der Anknüpfung an Geschäftsleitungssitz (und Satzungssitz) für die sog. Organgesellschaft bzw. den sog. Organträger tun sich typischerweise Probleme bei deren Divergenz auf. Die Auseinandersetzung mit der Organschaft bietet sich daher gerade auch bezogen auf die Scheinauslandsgesellschaft an. Erneut sei darauf hingewiesen, dass auch die deutsche sitzverlegende Kapitalgesellschaft „objektiv" gesehen eine Schein"auslands"gesellschaft darstellen kann.

Gegenstand des folgenden Abschnitts ist daher die Frage, ob bzw. inwieweit auch doppelansässige Kapitalgesellschaften von dem Hauptzweck einer Organschaftsbildung profitieren können, dem Organträger das Einkommen bzw. insbesondere die Verluste der Organgesellschaft zuzurechnen, um diese dann mit den anderen positiven Einkünften des Organträgers steuermindernd zu verrechnen, und unter § 14 KStG zu fassen sind.

I. Die Organträgereigenschaft

Spätestens durch Änderung des § 14 KStG im Zuge des UntStFG vom 20.12.2001 ist klargestellt, dass ausländische Kapitalgesellschaften mit Geschäftsleitung im Inland Organträger sein können.[484] Mit der Neufassung der Vorschrift wurde der früher nach dem Wortlaut geforderte doppelte Inlandsbezug aufgegeben, es kommt nunmehr allein darauf an, dass die Gesellschaft ihre Geschäftsleitung im Inland hat (§ 14 Abs. 1 S. 1 Nr. 2 S. 1 KStG). Dabei ist die zivilrechtliche Rechtsfähigkeit der Gesellschaft – wie sich aus den §§ 14 Abs. 1 S. 1 Nr. 2 S. 2, 18 KStG schließen lässt – in diesem Zusammenhang wiederum nicht entscheidend.

Aus dem Erfordernis einer inländischen Geschäftsleitung ergibt sich aber gleichzeitig, dass nur solche doppelansässigen Kapitalgesellschaften Organträger sein können, die als ausländische Gesellschaften nach Deutschland zugezogen sind bzw. deren Geschäftsleitung von vornherein in Deutschland lag. Deutsche Gesellschaften hingegen, die ihre Geschäftsleitung unter Beibehaltung des statutarischen Sitzes im Ausland nehmen oder dorthin verlegen, erfüllen diese Voraussetzung nicht.[485] Auch die Anwendung von § 18 KStG scheidet aufgrund des inländischen Sitzes grundsätzlich aus; der Organträger ist in diesem Falle kein „ausländischer" im Sinne der Vorschrift.[486]

Diese unterschiedliche benachteiligende Behandlung, die dazu führt, dass nach deutschem Recht errichtete Kapitalgesellschaften an der Verlegung der Ge-

484 S. hierzu auch unter Sechstes Kapitel B.

485 Auch ausländische Kapitalgesellschaften mit Geschäftsleitung im Ausland und Betriebsstätte im Inland, in deren Betriebsvermögen sie die Anteile an inländischen Tochtergesellschaften halten, scheiden als Organträger aus.

486 *Kußmaul/Niehren*, in: FS Djanani, S. 177, 179.

schäftsleitung ins Ausland gehindert werden (können), erscheint im Hinblick auf die europäische Niederlassungsfreiheit nicht gerechtfertigt.[487]

Insoweit ließe sich allerdings durch eine europarechtskonforme Auslegung des § 18 KStG Abhilfe schaffen, wenn man die Vorschrift lediglich als Mindestvoraussetzung ansieht.[488] Abgesehen von der europarechtlichen Dimension spricht hierfür auch, dass es kaum begründbar ist, warum doppelansässigen Kapitalgesellschaften mit inländischem Satzungssitz, die unbeschränkt körperschaftsteuerpflichtig sind und einen größeren Bezug zur inländischen Besteuerung aufweisen als rein ausländische beschränkt steuerpflichtige Gesellschaften, im Gegensatz zu diesen die Organträgereigenschaft verwehrt bleibt.[489] Es ist anzunehmen, dass dieses Ergebnis nicht gewünscht ist und allein darauf beruht, dass § 18 KStG im Zuge des UntStFG nicht an den geänderten § 14 Abs. 1 S. 1 Nr. 2 S. 1 KStG angepasst wurde. Die ablehnende Haltung des BFH zu einer erweiternden Auslegung des § 18 KStG bezieht sich auch allein auf die Rechtslage vor dem UntStFG.

Schließlich ist in diesem Zusammenhang zu beachten, dass der BFH für die gewerbesteuerliche Organschaft unter Verweis auf das Diskriminierungsverbot des Art. XX Abs. 4 und 5 DBA-Großbritannien 1964/1970 entschieden hat, dass eine Kapitalgesellschaft mit Geschäftsleitung und Sitz im Inland Organgesellschaft eines in Großbritannien ansässigen gewerblichen Unternehmens als Organträger sein kann.[490] Überträgt man dies auf die körperschaftsteuerliche Organschaft und ermöglicht damit – wenn auch unter Heranziehung des DBA-Diskriminierungsverbots – eine grenzüberschreitende Organschaft zu einem Organträger mit Geschäftsleitung und Sitz im Ausland,[491] so lässt sich die Verwehrung der Organträgereigenschaft für doppelansässige Kapitalgesellschaften mit Satzungssitz im Inland noch weniger einsehen.

---

487 Ausführlich *Kaufer*, Grenzüberschreitende Organschaft kraft Gemeinschaftsrecht, S. 69-91; zudem Frotscher/Maas/*Frotscher* § 14 Rn. 103; *Klarmann*, Körperschaftsteuerliche Organschaft – Entstehung, Inhalt und Problematik der bestehenden deutschen Regelung –, S. 53-56; *Herzig/Wagner*, DB 2005, 1, 6; *Hey*, Der Konzern 2004, 577, 586; *Meilicke*, DB 2002, 911 f.; *Micker*, DB 2003, 2734, 2736, 2737 f. S.a. *Bergemann/Schönherr/Stäblein*, BB 2005, 1706, 1715. Vgl. zudem *Kußmaul/Niehren*, in: FS Djanani, S. 177, 178-181.

488 *Kaufer*, Grenzüberschreitende Organschaft kraft Gemeinschaftsrecht, S. 91; *Micker*, DB 2003, 2734, 2738. *Klarmann*, Körperschaftsteuerliche Organschaft – Entstehung, Inhalt und Problematik der bestehenden deutschen Regelung –, S. 56 hält hingegen eine Gesetzesänderung für erforderlich.

489 Zu dieser Frage des Ausschlusses doppelansässiger Gesellschaften mit Satzungssitz im Inland siehe auch die Darstellung bei Erle/Sauter/*Erle/Heurung* § 18 Rn. 9 m.w.N.

490 BFH DStR 2011, 762; die Frage der Europarechtskonformität bedurfte daher keiner Entscheidung. Zustimmend *Mössner*, Anm. z. BFH IStR 2011, 345 (=DStR 2011, 762), IStR 2011, 349; ablehnend *Mitschke*, IStR 2011, 537, 538-542; kritisch auch *Frotscher*, IStR 2011, 697, 699 f.

491 Hierzu *Rödder/Schönfeld*, DStR 2011, 886, 888, wobei ein Gewinnabführungsvertrag in dieser Konstellation unproblematisch möglich sein dürfte; so auch *Frotscher*, IStR 2011, 697, 701.

II. Die Organgesellschaft

Zu diskutieren bleibt, ob eine doppelansässige Kapitalgesellschaft als Organgesellschaft in Betracht kommt. Dies erscheint problematisch, da das Gesetz hier in § 14 Abs. 1 S. 1 KStG an dem doppelten Inlandsbezug in Form von Geschäftsleitung und Sitz im Inland festhält.[492] Zudem bedarf das Erfordernis des Gewinnabführungsvertrages in grenzüberschreitenden Konstellationen einer kritischen Betrachtung und Auseinandersetzung. Aufgrund des auch für diese Fragestellungen maßgeblichen europarechtlichen Hintergrundes sei vorab die in diesem Zusammenhang oft besprochene Entscheidung des EuGH in der Rechtssache Marks & Spencer[493] unter Einbeziehung des sich anschließenden X Holding BV-Urteils[494] dargestellt.

1. Die Entscheidungen des EuGH

a) Marks & Spencer

Kläger in diesem Verfahren war die im Vereinigten Königreich ansässige Muttergesellschaft Marks & Spencer plc des Einzelhandelskonzerns Marks & Spencer. Diese hatte über eine englische Tochtergesellschaft eine Holding in den Niederlanden gegründet, in der die europäischen Aktivitäten gebündelt wurden und die wiederum Tochtergesellschaften mit Sitz und Geschäftsleitung in Belgien, Frankreich und Deutschland hielt. Die Auslandstochtergesellschaften waren jeweils ausschließlich in ihrem Ansässigkeitsstaat unternehmerisch tätig und erwirtschafteten dort in den Geschäftsjahren 1998 bis 2001 nur Verluste. Daraufhin wurde bei der belgischen und der deutschen Gesellschaft der Handel eingestellt, die französische Gesellschaft wurde mit Verlust weiterverkauft. Da mithin die angelaufenen Verluste in den Ansässigkeitsstaaten keine steuerliche Berücksichtigung mehr finden konnten, beantragte die Klägerin für diese den sog. „group relief", d.h. die Verlustberücksichtigung im Inland innerhalb einer Unternehmensgruppe, und damit die Verrechnung der Auslandsverluste bei der britischen Muttergesellschaft. Dieser Antrag wurde unter Hinweis darauf abgelehnt, dass die Auslandstochtergesellschaften entgegen der gesetzlichen Vorgaben weder im Vereinigten Königreich ansässig, noch im Inland über eine Zweig-

492 Zu beachten ist an dieser Stelle das BMF-Schreiben v. 28.03.2011, IV C 2 – S 2770/09/10001, DStR 2011, 674. Darin wird im Hinblick auf das von der Europäischen Kommission gegen die Bundesrepublik Deutschland eingeleitete Vertragsverletzungsverfahren angeordnet, dass über den Wortlaut der Regelung hinaus künftig auch eine im EU/EWR-Ausland gegründete Kapitalgesellschaft mit Geschäftsleitung in Deutschland ihr auf im Inland steuerpflichtigen (positiven und negativen) Einkünften beruhendes Einkommen innerhalb einer steuerlichen Organschaft einem Organträger im Sinne des § 14 Abs. 1 S. 1 Nr. 2 KStG oder § 18 KStG zurechnen kann, wenn auch die übrigen Voraussetzungen der §§ 14 ff. KStG für die Anerkennung der steuerlichen Organschaft erfüllt sind. Dies macht eine Auseinandersetzung mit der gesetzlichen Vorgabe jedoch keineswegs entbehrlich.

493 EuGH, Urt. v. 13.12.2005 – C-446/03, Slg. I-10837 – Marks & Spencer.

494 EuGH, Urt. v. 25.02.2010 – C-337/08, DStR 2010, 427 – X Holding BV.

niederlassung oder Agentur unternehmerisch tätig waren. Dies hielt Marks & Spencer für mit der Niederlassungsfreiheit unvereinbar und legte daraufhin Beschwerde ein. Diese Beschwerde blieb ebenfalls ohne Erfolg, woraufhin Marks & Spencer sich mit der Berufung an den UK High Court of Justice wandte. In der Folge setzte das Gericht das Verfahren aus und erließ einen Vorlagebeschluss, so dass der Europäische Gerichtshof sich im Wege der Vorabentscheidung im Wesentlichen mit der Frage auseinanderzusetzen hatte, ob die Art. 43, 48 EG (Art. 49, 54 AEUV) der Regelung eines Mitgliedstaates entgegenstehen, die es einer gebietsansässigen Muttergesellschaft verwehrt, auf ihren steuerpflichtigen Gewinn Verluste anzurechnen, die einer in einem anderen Mitgliedstaat ansässigen Tochtergesellschaft dort entstanden sind, während sie die Berücksichtigung von Verlusten einer inländischen Tochtergesellschaft erlaubt.

Zu Beginn seiner Entscheidung stellt der Europäische Gerichtshof erneut klar, dass nach ständiger Rechtsprechung die direkten Steuern zwar in die Zuständigkeit der Mitgliedstaaten fallen, diese ihre Befugnisse aber unter Wahrung des Gemeinschaftsrechts ausüben müssen.[495] Nach kurzer Darlegung des Schutzumfangs der Niederlassungsfreiheit gerade auch bezogen auf Gesellschaften und unter Verweis auf die Wirkung der Grundfreiheit als Beschränkungsverbot, stellt der Gerichtshof fest, dass der Ausschluss von der Möglichkeit des Konzernabzugs aufgrund der unterschiedlichen Behandlung von Verlusten gebietsansässiger und gebietsfremder Tochtergesellschaften eine Beschränkung der Niederlassungsfreiheit darstellt. Dieser Ausschluss sei nämlich geeignet, die Muttergesellschaft in der Ausübung der Niederlassungsfreiheit zu behindern, da sie dadurch von der Gründung einer Tochtergesellschaft in einem anderen Mitgliedstaat abgehalten werden könne.[496]

Sodann beschäftigt sich der Europäische Gerichtshof mit der Zulässigkeit einer solchen Beschränkung unter Anwendung seiner von ihm entwickelten vierstufigen Rechtfertigungsprüfung. Dabei geht der Gerichtshof zunächst auf das im internationalen Steuerrecht und auch im Gemeinschaftsrecht anerkannte Territorialitätsprinzip ein. Dazu führt er aus, dass jedenfalls der Umstand allein, dass ein Mitgliedstaat auch den Gewinn gebietsfremder Tochtergesellschaften einer in seinem Gebiet ansässigen Muttergesellschaft nicht besteuert, per se noch keine Beschränkung des Konzernabzugs auf Verluste der gebietsansässigen Tochtergesellschaft rechtfertige.[497]

495 EuGH, Urt. v. 13.12.2005 – C-446/03, Slg. I-10837 Rn. 29 – Marks & Spencer.

496 EuGH, Urt. v. 13.12.2005 – C-446/03, Slg. I-10837 Rn. 30-34 – Marks & Spencer. Der EuGH prüft damit allein anhand des vertikalen Vergleichspaares, so dass es darauf ankommt, ob die Verluste auslandsansässiger Tochtergesellschaften gemessen am Zweck der Konzernbesteuerungsregeln in gleichem Maße verrechnungswürdig erscheinen wie die inländischer Töchter, s.a. unter Drittes Kapitel C.II.2. Der sog. horizontale Vergleich wird sowohl von GA Maduro in seinen Schlussanträgen v. 07.04.2005 (Slg. I-10837 Rn. 42-49) wie auch vom Gerichtshof für irrelevant erklärt. Im Unterschied zum GA, der seine Ablehnung ausdrücklich deutlich macht, weist der EuGH die Forderung nach einem allgemeinen Gleichbehandlungsgebot von Tochtergesellschaft und Betriebsstätte wohl nur im Ergebnis (implizit) zurück, vgl. *Herzig/Wagner*, Der Konzern 2006, 176, 180; *dies.*, DStR 2006, 1, 7.

497 EuGH, Urt. v. 13.12.2005 – C-446/03, Slg. I-10837 Rn. 36-39 – Marks & Spencer.

Im Folgenden geht er auf drei weitere vorgetragene Rechtfertigungsgründe ein: zum einen die Wahrung einer ausgewogenen Aufteilung der Besteuerungsbefugnis zwischen den Mitgliedstaaten, zum anderen die Vermeidung einer doppelten Verlustberücksichtigung und schließlich die Steuerfluchtgefahr. Hinsichtlich des ersten Grundes bekräftigt der Europäische Gerichtshof vorab seine Auffassung, dass der Rückgang von Steuereinnahmen nicht als zwingender Grund des Allgemeininteresses anerkannt werden kann. Allerdings könne es – wenn man die Folgen einer Wahlmöglichkeit der Gesellschaft betrachte, in welchem Staat sie ihre Verluste geltend machen wolle – zur Wahrung der Aufteilung der Besteuerungsbefugnis zwischen den Mitgliedstaaten erforderlich sein, auf die wirtschaftliche Tätigkeit der in einem dieser Staaten niedergelassenen Gesellschaften sowohl in Bezug auf Gewinne wie auch auf Verluste allein dessen Steuerrecht anzuwenden.[498] Auch den zweiten und dritten Rechtfertigungsgrund erkennt der Europäische Gerichtshof als solche an.[499] Er kommt dann zusammenfassend zu dem Zwischenergebnis, dass aufgrund dieser drei Rechtfertigungsgründe in ihrer Gesamtheit die gegenständliche beschränkende Regelung ein berechtigtes und mit dem EG-Vertrag zu vereinbarendes Ziel verfolge und zwingenden Gründen des Allgemeininteresses entspreche und dass sie zudem zur Erreichung dieser Ziele auch geeignet sei.[500]

Es schließt sich nun die Prüfung an, ob die beschränkende Maßnahme nicht über das hinausgeht, was zur Erreichung der mit ihr verfolgten Ziele erforderlich ist, ob also insbesondere nicht weniger belastende Maßnahmen als ein allgemeiner Ausschluss in Frage kämen. Hierzu entscheidet der Gerichtshof, dass die streitige Maßnahme dann über das zur Zielerreichung Erforderliche hinausgeht, wenn die gebietsfremde Tochtergesellschaft die in ihrem Ansässigkeitsstaat für den vom Abzugsantrag erfassten Steuerzeitraum sowie für frühere Steuerzeiträume vorgesehenen Möglichkeiten ausgeschöpft hat, ggf. durch Übertragung dieser Verluste an Dritte oder ihre Verrechnung mit Gewinnen, die die Tochtergesellschaft in früheren Zeiträumen erwirtschaftet hat, und keine Möglichkeit besteht, dass die Verluste der ausländischen Tochtergesellschaft in ihrem Sitzstaat

498 EuGH, Urt. v. 13.12.2005 – C-446/03, Slg. I-10837 Rn. 44-46 – Marks & Spencer. Diese Ausführungen zur Aufteilung der Besteuerungsrechte betreffen wohl letztlich doch das Territorialitätsprinzip, wenn auch in einem weitergehenden Umfang als bisher anerkannt, s. hierzu z.B. *Herzig/Wagner*, Der Konzern 2006, 176, 178; *dies.*, DStR 2006, 1, 7; *Seiler/Axer*, IStR 2008, 838, 840, 841, 843. Mit diesem Vorgehen zeigt der EuGH ein Stück weit Entgegenkommen gegenüber den Mitgliedstaaten und eine stärkere Beachtung der weiterhin bestehenden nationalen Ertragsteuerkompetenzen.

499 EuGH, Urt. v. 13.12.2005 – C-446/03, Slg. I-10837 Rn. 47, 49 – Marks & Spencer. Auch die Ausführungen zur doppelten Verlustberücksichtigung könnten dabei – entsprechend den Vorgaben des GA Maduro (Slg. I-10837 insbes. Rn. 65-72) – eher dem anerkannten Rechtfertigungsgrund der Kohärenz zugeordnet werden. Bei dem Rechtfertigungsgrund der Steuerfluchtgefahr wird nicht deutlich, ob es sich hierbei um einen neuen wesentlich weniger strengen Rechtfertigungsgrund oder lediglich um eine erweiternde Ausformung des bereits anerkannten Grundes der Missbrauchsvermeidung handelt. Insgesamt vermeidet der EuGH in dieser Entscheidung eine klare Zuordnung zu den bekannten Rechtfertigungsgründen.

500 EuGH, Urt. v. 13.12.2005 – C-446/03, Slg. I-10837 Rn. 51 – Marks & Spencer.

für künftige Zeiträume von ihr selbst oder von einem Dritten, insbesondere im Fall der Übertragung der Tochtergesellschaft auf ihn, berücksichtigt werden.[501] Hierfür sieht der EuGH die Muttergesellschaft als nachweispflichtig an. Sind die obigen Voraussetzungen danach erfüllt, verstoße es gegen die Art. 43, 48 EG (Art. 49, 54 AEUV), wenn es der Muttergesellschaft verwehrt werde, von ihrem steuerpflichtigen Gewinn die Verluste ihrer gebietsfremden Tochtergesellschaft abzuziehen.[502] Dazu ergänzt der Gerichtshof, dass es den Mitgliedstaaten freistehe, nationale Maßnahmen beizubehalten oder zu erlassen, die speziell darauf abzielen, allein zu missbräuchlichen Zwecken (Steuerumgehung, Steuerflucht) geschaffene Sachverhalte von einem Steuervorteil auszuschließen.[503]

Zum Ende der Entscheidung weist der Europäische Gerichtshof darauf hin, dass möglicherweise bestehende andere, weniger belastende Maßnahmen jedenfalls einer vom Gemeinschaftsgesetzgeber zu erlassenden Harmonisierungsregelung bedürften.[504]

---

501 EuGH, Urt. v. 13.12.2005 – C-446/03, Slg. I-10837 Rn. 55 – Marks & Spencer. Auch hier nimmt der Europäische Gerichtshof zwar den Vorschlag des GA (Slg. I-10837 Rn. 74-81) auf, jedoch wiederum entgegen dessen Vorgehen ohne Bezug zur Kohärenz. Zudem wird deutlich, dass es auf die Möglichkeit der tatsächlichen Verlustberücksichtigung ankommt (so auch schon die Forderung von *Herzig/Englisch/Wagner*, Der Konzern 2005, 298, 310, nachdem man aus den Schlussanträgen des GA Maduro zunächst auf die Perspektive des Verlustentstehungsjahres und eine potenzielle Verlustnutzung bzw. die Generierung eines Verlustvortrags abstellen wollte), s. hierzu auch noch unter Fünftes Kapitel D.II.2.b) bb)γ). In Abweichung zu den Schlussanträgen und auch zu vorangegangenen Urteilen erfolgt allerdings kein Hinweis auf die Amtshilferichtlinie, vgl. *Herzig/Wagner*, Der Konzern 2006, 176, 179; *dies.*, DStR 2006, 1, 8.

502 EuGH, Urt. v. 13.12.2005 – C-446/03, Slg. I-10837 Rn. 56 – Marks & Spencer. Hier zeigt sich, dass der Gerichtshof das Verhältnis von Grundsatz und Ausnahme im Vergleich zu den Schlussanträgen des GA Maduro umdreht, s. hierzu *Klarmann*, Körperschaftsteuerliche Organschaft – Entstehung, Inhalt und Problematik der bestehenden deutschen Regelung –, S. 68; *Herzig/Wagner*, Der Konzern 2006, 176, 179 – wenn auch im Ergebnis der Möglichkeit des Verlustabzugs enge Grenzen gesetzt werden; der Generalanwalt war noch von der grundsätzlichen Unvereinbarkeit der Inlandsbeschränkung des „group relief" mit der Niederlassungsfreiheit ausgegangen. Insgesamt ist der Europäische Gerichtshof daher den Schlussanträgen im Ergebnis gefolgt, hat jedoch abweichende eigenständige Begründungen gewählt. Im Übrigen fällt die restriktive Tendenz des Gerichtshofs auf, der trotz Kenntnis einer weniger belastenden und zur Zielerreichung jedenfalls gleich geeigneten Methode, nämlich der Verlustberücksichtigung mit Nachversteuerung, die für den Steuerpflichtigen belastendere Variante wählt. Ferner überrascht es, dass der Europäische Gerichtshof die zeitlich versetzte Verlustnutzung – entgegen seiner eigenen Rechtsprechung – im Hinblick auf die damit verbundenen Liquiditätsnachteile nicht als problematisch ansieht. Genauso verfährt er dann aber auch später in seiner die Marks & Spencer-Grundsätze auch auf ausländische Betriebsstätten ausdehnenden Entscheidung zur Rechtssache Lidl Belgium (Urt. v. 15.05.2008 – C-414/06, Slg. I-3601).

503 EuGH, Urt. v. 13.12.2005 – C-446/03, Slg. I-10837 Rn. 57 – Marks & Spencer.

504 EuGH, Urt. v. 13.12.2005 – C-446/03, Slg. I-10837 Rn. 58 – Marks & Spencer (wobei sich die Frage stellt, inwieweit der EuGH hiermit in Abweichung von seiner bisherigen Rechtsprechung einen Harmonisierungsvorbehalt einführen wollte, s. Drittes Kapitel C.III.2.b)a)aa) und Fn. 510).

b) X Holding BV

Die sich in diesem Urteil für den sog. Outbound-Fall zeigende Tendenz des Europäischen Gerichtshofs hinsichtlich der Übertragbarkeit bzw. Berücksichtigung von (Definitiv)Verlusten setzt sich in dem später folgenden Urteil in der Rechtssache X Holding BV zur niederländischen Gruppenbesteuerung fort.[505] In diesem Zusammenhang hat der Gerichtshof entschieden, dass es keinen Verstoß gegen die Niederlassungsfreiheit darstelle, wenn eine Regelung es einer Muttergesellschaft ermögliche, mit ihrer gebietsansässigen Tochtergesellschaft eine steuerliche Einheit zu bilden, während dies mit einer gebietsfremden Tochtergesellschaft nicht möglich ist, weil deren Gewinne nicht den Steuervorschriften dieses Mitgliedstaates unterliegen.

Die Möglichkeit für gebietsansässige Mutter- und Tochtergesellschaften, als steuerliche Einheit besteuert zu werden, stelle im Hinblick auf die damit erreichbare Konsolidierung der Gewinne und Verluste auf Ebene der Muttergesellschaft einen Vorteil dar.[506] Die Verwehrung dieses Vorteils für Muttergesellschaften mit nicht gebietsansässigen Tochtergesellschaften bedeute auch eine Beschränkung der Niederlassungsfreiheit[507]; eine Vergleichbarkeit des „grenzüberschreitenden" Sachverhalts mit dem Inlandssachverhalt sei gerade unter Berücksichtigung des mit der nationalen Regelung verfolgten Zieles, den oben beschriebenen Vorteil der Gewinn- und Verlustkonsolidierung in Anspruch zu nehmen, durchaus gegeben.[508]

Die damit festgestellte Beschränkung sei aber durch zwingende Gründe des Allgemeininteresses gerechtfertigt. Zu diesem Ergebnis kommt der Europäische Gerichtshof über den Rechtfertigungsgrund der ausgewogenen Aufteilung der Besteuerungsbefugnis, die gefährdet sei, wenn Gesellschaften frei – durch Eingehung oder Auflösung einer steuerlichen Einheit – entscheiden könnten, welchen unterschiedlichen Steuersystemen sie laufende Verluste einer im EU-Ausland ansässigen Tochtergesellschaft unterwerfen.[509] Die Regelung gehe dabei im Hinblick darauf, dass für ausländische Betriebsstätten die Möglichkeit einer vorläufigen Verlustübertragung verbunden mit Nachversteuerung bestehe, auch nicht über das zur Zielerreichung Erforderliche hinaus, da sich Betriebsstätten in einem anderen Mitgliedstaat und gebietsfremde Tochtergesellschaften bezüglich der Aufteilung der Besteuerungsbefugnis nicht in einer vergleichbaren Situation befänden.[510]

505 Für eine Wendung hin zu einer generellen Nichtberücksichtigung der Verluste ausländischer Tochtergesellschaften aber *Mitschke*, DStR 2010, 1368, 1369; *ders.*, IStR 2011, 185, 188 f. In diese Richtung auch *Englisch*, Anm. z. EuGH, Urt. v. 25.02.2010 – C-337/08 – X Holding BV, IStR 2010, 215, 216 f.

506 EuGH, Urt. v. 25.02.2010 – C-337/08, DStR 2010, 427, Rn. 18 – X Holding BV.

507 EuGH, Urt. v. 25.02.2010 – C-337/08, DStR 2010, 427, Rn. 19 – X Holding BV.

508 EuGH, Urt. v. 25.02.2010 – C-337/08, DStR 2010, 427, Rn. 22-24 – X Holding BV.

509 EuGH, Urt. v. 25.02.2010 – C-337/08, DStR 2010, 427, Rn. 28 f. – X Holding BV.

510 EuGH, Urt. v. 25.02.2010 – C-337/08, DStR 2010, 427, Rn. 34-41 – X Holding BV. Hier verwirft der Europäische Gerichtshof das horizontale Vergleichspaar; Rechtsformneutralität muss seitens des Herkunftsmitgliedstaates nicht gewährleistet werden. S.a. *Englisch*, Anm. z.

c) Verhältnis der beiden Entscheidungen

Dafür, dass die in der Marks & Spencer-Entscheidung vorgegebene Linie weiterverfolgt werden soll, spricht zum einen, dass in der Rechtssache X Holding BV eine einzelne Kammer entschieden hat, während die wegweisenden Urteile zum In- und Outbound-Fall (Oy AA und eben Marks & Spencer) der Großen Kammer zur Entscheidung vorlagen. Damit bringt der Europäische Gerichtshof mit Blick auf Art. 44 § 3 der Verfahrensordnung des Gerichtshofs selbst zum Ausdruck, dass er der Sache keine besondere Schwierigkeit oder Bedeutung auch über den Einzelfall hinaus zumisst, sondern die grundsätzliche Richtung vielmehr durch die vorangegangenen Urteile für vorgegeben hält.[511] Zum anderen zitiert der Gerichtshof das Leiturteil Marks & Spencer mehrfach in seiner Begründung, was ebenfalls gegen eine Abkehr von den dort aufgestellten Grundsätzen spricht.[512] Insbesondere ging es in dem Verfahren X Holding BV auch um laufende Verluste, so dass es einer erneuten Äußerung bezüglich der Behandlung von Definitivverlusten nicht bedurfte.[513]

2. Auswirkungen auf die deutsche Regelung zur Organschaft

a) Beurteilung de lege lata

Da sich die Entscheidung in der Rechtssache Marks & Spencer unmittelbar nur auf die Regelung des UK group relief bezieht, ist vorab zu klären, inwieweit daraus überhaupt Konsequenzen auch für die deutsche Organschaft gezogen werden können. Hierzu lässt sich zunächst feststellen, dass der britische group relief und die deutsche Organschaft sich konzeptionell durchaus unterscheiden. Allerdings entsprechen sich die deutsche und die britische Regelung in ihrer Wirkung gerade für den dem Verfahren zugrunde liegenden Fall, dass die Verluste einer auslandsansässigen Tochtergesellschaft auf die Muttergesellschaft übertragen werden, so dass die Entscheidung des Europäischen Gerichtshofs

---

EuGH, Urt. v. 25.02.2010 – C-337/08 – X Holding BV, IStR 2010, 215, 217; *Hohenwarter-Mayr*, SWI 2010, 163, 167 f., 170-172.

Im Übrigen fällt auf, dass der Gerichtshof im Rahmen der Erforderlichkeitsprüfung erneut nicht auf die Möglichkeit der Verrechnung mit Nachversteuerungsvorbehalt als milderes Mittel im Hinblick auf Zins- und Liquiditätsvorteile eingeht. Er hat an dieser Stelle den in Marks & Spencer aufgestellten Harmonisierungsvorbehalt abgesichert, s. *Hohenwarter-Mayr*, SWI 2010, 163, 167; ferner *Eisenbarth/Hufeld*, IStR 2010, 309, 313.

511 *Pache/Englert*, IStR 2010, 448, 449, 451 f.

512 *Homburg*, IStR 2010, 246, 247.

513 *Homburg*, IStR 2010, 246, 247; *Mayr*, IStR 2010, 633, 634 (Fn. 7); *Möllmann*, Anm. z. EuGH, Urt. v. 25.02.2010 – C-337/08 – X Holding BV, SteuK 2010, 194; *Rainer*, Anm. z. EuGH, Urt. v. 25.02.1010 – C-337/08 – X Holding BV, EuZW 2010, 515, 516 f. *Schwenke*, Ubg 2010, 325, 326. Vgl. auch D/J/P/W/*Dötsch* § 14 Rn. 26 f. Dies wird von *Benecke/Staats*, Anm. z. BFH, Urt. v. 09.06.2010 – I R 107/09 (s.u. Fünftes Kapitel D.II.2.b)bb)β)), IStR 2010, 668 f. bei ihrer Kritik am Urteil des BFH nicht berücksichtigt.

insoweit zumindest Ausstrahlungswirkung entfaltet.[514] Gleiches gilt für die Übertragbarkeit der Grundsätze des X Holding BV-Urteils zur niederländischen Gruppenbesteuerung, deren System mit der deutschen Organschaftsregelung in den insoweit wesentlichen Punkten ebenfalls übereinstimmt.[515]

aa) Der Gewinnabführungsvertrag

Der Gewinnabführungsvertrag als eines der zentralen Erfordernisse zur Bildung einer Organschaft könnte schon Zweifel bei der Bildung des zutreffenden Vergleichspaares im Rahmen der europarechtlichen Überprüfung hervorrufen.

α) Abschluss-/Durchführungsmöglichkeit

Dies deshalb, weil der Abschluss eines Gewinnabführungsvertrages im Sinne des § 291 Abs. 1 AktG mit einer ausländischen Tochtergesellschaft in der Regel rechtlich nicht möglich ist bzw. mit dem dann vorrangigen Gesellschaftsrecht des Ansässigkeitsstaates der Tochtergesellschaft kollidiert, was eben ggf. – auch im Hinblick auf die der Organschaft zugrunde liegende Idee des Leistungsfähigkeitstransfers[516] – zur Ablehnung der Vergleichbarkeit von inländischen Tochtergesellschaften mit und ausländischen Tochtergesellschaften ohne wirksamen Gewinnabführungsvertrag führen könnte. Hinzu kommt, dass auch der Abschluss eines Gewinnabführungsvertrags nach ausländischem Recht (abgesehen von der Frage der Zweckdienlichkeit) ebenfalls zumeist nicht möglich sein wird – schon allein deshalb, weil die meisten Staaten keinen Vertragskonzern kennen. Und selbst bei unterstellter rechtlicher Zulässigkeit eines solchen Gewinnabführungsvertrags ist doch jedenfalls die weitere Voraussetzung dessen mindestens fünfjähriger tatsächlicher Durchführung kaum erfüllbar.[517]

β) europarechtliche Problematik

Abgesehen davon, dass schon die vorstehenden Ausführungen letztlich zeigen, dass der Gewinnabführungsvertrag als Differenzierungskriterium gerade ausscheidet, weil sein Abschluss dem Steuerpflichtigen schlichtweg unmöglich ist

514 So auch das FG Niedersachsen IStR 2010, 260, 261. Ferner *Kaufer*, Grenzüberschreitende Organschaft kraft Gemeinschaftsrecht, S. 94; *Klarmann*, Körperschaftsteuerliche Organschaft – Entstehung, Inhalt und Problematik der bestehenden deutschen Regelung –, S. 66, 78-80; *Bergemann/Schönherr/Stäblein*, BB 2005, 1706, 1712; *von Brocke*, DStR 2010, 964, 966; *Herzig/Wagner*, DB 2005, 1, 4; *dies.*, Der Konzern 2006, 176, 183; *dies.*, DStR 2006, 1, 9; *Hey*, GmbHR 2006, 113, 118; *Müller/Müller*, GmbHR 2006, 301, 302. Hierzu auch *Herzig/Englisch/Wagner*, Der Konzern 2005, 298, 315; *Homburg*, IStR 2009, 350, 351; *Scheunemann*, RIW 2006, 79, 80; *ders.*, IStR 2006, 145, 146; *Witt*, FR 2009, 1045, 1047. A.A. aber *Dötsch/Pung*, Der Konzern 2006, 130, 133 f.; *Thiel*, DB 2004, 2603, 2605.

515 Vgl. *Englisch*, Anm. z. EuGH, Urt. v. 25.02.2010 – C-337/08 – X Holding BV, IStR 2010, 215 f.; *Mitschke*, DStR 2010, 1368, 1369; *ders.*, IStR 2011, 185, 188.

516 Vgl. hierzu *Herzig/Englisch/Wagner*, Der Konzern 2005, 298, 316; *Hey*, GmbHR 2006, 113, 118.

517 S. *Herzig/Wagner*, Der Konzern 2006, 176, 184. Ferner *Kußmaul/Niehren*, in: FS Djanani, S. 177, 192.

und deshalb von ihm auch nicht verlangt werden kann, bestehen gewichtige Bedenken gegen die Europarechtskonformität des Erfordernisses des Gewinnabführungsvertrags. Auf ein europarechtswidriges Tatbestandsmerkmal könnte eine mangelnde Vergleichbarkeit und damit letztlich auch europarechtliche Unbedenklichkeit dann aber endgültig nicht gestützt werden.[518]

αα) Gewinnabführungsvertrag als Voraussetzung der Organschaft

Insoweit ist nun zu beachten, dass die Forderung nach einem wirksamen Gewinnabführungsvertrag von Konzernen mit ausländischen Tochtergesellschaften wie bereits angesprochen nicht bzw. nur eingeschränkt oder mit Schwierigkeiten bzw. Nachteilen behaftet erfüllt werden kann, so dass sie typischerweise (EU-)ausländische Gesellschaften benachteiligt.[519] Davon ausgehend, dass diese im deutschen Steuerrecht wurzelnde Wirkung jedenfalls mittelbar Deutschland als Ansässigkeitsstaat der Tochtergesellschaft auch zuzurechnen ist, stellt diese Voraussetzung für die Begründung einer Organschaft mithin einen auch nicht zu rechtfertigenden Eingriff in die europäische Niederlassungsfreiheit in Gestalt einer mittelbaren bzw. versteckten Diskriminierung dar.[520]

Insofern scheint schon ein legitimer Zweck, der Anknüpfungspunkt für eine mögliche Rechtfertigungsprüfung sein könnte, nicht gegeben; jedenfalls aber ist die Regelung nicht verhältnismäßig ausgestaltet. Insbesondere hält die Beschränkung durch den Gewinnabführungsvertrag im Hinblick auf die Vermeidung einer doppelten Verlustnutzung unter Verhältnismäßigkeitsgesichtspunkten einer europarechtlichen Überprüfung nicht stand, wenn der Gewinnabführungsvertrag als notwendiges Element der Organschaft auch bei Vorliegen von Definitivverlusten der ausländischen Tochtergesellschaft gefordert wird.[521]

518 Vgl. auch *Homburg*, IStR 2010, 246, 249; *Kußmaul/Niehren*, in: FS Djanani, S. 177, 191 (Fn. 58); *Raupach/Pohl*, NZG 2005, 489, 492. Dies nicht berücksichtigend *Mitschke*, DStR 2010, 1368, 1370. Auch die Vergleichspaarbildung des FG Rheinland-Pfalz (DStRE 2010, 802, 805, s.u. Fünftes Kapitel D.II.2.b)bb)β)) erscheint vor diesem Hintergrund zweifelhaft.

519 In diesem Sinne auch das FG Niedersachsen IStR 2010, 260, 262. S. zudem HHR-*Kolbe* § 14 Rn. 12; *Klarmann*, Körperschaftsteuerliche Organschaft – Entstehung, Inhalt und Problematik der bestehenden deutschen Regelung –, S. 95-98; *Herzig/Englisch/Wagner*, Der Konzern 2005, 298, 316; *Herzig/Wagner*, DB 2005, 1, 5; *dies.*, Der Konzern 2006, 176, 185; *Hey*, GmbHR 2006, 113, 118; *Homburg*, IStR 2009, 350, 351, 352; *ders.*, IStR 2010, 246, 247 f.; *Kußmaul/Niehren*, in: FS Djanani, S. 177, 190 f.; *Mayr*, BB 2008, 1312, 1315; *Pache/Englert*, IStR 2007, 47, 49; 844, 848; *dies.*, IStR 2010, 448, 450; *Scheunemann*, IStR 2006, 145, 146; *Witt*, FR 2009, 1045, 1048.

520 Vgl. hierzu *Pache/Englert*, IStR 2007, 844, 849; *dies.*, IStR 2010, 448, 450 f. Zudem HHR-*Kolbe* § 14 Rn. 12; *Kaufer*, Grenzüberschreitende Organschaft kraft Gemeinschaftsrecht, S. 125-128; *Klarmann*, Körperschaftsteuerliche Organschaft – Entstehung, Inhalt und Problematik der bestehenden deutschen Regelung –, S. 97-101; *Dörfler/Ribbrock*, BB 2008, 304, 307; *Heurung/Engel/Thiedemann*, FR 2011, 212, 218; *Hey*, StuW 2011, 131, 138; *Homburg*, IStR 2010, 246, 248; *Raupach/Pohl*, NZG 2005, 489, 492; *Scheunemann*, IStR 2006, 145, 147. A.A. *Mitschke*, IStR 2011, 185 f.

521 So *Raupach/Pohl*, NZG 2005, 489, 492. Ihnen folgend *Kußmaul/Niehren*, in: FS Djanani, S. 177, 193.

Daher dürfte das Erfordernis des wirksamen Gewinnabführungsvertrags zukünftig nicht mehr zu halten sein.[522] Gleichzeitig kann es dann aber auch nicht als Anknüpfungspunkt für eine fehlende Vergleichbarkeit herangezogen werden.

ββ) Gewinnabführungsvertrag und Rechtsfolgen eigener Art

In diesem Zusammenhang darf ein zweiter Aspekt nicht unerwähnt bleiben, weswegen der Gewinnabführungsvertrag ebenfalls eine gemeinschaftsrechtliche Problematik beinhaltet: Der Gewinnabführungsvertrag kann zu (vorteilhaften) Rechtsfolgen eigener Art führen. Zu verweisen ist hier insbesondere auf die Anwendbarkeit des § 8b Abs. 5 KStG. Wegen der dortigen Fiktion nichtabziehbarer Betriebsausgaben führt eine Gewinnausschüttung bei einer Kapitalgesellschaft als Empfänger regelmäßig zu einer 5%-igen Effektivbelastung. Diese pauschale Belastung des Vermögenstransfers von der Organgesellschaft an die Organträgerkapitalgesellschaft kann im Wege der Einkommenszurechnung über die Organschaft bzw. genau genommen eben bereits als Folge der Gewinnabführung vermieden werden.[523]

Auch hier kommt es dann wieder zu einer spezifischen Benachteiligung des grenzüberschreitenden Sachverhalts, da eine Tochtergesellschaft mit Sitz im Ausland mangels Gewinnabführungsvertrags von dieser günstigeren bzw. vorteilhafteren Möglichkeit ausgeschlossen bleibt und mithin nicht von einem so begründeten unbelasteten Vermögenstransfer profitieren kann.[524]

Damit stellt sich die Frage, ob jedenfalls diese Ungleichbehandlung europarechtlich zu rechtfertigen ist. In Betracht kommt auch hier wieder das Kohärenzargument. Dabei ist zunächst zu berücksichtigen, dass die in Rede stehenden Betriebsausgaben als Aufwand der Muttergesellschaft im Sitzstaat der Tochtergesellschaft von vornherein schon begrifflich nicht berücksichtigt werden können, so dass die Gefahr einer doppelten Verlustberücksichtigung, eines sog. „double dip", jedenfalls nicht besteht.[525] Allerdings liegt auch der Regelung des § 8b Abs. 5 KStG der Gedanke zugrunde, dass der Ansässigkeitsstaat der Muttergesellschaft nicht zur Anerkennung von Betriebsausgaben verpflichtet werden kann, wenn er die mit diesen in Zusammenhang stehenden Gewinne

---

522 *Heurung/Engel/Thiedemann*, FR 2011, 212, 218; *Hey*, GmbHR 2006, 113, 119; *dies.*, StuW 2011, 131, 137 f.; *Kußmaul/Niehren*, in: FS Djanani, S. 177, 190-194; *Scheunemann*, RIW 2006, 79, 80; vgl. auch *Herzig/Wagner*, Der Konzern 2006, 176, 185; *dies.*, DStR 2006, 1, 9. Nach *Kleinert/Nagler/Rehm*, DB 2005, 1869, 1870 f. ist allerdings auch schon nach geltendem Recht auf das (europarechtswidrige) Erfordernis eines wirksamen Gewinnabführungsvertrags bei Beteiligung ausländischer Rechtsträger zu verzichten, so dass es allein darauf ankomme, dass die Organschaft „tatsächlich gelebt" bzw. praktiziert werde. In diesem Sinne dann auch *Hey*, GmbHR 2006, 113, 119; *Müller/Müller*, GmbHR 2006, 301, 302.

523 *Herzig/Englisch/Wagner*, Der Konzern 2005, 298, 316.

524 *Klarmann*, Körperschaftsteuerliche Organschaft – Entstehung, Inhalt und Problematik der bestehenden deutschen Regelung –, S. 98; *Herzig/Englisch/Wagner*, Der Konzern 2005, 298, 316; *Herzig/Wagner*, DB 2005, 1, 5; *dies.*, DStR 2006, 1, 9; *Kußmaul/Niehren*, in: FS Djanani, S. 177, 192.

525 *Hey*, GmbHR 2006, 113, 119.

der ausländischen Tochtergesellschaft nicht besteuert. Andernfalls käme es zu einer Verschiebung der Aufteilung der Besteuerungsbefugnis. Aus der Marks & Spencer-Entscheidung könnte nun geschlossen werden, dass der EuGH die Regelung unter diesem Aspekt als gerechtfertigt ansieht.[526] Andererseits lässt sich das später ergangene Urteil in der Rechtssache Keller Holding[527] wiederum für eine Europarechtsinkonformität der Vorschrift anführen.[528]

γ) Ergebnis

In jedem Fall sollte bzw. muss aus den o.g. Gründen von dem das Recht der Organschaftsbesteuerung sehr verkomplizierenden Erfordernis des Gewinnabführungsvertrags Abstand genommen werden.[529]

bb) Der doppelte Inlandsbezug bei Organgesellschaften

Wegen der in § 14 Abs. 1 S. 1 KStG gesetzlich manifestierten Forderung nach Geschäftsleitung und Sitz der Organgesellschaft im Inland ist die inländische Verrechnung von Verlusten der auslandsansässigen Tochtergesellschaft grundsätzlich von vornherein vollständig ausgeschlossen;[530] auch das BMF-Schreiben[531] zur Erstreckung des Anwendungsbereichs auf ausländische Kapitalgesellschaften mit Geschäftsleitung im Inland führt insoweit nur zur vorläufigen Schadensbegrenzung, ändert aber an der eigentlichen gesetzlichen Vorgabe nichts. Auch wenn der EuGH in der Marks & Spencer-Entscheidung Verlustabzugsbeschränkungen für grundsätzlich zulässig und nur unter bestimmten Voraussetzungen für unzulässig erklärt hat, so ist nach seiner Entscheidung doch klar, dass ein solcher pauschaler Ausschluss europarechtlich nicht haltbar ist[532]:

526 So *Hey*, GmbHR 2006, 113, 119 – anders hatte der EuGH noch in der Rechtssache Bosal (Urt. v. 18.09.2003 – C-168/01, Slg. I-9409) entschieden.

527 EuGH, Urt. v. 23.02.2006 – C-471/04, Slg. I-2107 – Keller Holding.

528 *Körner*, IStR 2006, 376, 378.

529 Zu weiteren Problemfeldern im Zusammenhang mit dem Gewinnabführungsvertrag, die ebenfalls für seine Abschaffung sprechen, und zu Fragen seiner (wirtschaftlichen) Zweckmäßigkeit s. *Herzig/Wagner*, DB 2005, 1, 6 sowie *Herzig*, FR 2009, 1037, 1039 f.; *Hey*, StuW 2011, 131, 137; *Kaeser*, DStR-Beihefter 30/2010, 56-61; *Mayr*, BB 2008, 1312, 1315 f.; *ders.*, IStR 2010, 633, 634; *Witt*, FR 2009, 1045-1047.

530 Dies betrifft insgesamt die folgenden möglichen Konstellationen: Tochtergesellschaft mit Sitz und Geschäftsleitung im (EU-)Ausland; Tochtergesellschaft mit statuarischem Sitz im (EU-) Ausland und Geschäftsleitung im Inland; Tochtergesellschaft mit statutarischem Sitz im Inland und Geschäftsleitung im Ausland; ausländische Tochtergesellschaft mit inländischer Betriebsstätte.

531 BMF-Schreiben v. 28.03.2011, IV C 2 – S 2770/09/10001, DStR 2011, 674, s.a. Fn. 492.

532 So auch das FG Niedersachsen IStR 2010, 260, 262 sowie das FG Rheinland-Pfalz DStRE 2010, 802, 806 f.; HHR-*Kolbe* § 14 Rn. 12; *Herzig/Wagner*, Der Konzern 2006, 176, 183; *dies.*, DStR 2006, 1, 9; *Kußmaul/Niehren*, in: FS Djanani, S. 177, 184-188; *Scheunemann*, RIW 2006, 79, 80; *Wernsmann/Nippert*, FR 2006, 153, 160-163. Europarechtliche Bedenken äußert auch *Englisch*, Anm. z. EuGH, Urt. v. 25.02.2010 – C-337/08 – X Holding BV, IStR 2010, 215, 216, 217; ferner *Rohde*, INF 2006, 24, 28. A.A. aber *Dötsch/Pung*, Der Konzern 2006, 130, 133, die mangels vergleichbaren Inlandssachverhalts auch nach der Marks & Spencer-Entschei-

α) Prüfung der Vereinbarkeit mit europarechtlichen Vorgaben

Der Ausschluss im Ausland ansässiger Tochtergesellschaften von der organschaftlichen Zurechnung auch negativer Einkommen bei gleichzeitiger Möglichkeit der Einkommenszurechnung für inlandsansässige Tochtergesellschaften stellt eine die europäische Niederlassungsfreiheit beschränkende Maßnahme dar.

Entsprechend der Rechtsprechung des EuGH zuletzt in der Rechtssache X Holding BV ist dann in den Mittelpunkt der weiteren Prüfung das Ziel solcher Beschränkungen zu stellen. Bezüglich des doppelten Inlandsbezugs der Organgesellschaft wird insoweit angeführt, dieser stelle sicher, dass die Voraussetzungen einer Organschaft im Inland geprüft werden können.[533] Dies vor Augen, erscheint eine der vierstufigen Prüfung standhaltende Rechtfertigung – insbesondere unter dem Gesichtspunkt der Verhältnismäßigkeit – letztlich weder über das Territorialitätsprinzip bzw. die ausgewogene Aufteilung der Besteuerungsbefugnis zwischen den Mitgliedstaaten noch pauschal über den Kohärenzansatz möglich. Dies gilt umso mehr, wenn man bedenkt, dass auch für den Organträger eine solch starke Inlandsanbindung nicht mehr für nötig gehalten wird; ein vernünftiger Grund für diese unterschiedlichen Anforderungen ist nicht ersichtlich.

Hinzu kommt ferner, dass die unbeschränkte Körperschaftsteuerpflicht gemäß § 1 Abs. 1 KStG, an welche die möglichen Rechtfertigungsgründe anknüpfen, gerade alternativ Sitz oder Geschäftsleitung im Inland voraussetzt.[534] Dies spricht grundsätzlich für die Ermöglichung einer Organschaft mit einer ausländischen Tochtergesellschaft, wobei aber im Hinblick auf die Marks & Spencer-Entscheidung eben nur Möglichkeiten vorgesehen werden müssten, einen endgültigen Verlustausfall von EU-ansässigen Tochtergesellschaften zu vermeiden.[535]

β) Ergebnis

Jedenfalls das derzeitige uneingeschränkte Erfordernis des doppelten Inlandsbezugs für die Organgesellschaft in § 14 Abs. 1 S. 1 KStG ist wegen seiner Europarechtswidrigkeit ebenfalls für die Zukunft aufzugeben.[536] Der Gesetzgeber ist

---

dung keine Notwendigkeit zur Verlustübernahme bei Verlusten EU-auslandsansässiger Tochtergesellschaften sehen. Auch *Mitschke*, DStR 2010, 1368, 1370 sowie IStR 2011, 185, 188 f. wertet den doppelten Inlandsbezug als europarechtskonform, weil er in der Entscheidung X Holding BV eine Abkehr von den Grundsätzen der Marks & Spencer-Entscheidung sieht (s.a. Fünftes Kapitel D.II.1.b), Fn. 505).

533 HHR-*Kolbe* § 14 Rn. 51.

534 S. a. *Homburg*, IStR 2010, 246, 248; *Micker*, DB 2003, 2734, 2738; *Pache/Englert*, IStR 2010, 448, 450.

535 HHR-*Kolbe* § 14 Rn. 12.

536 S. auch das diesbezüglich von der EU-Kommission mit Beschluss vom 29.01.2009 eingeleitete Vertragsverletzungsverfahren (Beschwerde Nr. 2008/4409 gegen Deutschland wegen § 14 Abs. 1 KStG), hierzu *Meilicke*, DB 2009, 653. Ein erster Schritt dazu ist mit dem BMF-

hier in der Pflicht, Instrumentarien einzuführen, die eine „Ultima-Ratio-Verlustberücksichtigung" zulassen.

cc) Der umgekehrte Fall des Gewinntransfers

Neben der bisher besprochenen Konstellation der grenzüberschreitenden Verlustberücksichtigung ist der Blick aber auch auf den Fall des Gewinntransfers vom Ausland ins Inland zu richten. Diese Frage der Gewinnverlagerung über die Grenze war in der Rechtssache Oy Esab bzw. Oy AA[537] von Relevanz, mit der sich der Europäische Gerichtshof wiederum im Wege eines Vorabentscheidungsverfahrens zu befassen hatte.

α) Oy AA

Dem Vorabentscheidungsersuchen lag ein Verfahren der finnischen Oy AA zugrunde, deren Anteile über zwei Gesellschafter mittelbar zu 100% von der im Vereinigten Königreich ansässigen AA Ltd gehalten wurden. Im Gegensatz zur Oy AA erwirtschaftete die AA Ltd im Jahr 2003 Verluste, wobei erwartet wurde, dass sich diese Entwicklung jedenfalls auch in den nächsten beiden Jahren fortsetzen würde. Um die auch für die Oy AA bedeutsame wirtschaftliche Stellung der AA Ltd zu sichern, beschloss die Oy AA einen Konzernbeitrag an die AA Ltd zu zahlen. Vor diesem Hintergrund beantragte die Oy AA bei dem finnischen Zentralen Steuerausschuss (Keskusverolautakunta) einen Vorbescheid bezüglich der Frage, ob dieser geplante Beitrag ein Konzernbeitrag im Sinne des § 3 KonsAvL (finnisches Gesetz über Konzernbeiträge im Rahmen der Besteuerung) sei und mithin bei der Veranlagung der Oy AA für die Jahre 2004 und 2005 als abzugsfähige Ausgabe berücksichtigt werde. In dem daraufhin ergangenen Vorbescheid wurde die Anerkennung als Konzernbeitrag im Sinne der finnischen Vorschrift und damit als abzugsfähige Ausgabe mit der Begründung abgelehnt, der abzugsfähige Konzernbeitrag und die entsprechende steuerpflichtige Einnahme müssten unter das finnische Steuerrecht fallen, was bei einer Zahlung an die britische AA Ltd nicht der Fall sei. Auf die Anfechtung dieses Bescheids hin stellte das mit der Sache befasste Gericht fest, dass – abgesehen von dem Erfordernis der Gebietsansässigkeit der empfangenden Gesellschaft – alle Voraussetzungen für die Abzugsfähigkeit des Konzernbeitrags vorliegen. In der Folge setzte das finnische Gericht das Verfahren aus und legte dem Europäischen Gerichtshof im Wesentlichen die Frage zur Vorabentscheidung vor, ob die Art. 43 und 56 EG (Art. 49 und 63 AEUV) dahin auszulegen sind, dass sie einer Regelung wie der

---

Schreiben v. 28.03.2011, IV C 2 – S 2770/09/10001, DStR 2011, 674, gemacht (s. a. Fn. 492). S. ferner Frotscher/Maas/*Frotscher* § 14 Rn. 52, 189 f.; *Kaufer*, Grenzüberschreitende Organschaft kraft Gemeinschaftsrecht, S. 98-148; *Klarmann*, Körperschaftsteuerliche Organschaft – Entstehung, Inhalt und Problematik der bestehenden deutschen Regelung –, S. 80-87; *Dörfler/Ribbrock*, BB 2008, 304, 307; *Herzig/Englisch/Wagner*, Der Konzern 2005, 298, 315; *Herzig/Wagner*, Der Konzern 2006, 176, 185; *Heurung/Engel/Thiedemann*, FR 2011, 212, 218; *Pache/Englert*, IStR 2007, 844, 848. A.A. *Mitschke*, DStR 2010, 1368, 1369 f.

537 EuGH, Urt. v. 18.07.2007 – C-231/05, Slg. I-6373 – Oy AA.

finnischen Konzernbeitragsregelung entgegenstehen, wonach Voraussetzung für die Abzugsfähigkeit des Konzernbeitrags im Rahmen der Besteuerung die Ansässigkeit sowohl des Gebers als auch des Empfängers in Finnland ist.

Zu Beginn seiner Entscheidung erinnert der Europäische Gerichtshof zunächst an seine ständige Rechtsprechung zur Kompetenz der Mitgliedstaaten im Bereich der direkten Steuern.[538] Sodann stellt er klar, dass die finnische Regelung allein am Maßstab der Niederlassungsfreiheit und nicht zusätzlich auch an der Freiheit des Kapitalverkehrs zu messen ist.[539] Dies ergebe sich zum einen aus der von der finnischen Regelung geforderten mindestens 90 %-igen Beteiligung der Muttergesellschaft an der Tochtergesellschaft, die einen sicheren Einfluss auf die Entscheidungen der Gesellschaft verschafft und die Bestimmung von deren Tätigkeiten ermöglicht. Zum anderen verweist der Europäische Gerichtshof zur Begründung auch darauf, dass die finnische Vorschrift nur die Beziehungen innerhalb einer Unternehmensgruppe betreffe. Eine möglicherweise zugleich vorliegende Beschränkung des Kapitalverkehrs trete als unvermeidliche Konsequenz dahinter zurück.

Hinsichtlich des Vorliegens einer Beschränkung der Niederlassungsfreiheit umreißt der Gerichtshof kurz deren Schutzumfang und hebt dabei für Gesellschaften noch einmal hervor, dass deren Sitz im Sinne von Art. 48 EG (Art. 54 AEUV) dazu diene, ihre Zugehörigkeit zur Rechtsordnung eines Mitgliedstaates zu bestimmen und eine Ungleichbehandlung daher nicht allein daran anknüpfen könne, dass sich der Sitz einer Gesellschaft in einem anderen Mitgliedstaat befinde.[540] Gewährleistet werden solle die Inländerbehandlung im Aufnahmestaat und zwar durch Untersagung jeder Diskriminierung aufgrund des Ortes des Sitzes einer Gesellschaft. Der Europäische Gerichtshof stellt im Anschluss fest, dass die in Rede stehende finnische Regelung, die die Möglichkeit des Ausgabenabzugs davon abhängig macht, ob die Muttergesellschaft ihren Sitz im Inland hat oder nicht (was dann im letzteren Fall eine steuerlich weniger vorteilhafte Behandlung bedeutet), zu einer Ungleichbehandlung der inländischen Tochtergesellschaft je nach Ansässigkeit ihrer Muttergesellschaft führt.[541] Der Gerichtshof kommt dann zu dem Zwischenergebnis, dass eine solche ungleiche Behandlung, die an den Ort des Sitzes der Muttergesellschaft anknüpft, eine Beschränkung der Niederlassungsfreiheit darstelle.[542]

Daran ändere sich auch dadurch nichts, dass die Muttergesellschaft das angestrebte Ziel ebenso durch die Gründung einer Zweigniederlassung anstelle einer Tochtergesellschaft hätte erreichen können. In diesem Zusammenhang unterstreicht der Europäische Gerichtshof erneut, dass Art. 43 Abs. 1 S. 2 EG (Art. 49 Abs. 1 S. 2 AEUV) es den Mitgliedstaaten ausdrücklich ermögliche, die geeignete Rechtsform für die Ausübung ihrer Tätigkeit in einem anderen Mitgliedstaat frei zu wählen und diese freie Wahl nicht durch diskriminierende Steuerbestim-

538 EuGH, Urt. v. 18.07.2007 – C-231/05, Slg. I-6373 Rn. 18 – Oy AA.
539 EuGH, Urt. v. 18.07.2007 – C-231/05, Slg. I-6373 Rn. 19-24 – Oy AA.
540 EuGH, Urt. v. 18.07.2007 – C-231/05, Slg. I-6373 Rn. 29, 30 – Oy AA.
541 EuGH, Urt. v. 18.07.2007 – C-231/05, Slg. I-6373 Rn. 31, 32 – Oy AA.
542 EuGH, Urt. v. 18.07.2007 – C-231/05, Slg. I-6373 Rn. 39-43 – Oy AA.

mungen eingeschränkt werden dürfe. Schließlich bekräftigt er auch, dass von einer Beschränkung bereits dann auszugehen sei, wenn die Maßnahme nur geeignet sei, die Ausübung der Niederlassungsfreiheit zu beschränken, ohne dass es hierfür eines Nachweises dieser tatsächlichen Wirkung bedürfe.

Es schließt sich nun wiederum die bekannte vierstufige Rechtfertigungsprüfung an. Unter Verweis auf seine Entscheidung in der Rechtssache Marks & Spencer bestätigt der Europäische Gerichtshof die Notwendigkeit der Wahrung einer ausgewogenen Aufteilung der Besteuerungsbefugnis zwischen den Mitgliedstaaten, die Gefahr einer doppelten Verlustberücksichtigung und die Steuerfluchtgefahr als anerkannte Rechtfertigungsgründe.[543] Zudem ruft er erneut in Erinnerung, dass die Mitgliedstaaten mangels Vereinheitlichung bzw. Harmonisierung auf Gemeinschaftsebene weiterhin befugt sind, die Kriterien für die Aufteilung ihrer Besteuerung vertraglich oder einseitig festzulegen.[544]

Im Anschluss setzt der EuGH sich mit den genannten Rechtfertigungsgründen auseinander. Hinsichtlich der Notwendigkeit einer ausgewogenen Aufteilung der Besteuerungsbefugnis zwischen den Mitgliedstaaten führt er aus, dass einer in einem Mitgliedstaat ansässigen Tochtergesellschaft unter diesem Gesichtspunkt ein Steuervorteil zwar nicht systematisch mit der Begründung versagt werden könne, die Einnahmen ihrer im Ausland ansässigen Muttergesellschaft könnten im Sitzstaat der Tochter nicht besteuert werden. Allerdings gelte etwas anderes, wenn mit der betreffenden Regelung Verhaltensweisen behindert werden sollen, die geeignet sind, das Recht eines Mitgliedstaates auf Ausübung seiner Besteuerungszuständigkeit für die in seinem Hoheitsgebiet durchgeführten Tätigkeiten zu gefährden. Eine Wahlmöglichkeit hinsichtlich des Ortes der Verlustberücksichtigung würde die Aufteilung der Besteuerungsbefugnis zwischen den Mitgliedstaaten beeinträchtigen. Entsprechendes, nämlich die freie Wahl des Mitgliedstaates, in dem die Gewinne besteuert werden sollen, wäre die Konsequenz, wenn man die Möglichkeit zuließe, einen grenzüberschreitenden Konzernbeitrag wie den in diesem Verfahren in Rede stehenden von den steuerpflichtigen Einkünften des inländischen Gebers abzuziehen. Dies würde eine Beeinträchtigung des Systems der Besteuerungsbefugnis zwischen den Mitgliedstaaten bedeuten, da der Ansässigkeitsstaat der Tochtergesellschaft ggf. gezwungen wäre, auf sein in dieser Eigenschaft bestehendes Recht zur Besteuerung dieser Gesellschaft (eventuell zugunsten des Sitzmitgliedstaates der Muttergesellschaft) zu verzichten.[545] Der zweite Rechtfertigungsgrund der Gefahr einer doppelten Verlustberücksichtigung kommt nicht in Betracht, da die finnische Regelung die Abzugsfähigkeit von Verlusten gar nicht tangiert; die Vermeidung der Steuerumgehung greift als Rechtfertigungsgrund hingegen wieder ein.[546]

Der EuGH prüft nun, ob die Vorschrift nicht über das hinausgeht, was zur Erreichung der beiden einschlägigen Rechtfertigungsgründe erforderlich ist, wo-

543 EuGH, Urt. v. 18.07.2007 – C-231/05, Slg. I-6373 Rn. 51 – Oy AA.

544 EuGH, Urt. v. 18.07.2007 – C-231/05, Slg. I-6373 Rn. 52 – Oy AA.

545 EuGH, Urt. v. 18.07.2007 – C-231/05, Slg. I-6373 Rn. 53-56 – Oy AA, noch mal bestätigt durch Urt. v. 15.05.2008 – C-414/06, Slg. I-3601 Rn. 31, 32 und 52 – Lidl Belgium.

546 EuGH, Urt. v. 18.07.2007 – C-231/05, Slg. I-6373 Rn. 57-60 – Oy AA.

bei er zu Beginn darauf hinweist, dass die verfolgten Ziele durchaus miteinander verknüpft seien.[547] Dieser Erforderlichkeitsprüfung hält die Regelung im Ergebnis stand, da die denkbaren (milderen) Alternativen letztlich alle dazu führten, dass die Wahl des Mitgliedstaates der Besteuerung letztlich allein in der Hand der Unternehmensgruppe läge, die dann frei zu Lasten des Ansässigkeitsstaates der Tochtergesellschaft, auf dessen Hoheitsgebiet die Gewinne erzielt worden sind, entscheiden könnte.[548]

Mithin stehe Art. 43 EG (Art. 49 AEUV) einer Regelung im Recht eines Mitgliedstaates wie der im Ausgangsverfahren streitigen nicht entgegen, wonach eine in diesem Mitgliedstaat ansässige Tochtergesellschaft einen an ihre Muttergesellschaft gezahlten Konzernbeitrag nur dann von ihren steuerpflichtigen Einkünften abziehen kann, wenn die Muttergesellschaft ihren Sitz in dem Mitgliedstaat hat.[549]

β) Folgerung für eine Beurteilung de lege lata

Die Entscheidung macht deutlich, dass die Konstellation des grenzüberschreitenden Gewinntransfers klar von der der grenzüberschreitenden Berücksichtigung von Verlusten im Ausland ansässiger Tochtergesellschaften zu unterscheiden ist.

Für letztere hatte der EuGH in der Rechtssache Marks & Spencer, einem sog. Outbound-Fall, noch entschieden, dass die Versagung des Verlustabzugs bei der gebietsansässigen Muttergesellschaft nur dann unzulässig ist, wenn der Verlust im Quellenstaat nicht in irgendeiner Weise steuerlich geltend gemacht werden kann.

Bei der sog. Inbound-Konstellation legt der EuGH jedoch strengere Maßstäbe an und erteilt dem umgekehrten Fall des Gewinntransfers über die Grenze eine Absage.[550] Dies deshalb, weil er den Export positiven Besteuerungssubstrats von einem Mitgliedstaat in einen anderen mit günstigeren nominalen Steuersätzen mehr fürchtet als den Import von Verlusten von einem Mitgliedstaat in einen anderen mit höheren nominalen Steuersätzen.

Bezüglich der Auswirkungen des Urteils auf die deutsche Rechtslage stellt sich jedoch erneut die Frage nach der Vergleichbarkeit der finnischen Gruppenbesteuerung mit den Regelungen zur Organschaft.[551] Wollte man etwas gegen eine Übertragbarkeit der Entscheidungsgrundsätze anführen, so könnte man sich darauf fokussieren, dass die Gestaltungsmöglichkeiten hinsichtlich des Ge-

547 EuGH, Urt. v. 18.07.2007 – C-231/05, Slg. I-6373 Rn. 61, 62 – Oy AA.

548 EuGH, Urt. v. 18.07.2007 – C-231/05, Slg. I-6373 Rn. 64, 65 – Oy AA.

549 EuGH, Urt. v. 18.07.2007 – C-231/05, Slg. I-6373 Rn. 67 – Oy AA.

550 So schon vor der Entscheidung Oy AA *Hey*, GmbHR 2006, 113, 119 (und später in: FS Schaumburg, S. 767, 783) und ihr zustimmend *Dötsch/Pung*, Der Konzern 2006, 130, 131. S. ferner *Lieber*, jurisPR-SteuerR 39/2007 Anm. 5. Kritisch dazu, dass trotz wirtschaftlich betrachtet gleicher Wirkung die Reichweite der Verpflichtung zur grenzüberschreitenden Verlustverrechnung von der Wahl des Verlustverrechungsmodells abhängt, *Wagner*, IStR 2007, 650, 653.

551 S. hierzu *Wagner*, IStR 2007, 650, 653.

winntransfers bei der finnischen Konzernbeitragsregelung stärker ausgeprägt sind. Ferner ist die Organschaft wegen der fünfjährigen Mindestvertragslaufzeit auch wesentlich weniger gestaltungsanfällig. Jedoch erscheint wegen der in den entscheidenden Punkten bestehenden Parallelen eine Übertragbarkeit geboten und im Falle einer Vorlage an den EuGH auch wahrscheinlich.

Letztlich ist eine Vergleichbarkeit sogar in umfassenderem Maße gegeben als im Verhältnis zum britischen group relief. Zunächst ermöglichen auch hier beide Systeme die Zurechnung von unversteuerten Gewinnen einer Tochtergesellschaft/Organgesellschaft an die Muttergesellschaft/ Organträger.[552] Darüber hinaus gehen aber sowohl die Konzernbeitragsregelung wie auch die Organschaft mit einer Zahlungsverpflichtung einher. Die durch den doppelten Inlandsbezug grundsätzlich gegebene Beeinträchtigung der Niederlassungsfreiheit kann daher für den Gewinntransfer im Inbound-Fall entsprechend den Grundsätzen der Oy AA-Entscheidung ebenfalls unter dem Gesichtspunkt einer ausgewogenen Aufteilung der Besteuerungsbefugnis gerechtfertigt werden. Andernfalls würde positives Einkommen Ländern mit geringen Steuersätzen, negatives Einkommen solchen mit hohen Steuersätzen zugeschoben werden. Um dieser nicht wünschenswerten Entwicklung vorzubeugen, ist es den Mitgliedstaaten bzw. in diesem Fall Deutschland nicht verwehrt, die Zuführung positiver Einkommensteile zu verhindern.[553]

Im Ergebnis bedeutet dies für die deutsche Organschaft, dass sie insoweit auf innerstaatliche Konzernsachverhalte beschränkt werden kann.

b) Folgerungen für eine mögliche Neuregelung

Nachdem also aus europarechtlicher Sicht der Gewinntransfer auf den innerstaatlichen Bereich begrenzt werden darf, stellt sich allein die Frage, wie auf die Entscheidungen Marks & Spencer sowie X Holding BV und damit auf die oben festgestellte Europarechtswidrigkeit des pauschalen Ausschlusses der Verrechnung von Auslandsverlusten bzw. der Erfordernisse des Gewinnabführungsvertrags und des doppelten Inlandsbezugs der Organgesellschaft reagiert werden soll.

aa) geltungserhaltende Reduktion

Das Instrument der europarechtskonformen Auslegung hilft an dieser Stelle nicht weiter, da auch hier die Wortlautgrenze gilt, die einem entsprechenden Verständnis klar entgegensteht.

Die deutsche Rechtsprechung kommt in oben bereits zitierten ersten Entscheidungen über das Gebot der geltungserhaltenden Reduktion europarechtswidri-

---

552 *Kußmaul/Niehren*, IStR 2008, 81, 86.

553 *Kußmaul/Niehren*, IStR 2008, 81, 86; *dies.*, in: FS Djanani, S. 177, 183; *Pache/Englert*, IStR 2007, 844, 847. Das BMF-Schreiben v. 28.03.2011, IV C 2 – S 2770/09/10001, DStR 2011, 674, scheint allerdings auch eine Gewinnzurechnung ermöglichen zu wollen („auf positiven und negativen Einkünften beruhendes Einkommen“).

ger Bestimmungen dazu, anstelle des über die Grenze nicht möglichen Gewinnabführungsvertrags eine im Voraus abgeschlossene rechtliche Verpflichtung der Muttergesellschaft zur Übernahme der Verluste der Tochtergesellschaft für eine Dauer von mindestens fünf Jahren zu fordern.[554]

Dass diese Folgerung aus der Wirkungsweise der normerhaltenden Reduktion keineswegs zwingend ist, zeigen nicht zuletzt die anders lautenden Stellungnahmen in der Literatur, die hier vielfach die schlichte Nichtanwendung der europarechtswidrigen Merkmale für angezeigt halten.[555] Ohne dass an dieser Stelle eine vertiefende kritische Auseinandersetzung erfolgen könnte, sei zudem darauf hingewiesen, dass das Erfordernis einer im Voraus rechtsverbindlich abgeschlossenen Verlustübernahmeverpflichtung auch per se als (europarechtlich) problematisch einzustufen und im Ergebnis kaum haltbar ist.[556]

Um die weiter zunehmende Rechtsunsicherheit zu vermeiden, ist letztlich der Gesetzgeber in der Pflicht, den europarechtswidrigen Zustand zu beseitigen, wobei zweifelhaft ist, ob er dies aus eigenem Antrieb tun wird oder ob er ein erneutes Verfahren – dann bezogen auf die deutsche Regelung – abwartet. Das Bundesfinanzministerium jedenfalls hatte auf das Marks & Spencer-Urteil zunächst verhalten reagiert.[557] Das Anwendungsschreiben v. 28.03.2011[558] als Reaktion auf das von der Kommission eingeleitete Vertragsverletzungsverfahren[559] ist

---

554 FG Niedersachsen IStR 2010, 260, 262 f.; FG Rheinland-Pfalz DStRE 2010, 802, 807 f. Zustimmend – gerade auch unter Berücksichtigung der Entscheidung X Holding BV – *Mitschke*, DStR 2010, 1368, 1370 f.; *ders.*, IStR 2011, 185, 186 f. In diesem Sinne auch Frotscher/Maas/*Frotscher* § 14 Rn. 54; *ders.*, IStR 2011, 697, 702 (wobei zusätzlich eine entsprechende Verpflichtung zur Gewinnübernahme gefordert wird); *Wernsmann/Nippert*, FR 2006, 153, 161 unter Hinweis auf die sonst nicht gegebene Vergleichbarkeit (s.a. Fünftes Kapitel D.II.2.a) aa)). *Witt*, FR 2009, 1045, 1048 lässt diese Frage offen.

555 S. hierzu *von Brocke*, DStR 2010, 964, 966 f.; *Hey*, StuW 2010, 301, 313 f.; *Homburg*, IStR 2010, 246, 249-251. Problematisch ist die Schlussfolgerung des FG Niedersachsen dabei insbesondere im Hinblick auf die durch den Vorbehalt des Gesetzes geschützte Vorhersehbarkeit des steuerlichen Eingriffs.
S. ferner *Scheunemann*, IStR 2006, 145, 147. Entscheidend sei, dass die Muttergesellschaft die Verluste ihrer Tochtergesellschaft übernehme und damit tatsächlich selbst belastet sei. So i.E. auch *Heurung/Engel/Thiedemann*, FR 2011, 212, 219.
Der Verzicht auf den Gewinnabführungsvertrag allein im Verhältnis zu EU-ausländischen Tochtergesellschaften birgt dann wiederum das Problem der Inländerdiskriminierung (Art. 3 Abs. 1 GG), auf das allerdings an dieser Stelle nur hingewiesen werden kann.

556 Näher hierzu *von Brocke*, DStR 2010, 964, 966 f.; *Homburg*, IStR 2010, 246, 251; *ders.*, Anm. z. BFH, Beschl. v. 9.11.2010 – IR 16/10, IStR 2011, 110 (= DStR 2011, 169), IStR 2011, 111 f. S. auch schon *Scheunemann*, IStR 2006, 145, 147, ferner *Heurung/Engel/Thiedemann*, FR 2011, 212, 218. Kritisch auch *Pache/Englert*, IStR 2010, 448, 451 f., die die Notwendigkeit eines Ergebnisabführungsvertrags bzw. einer vergleichbaren schuldrechtlichen Vereinbarung davon abhängig machen wollen, ob es sich um 100%ige Tochterunternehmen handelt oder ob die Muttergesellschaft mehr als 50%, jedoch weniger als 100% der Anteile hält.

557 Vgl. hierzu auch die Antwort der Bundesregierung auf eine Kleine Anfrage betreffend die Organschaft bei der Körperschaftsteuer, BT-Drucks. 16/4281.

558 BMF-Schreiben v. 28.03.2011, IV C 2 – S 2770/09/10001, DStR 2011, 674.

559 Beschwerde Nr. 2008/4409 gegen Deutschland wegen § 14 Abs. 1 KStG, s. *Meilicke*, DB 2009, 653.

zwar nunmehr ein wichtiger Schritt in die richtige Richtung, hilft aber letztlich nicht über das Erfordernis einer gesetzlichen Neuregelung mit einer entsprechenden grundlegenden Veränderung der §§ 14-19 KStG hinweg.[560]

bb) Ausgestaltung einer europarechtskonformen Regelung

Von weitaus größerem Interesse ist jedoch, wie eine solch europarechtskonforme Regelung aussehen könnte.

α) Abschaffung der Organschaft

Sicherlich abzulehnen ist die Option der gänzlichen Abschaffung der Organschaft.[561] Denn letztlich stellt sie eine „Einrichtung" des deutschen Steuerrechts dar, die die Berücksichtigung der wirtschaftlichen Einheit in einem Konzernverbund ermöglicht und hierbei auch zu im Wesentlichen sachgerechten Ergebnissen führt. Ihre Abschaffung wäre daher ein falsches Signal für den Standort Deutschland im internationalen Wettbewerb.

Ernsthaft in Betracht kommt mithin nur eine Modifikation der bestehenden Regelungen oder eine ersetzende Neuregelung.[562]

β) Anpassung an die Mindestanforderungen

Insoweit bestünde zunächst die Möglichkeit, sich auf das Mindestmaß zu beschränken und die Änderungen im Bereich der Organschaft möglichst eng an der vom EuGH in der Entscheidung Marks & Spencer vorgegebenen Linie zu orientieren.

In Abkehr von der generellen Versagung des grenzüberschreitenden Verlustabzugs würde dies bedeuten, die Berücksichtigung von Verlusten der EU-Auslandstochter gleichsam ausnahmsweise in den Fällen zuzulassen, in denen die

---

560 Die Europäische Kommission hat daher am 22.03.2012 auch Klage gegen Deutschland eingereicht. Vgl. zur Notwendigkeit des Tätigwerdens des Gesetzgebers die überzeugenden Ausführungen bei *Hey*, StuW 2010, 301, 315 f., 320; *dies.*, StuW 2011, 131, 139 f. Diese beziehen sich zwar auf die Situation einer zuvor ergangenen EuGH-Entscheidung, können aber auch allgemein Geltung beanspruchen.
Im Übrigen bleibt das Erfordernis des Gewinnabführungsvertrags von dem BMF-Schreiben zunächst unberührt.
Im Koalitionsvertrag von CDU, CSU und FDP vom 26.10.2009 (S. 14) wurde dann auch die Aufgabe verankert, die Einführung eines modernen Gruppenbesteuerungssystems anstelle der bisherigen Organschaft zu prüfen.

561 So auch *Kaufer*, Grenzüberschreitende Organschaft kraft Gemeinschaftsrecht, S. 171-171; *Bergemann/Schönherr/Stäblein*, BB 2005, 1706, 1713; *Herzig/Wagner*, DB 2005, 1, 7; *dies.*, DStR 2006, 1, 10; *Kußmaul/Niehren*, in: FS Djanani, S. 177, 194 f.; *Pache/Englert*, IStR 2007, 47, 48 (abgesehen von der Frage, ob dies überhaupt rechtlich zulässig wäre).

562 S. hierzu auch die Vorschläge der Europäischen Kommission in ihrer Mitteilung an den Rat, das Europäische Parlament und den Europäischen Wirtschafts- und Sozialausschuss zur steuerlichen Behandlung von Verlusten bei grenzübergreifenden Sachverhalten, KOM (2006) 824 endgültig, unter 3., insbesondere 3.4.

Muttergesellschaft den Nachweis erbringen kann, dass die Tochtergesellschaft jegliche Verlustverrechnungsmöglichkeiten in ihrem Sitzstaat ausgeschöpft hat und solche auch in Zukunft nicht mehr bestehen – wobei die Ausgestaltung der Nachweispflicht im Einzelnen noch geklärt werden müsste.[563]

Zudem und vor allem ist zu berücksichtigen, in welchen Fällen die sog. finalen Verluste tatsächlich vorliegen[564] und zu welchem Zeitpunkt sie berücksichtigt werden können, d.h. ob sie phasengleich[565] oder phasenverschoben im „Finalitätsjahr"[566] zuzuordnen sind.

Der BFH hat sich dazu mittlerweile für einen Betriebsstättenfall zum einen dahingehend geäußert, dass „definitive" Verluste dann gegeben sind, wenn diese aus tatsächlichen Gründen nicht mehr berücksichtigt werden können.[567] Dies sei beispielsweise der Fall bei einer Umwandlung der Auslandsbetriebsstätte in eine Kapitalgesellschaft, einer Übertragung der Betriebsstätte auf einen anderen Inhaber oder deren Aufgabe; dass der Verlust etwa aufgrund einer zeitlichen Befristung nach dem ausländischen Steuerrecht lediglich verfalle, reiche hingegen nicht aus.[568] Bezogen auf ausländische Tochtergesell-

---

563 Zu einer möglichen Ausgestaltung orientiert an der Regelung des § 10d EStG sowie dem Ansatz einer "per-country-limitation" zur Begrenzung, mit dem letztlich nur der wirtschaftliche Nutzen des Verlustpotentials übertragen werden soll, und der Einführung eines gesonderten Feststellungsverfahrens s. *Pache/Englert*, IStR 2007, 47, 50-53. S. ferner *Scheunemann*, IStR 2006, 145, 149.

564 Vgl. hierzu *Mayr*, BB 2008, 1816-1818; *Rehm/Nagler*, Anm. zu BFH GmbHR 2008, 1174, GmbHR 2008, 1175 f.; *Scheunemann*, IStR 2006, 145, 147-149; *Schwenke*, Ubg 2010, 325, 327 f.; *Sedemund*, DB 2008, 1120, 1122.

565 FG Hamburg IStR 2010, 109, 110 f. (für den Fall einer ausländischen Betriebsstätte); *Heurung/Engel/Thiedemann*, FR 2011, 212, 217; *Homburg*, IStR 2009, 350, 352; *ders.*, IStR 2010, 246, 249 (Fn. 22); *Rehm/Nagler*, Anm. z. BFH GmbHR 2008, 1174, GmbHR 2008, 1175, 1176; *Schwenke*, Ubg 2010, 325, 327 (teilweise auch unter Verweis auf das Schlussurteil des BFH in der Rechtssache Lidl Belgium). In diesem Sinne ferner *Hey*, StuW 2010, 301, 313; *Scheunemann*, IStR 2006, 145, 151 f. Im Ergebnis auch *Mayr*, BB 2008, 1816, 1819. Der Eintritt der „Finalität" ist dann als rückwirkendes Ereignis im Sinne des § 175 Abs. 1 S. 1 Nr. 2 AO zu qualifizieren.

566 FG Düsseldorf, EFG 2010, 389 f. (für den Fall einer ausländischen Betriebsstätte) unter Zugrundelegung eines anderen Verständnisses des Lidl Belgium-Schlussurteils; FG Rheinland-Pfalz DStRE 2010, 802, 808.

567 BFH DStR 2010, 1611, 1613 f. (entgegen Vorinstanz FG Hamburg, s. Fn. 565); IStR 2010, 670, 671. Hierin ist ein Fall der Teilunanwendbarkeit zu sehen, bei dem der gemeinschaftsrechtskonforme Rest einer Vorschrift ohne weitere Ergänzung angewendet und damit auf den Auslandssachverhalt erstreckt werden kann, vgl. *Hey*, StuW 2010, 301, 313.
Die Entscheidung erfolgte entgegen BMF, Schreiben v. 13.07.2009 – IV B 5 – S 2118 – a/07/10004; Bayerisches Landesamt für Steuern, Vfg. v. 19.02.2010 – S 1366.1.1-3/10 St32. *Hey*, StuW 2010, 301, 310, qualifiziert diesen Nichtanwendungserlass zu Recht als Verstoß gegen Art. 4 Abs. 3 EUV.

568 Der BFH erstreckt an dieser Stelle die Grundsätze der dem Lidl Belgium-Urteil folgenden Entscheidung in der Rechtssache Krankenheim Ruhesitz am Wannsee-Seniorenheimstatt (EuGH, Urt.v. 23.10.2008 – C-157/07, Slg. I-8061) von der dortigen Konstellation des „asymmetrischen" Konzepts des Verlustabzugs (sofortiger Verlustabzug mit Nachversteuerung) auf das „symmetrische" Konzept des Streitfalls, nach dem der Verlustabzug von vornherein ausgespart bleibt, und stellt darauf ab, dass eine Verpflichtung zur Verlustberücksichtigung dann nicht besteht, wenn die Endgültigkeit der Verluste letztlich allein der Rechts-

schaften erscheint die Endgültigkeit der Verluste dabei tendenziell leichter feststellbar.[569]

Zum anderen hat der BFH entschieden, dass der Verlustabzug nicht im Veranlagungszeitraum des Entstehens der Verluste vorzunehmen ist, sondern in dem Veranlagungszeitraum, in dem die Verluste „final" geworden sind.[570] Diese Ausführungen hat der BHF nunmehr auch für den Fall ausländischer Tochtergesellschaften übernommen und entschieden, dass ein Abzug von Verlusten einer in einem anderen Mitgliedstaat der EU ansässigen Tochtergesellschaft bei ihrer inländischen Mutterkapitalgesellschaft – unterstellt ein solcher Abzug wäre aus europarechtlichen Gründen geboten – nicht im Veranlagungszeitraum des Entstehens der Verluste, sondern nur in jenem Veranlagungszeitraum in Betracht kommt, in welchem die Verluste tatsächlich „final" geworden sind.[571]

Eine dies alles berücksichtigende Regelung stünde dann jedenfalls in Einklang mit den europarechtlichen Vorgaben.

Nicht zuletzt angesichts der weiterhin angespannten Haushaltslage spricht dabei vieles dafür, dass der Gesetzgeber (wenn überhaupt) zunächst diesen Weg gehen wird. Trotzdem ist zu überlegen, ob es nicht rechtspolitisch wünschens- bzw. erstrebenswert wäre, einem weitergehenden Ansatz zu folgen.

γ) Gruppenbesteuerung; isolierte Verlustberücksichtigung

Möglich erscheint insoweit z.B. eine Orientierung an der österreichischen Regelung zur Gruppenbesteuerung, die zunächst auch auf dem Zurechnungsgedan-

---

ordnung des betreffenden Betriebsstättenstaates zuzurechnen ist. Hierzu auch *Kessler/Philipp*, IStR 2010, 865, 866; *Mitschke*, Anm. z. BFH, Urt. v. 09.06.2010 – I R 100/09, IStR 2010, 670, IStR 2010, 672. S. auch schon Bayerisches Landesamt für Steuern, Vfg. v. 19.02.2010 – S 1366.1.1-3/10 St32; *Englisch*, Anm. z. EuGH, Urt. v. 25.02.2010 – C-337/08 – X Holding BV, IStR 2010, 215, 217; *Schwenke*, Ubg 2010, 325, 328. A.A. z.B. *Breuninger/Ernst*, DStR 2009, 1981, 1983-1986, die sich vor Ergehen des BFH-Urteils gegen eine Übertragbarkeit der Krankenheim Wannsee-Grundsätze auf die generelle Abzugsfähigkeit ausländischer Betriebsstättenverluste ausgesprochen hatten.

Zu dieser Form der Verteilung unter Verweis auf das Territorialitätsprinzip auch schon *Hey*, StuW 2004, 139, 201, sowie allgemein zur primären Verantwortung des Quellenstaats im Rahmen der grenzüberschreitenden Verlustverrechnung *dies.*, in: FS Schaumburg, S. 767, 780 f.

569 Vgl. *Kessler/Eicke*, IStR 2008, 581, 584. Zur Übertragbarkeit der BFH-Rechtsprechung auf Konzernsachverhalte und zum Eintritt der Finalität bei Aufgabe der Tochtergesellschaft s. *Heurung/Engel/Thiedemann*, FR 2011, 212, 216 f.

570 BFH DStR 2010, 1611, 1614 f. Kritisch hierzu *von Brocke/Auer*, DStR 2011, 57, 58.

571 BHF DStR 2011, 169 f. Ablehnend *Heurung/Engel/Thiedemann*, FR 2011, 212, 217. Im Vorfeld der Entscheidung kritisch zu einer Übertragung der Betriebsstätten-Grundsätze auf den Verlustabzug ausländischer Tochtergesellschaften *von Brocke/Auer*, DStR 2011, 57, 60.
Die materiellen Streitfragen wurden damit weiterhin nicht entschieden, vgl. *Homburg*, Anm. z. BFH, Beschl. v. 9.11.2010 – I R 16/10, IStR 2011, 110 (=DStR 2011, 169), IStR 2011, 111; *Mitschke*, IStR 2011, 185.

ken beruht.[572] Dieses Konzept sieht eine isolierte Verlustberücksichtigung von Auslandsverlusten mit Nachversteuerung vor.

Die Übertragung dieser Idee würde bedeuten, die Organschaft auf (EU-)ausländische Tochtergesellschaften zu erstrecken mit der Folge, dass Verluste zunächst unmittelbar anerkannt würden und zwar in der Höhe, wie sie sich nach den inländischen Gewinn- bzw. Einkommensermittlungsvorschriften der Muttergesellschaft ergeben,[573] dass dann aber später eine Nachversteuerung erfolgen dürfte. Bei einer solchen neukonzipierten Gruppenbesteuerung wäre auf den Gewinnabführungsvertrag zu verzichten, stattdessen bietet sich ein Gruppenantragsrecht an, dessen Gebrauch mit einer drei- bis fünfjährigen Bindung verknüpft sein sollte.[574] Hinsichtlich der dann zudem erforderlich werdenden gesteigerten Beteiligungshöhe kann eine Orientierung an der 75%-Grenze erfolgen.[575]

Mit der bereits erwähnten Nachbesteuerung, die den Verlustabzug gleichsam wieder rückgängig macht, wird dann für die Fälle, in denen die EU-ausländische Tochtergesellschaft in den Folgejahren wieder Gewinne erzielt, eine doppelte Verlustberücksichtigung vermieden.[576] Dabei könnte sich der Zeitpunkt für diese Nachversteuerung entweder danach richten, wann sich nach der nach inländischen Vorschriften vorgenommenen Ergebnisermittlung für die ausländische Tochtergesellschaft erstmals ein Gewinn ergibt, oder danach, wann im Ausland eine tatsächliche Verlustverrechnung – nach vorheriger Gewinnermittlung nach ausländischem Recht – vorliegt. Vor dem Hintergrund, dass der

572 Hierzu *Herzig/Wagner*, DStR 2006, 1, 10. Ausführlich zur Vorreiterrolle des österreichischen Modells für die deutsche Organschaft *Kaufer*, Grenzüberschreitende Organschaft kraft Gemeinschaftsrecht, S. 175-241. Auch *Mayr*, IStR 2010, 633-638 entwickelt aus der fünfjährigen Praxiserfahrung mit der österreichischen Regelung Vorschläge für eine deutsche Gruppenbesteuerung.

573 Jedenfalls solange die Gewinnermittlungs- und Verlustverrechnungsvorschriften nicht harmonisiert sind, vgl. Frotscher/Maas/*Frotscher* § 14 Rn. 60; *Klarmann*, Körperschaftsteuerliche Organschaft – Entstehung, Inhalt und Problematik der bestehenden deutschen Regelung –, S. 77 f.; *Bergemann/Schönherr/Stäblein*, BB 2005, 1706, 1714; *Dötsch/Pung*, Der Konzern 2006, 130, 134; *Herzig/Englisch/Wagner*, Der Konzern 2005, 298, 312; *Herzig/Wagner*, DB 2005, 1, 4, 7; *Hey*, GmbHR 2006, 113, 115; *Mayr*, BB 2008, 1816, 1818; *Scheunemann*, IStR 2006, 145, 150; *Stefaner/Weninger*, SWI 2004, 441, 447 f. Dabei muss die Verlustberücksichtigung im Ergebnis stets durch den Verlust begrenzt sein, der sich nach inländischem Recht ergibt, s. *Herzig/Wagner*, DB 2005, 1, 4; *Scheunemann*, IStR 2006, 145, 151.

574 *Bergemann/Schönherr/Stäblein*, BB 2005, 1706, 1715; *Herzig*, FR 2009, 1037, 1040; *ders.*, DStR-Beihefter 30/2010, 61, 65; *Mayr*, BB 2008, 1312, 1316; *ders.*, IStR 2010, 633, 634; *Pache/Englert*, IStR 2007, 47, 50; 844, 849, 850; *Prinz*, DStR-Beihefter 30/2010, 67, 71. Hierfür spricht auch die im Fünften Kapitel unter D.I. angesprochene Entscheidung des BFH zur grenzüberschreitenden gewerbesteuerlichen Organschaft (DStR 2011, 762), *Rödder/Schönfeld*, DStR 2011, 886, 889.

575 *Herzig*, DStR-Beihefter 30/2010, 61, 65; *Hey*, StuW 2011, 131, 139; *Prinz*, DStR-Beihefter 30/2010, 67, 71. Mit diesem an den Ergebnissen des CCCTB-Projektes ausgerichteten Vorgehen würde auch im Hinblick auf eine fortschreitende Harmonisierung auf europäischer Ebene eine zukunftsfähige Regelung geschaffen.

576 S. *Herzig*, FR 2009, 1037, 1040; *Herzig/Englisch/Wagner*, Der Konzern 2005, 298, 311; *Kußmaul/Niehren*, in: FS Djanani, S. 177, 197 f.; *Mayr*, IStR 2010, 633, 635 f.

Gerichtshof in seiner Marks & Spencer-Entscheidung – wenn auch ohne Berücksichtigung der entstehenden Liquiditätsnachteile – den Aspekt der staatenübergreifenden Gesamtschau weiter gestärkt hat,[577] ist es zulässig – wie auch in Österreich praktiziert – eine umfassende Verlustberücksichtigung mit Nachversteuerung vorzunehmen und bereits bei Feststellung der Verlustverrechnung im Ausland nachzuversteuern.

Allerdings ist zu bedenken, dass jedenfalls bei einer mehr oder weniger unbesehenen Übernahme des österreichischen Systems vor allem (wenn vielleicht auch nicht nur)[578] europarechtliche Stolpersteine zu erwarten sind.[579] So darf z.B. nicht verkannt werden, dass es wiederum europarechtlich kaum vertretbar sein wird, entsprechend dem österreichischen Leitbild die Verluste inländischer Tochtergesellschaften unabhängig von der Beteiligungshöhe voll, die auslandsansässiger Tochtergesellschaften jedoch nur anteilig nach der Beteiligungsquote zu verrechnen.[580] Zudem ergeben sich Probleme bei mehrstufigen grenzüberschreitenden Konzernstrukturen.[581] Insoweit müsste der deutsche Gesetzgeber demnach eine ihm eigene Regelung bzw. eine mit den anderen EU-Staaten abgestimmte Regelung finden, die diese Ungleichbehandlung vermeidet.

Bei einer grundsätzlichen Orientierung am österreichischen Modell der Nachversteuerung könnte Deutschland auch wieder auf eine an die zwischenzeitlich aufgehobenen Vorschriften des § 3 AuslInvG und des § 2a Abs. 3, 4 EStG angelehnte Regelung zurückgreifen.[582] Über erstere war es einer deutschen Muttergesellschaft gestattet, entsprechende gewinnmindernde Rücklagen zu bilden, wenn es bei ihrer ausländischen Tochterkapitalgesellschaft zu Verlusten kam. Letztere führte dazu, dass Verluste einer in einem DBA-Staat belegenen ausländischen Betriebsstätte beim deutschen Stammhaus abgezogen werden konnten. Die Vorschriften waren als Nachversteuerungsregelungen konzipiert, die insbesondere in den Fällen einer späteren Gewinnerzielung eingriffen.

Insgesamt liegen die Vorteile dieser Methode des vorübergehenden Verlustübertrags in ihrer relativ einfachen Anwendung[583] sowie insbesondere auch in der Vermeidung von Liquiditätsnachteilen; zudem würde sie indirekt auch zu einer Steuerrechtsharmonisierung der Mitgliedstaaten beitragen.

---

577 Vgl. *Herzig/Wagner*, Der Konzern 2006, 176, 181; *dies.*, DStR 2006, 1, 8; *dies.*, DB 2005, 1, 7. S.a. *Klarmann*, Körperschaftsteuerliche Organschaft – Entstehung, Inhalt und Problematik der bestehenden deutschen Regelung –, S. 71; *Bergemann/Schönherr/Stäblein*, BB 2005, 1706, 1714 f.

578 S. z.B. *Pache/Englert*, IStR 2007, 47, 48.

579 Hierzu *Kaufer*, Grenzüberschreitende Organschaft kraft Gemeinschaftsrecht, S. 206-216; *Stefaner/Weninger*, SWI 2004, 441, 444-449.

580 *Bergemann/Schönherr/Stäblein*, BB 2005, 1706, 1714; *Herzig/Wagner*, DB 2005, 1, 7 f.; *dies.*, DStR 2006, 1, 10.

581 D/J/P/W/*Dötsch* § 14 Rn. 25; *Dötsch/Pung*, Der Konzern 2006, 130, 132.

582 *Dötsch/Pung*, Der Konzern 2006, 130, 131. Mit Verweis auf § 2 Abs. 3 EStG a.F. auch *Herzig/Englisch/Wagner*, Der Konzern 2005, 298, 311; *Kessler/Eicke*, IStR 2008, 581, 583. Kritisch hierzu *Kube*, IStR 2008, 305, 309, 310.

583 Dafür sprechen vor allem die EU-Amtshilferichtlinie sowie die bereits praktizierte Anwendung einer solchen Nachversteuerungsregelung in einigen EU-Mitgliedstaaten.

δ) Gruppenbesteuerung; umfassende Gewinn- und Verlustberücksichtigung

Als Vorbild für eine über das durch Marks & Spencer festgelegte Minimum hinausgehende Regelung könnte aber auch das beispielsweise in Dänemark angewandte Konzept dienen, wonach korrespondierend zur Berücksichtigung von Verlusten auch die Gewinne von im Ausland ansässigen Gruppentöchtern erfasst werden. Inlands- und auslandsansässige Tochtergesellschaften würden auf diese Weise ohne Diskriminierung gleich behandelt.

Diese Einbeziehung der ausländischen Tochtergesellschaft in die Organschaft hätte zunächst ebenfalls den positiven Effekt, dass aufgrund des notwendig werdenden Verzichts auf den Gewinnabführungsvertrag neben den Vertragskonzernen auch faktische Konzerne für die Gruppenbesteuerung in Betracht kämen, was einen wichtigen Schritt in Richtung einer organisationsformneutralen Besteuerung darstellen würde.[584]

Andererseits bringt die Einbeziehung mit der Konsequenz, dass Deutschland auch das Einkommen der ausländischen Tochter besteuern würde, im Hinblick auf das Territorialitätsprinzip, das Abkommensrecht und auch das Gemeinschaftsrecht eine Vielzahl von Problemen mit sich, insbesondere weil die Vermeidung einer (dann in der Regel zunächst eintretenden) Doppelerfassung bzw. -besteuerung der Auslandstochter im Gewinnfall gewährleistet werden müsste.[585]

Dies könnte zwar im Wege eines (partiellen) Übergangs auf das Anrechnungsverfahren geschehen, so dass bei der Besteuerung im Inland als Ansässigkeitsstaat der Gruppenmutter die im Sitzstaat der ausländischen Tochtergesellschaft angefallene Steuer anzurechnen wäre. Zudem müsste aber auch eine doppelte Verlustnutzung vermieden werden. Letztendlich würde hier eine kaum beherrschbare und praktikable Konstruktion notwendig werden.[586] Als nachteilig sind insbesondere die Anfälligkeit für aggressive Arten der Steuerplanung bzw. erhöhte Befolgungskosten anzusehen.

Daher scheint im Vergleich eine isolierte Verlustberücksichtigung vorzugswürdig.[587]

cc) Ergebnis

Im Ergebnis sollte daher langfristig der grundsätzliche Weg über eine isolierte Verlustberücksichtigung ausländischer Tochtergesellschaften mit Nachversteuerungsmöglichkeit gewählt werden.

584 S. *Bergemann/Schönherr/Stäblein*, BB 2005, 1706, 1715; *Herzig/Wagner*, DB 2005, 1, 8.

585 *Bergemann/Schönherr/Stäblein*, BB 2005, 1706, 1715; *Herzig/Englisch/Wagner*, Der Konzern 2005, 298, 317; *Herzig/Wagner*, DB 2005, 1, 8.
Grundsätzlich scheint aber eine europarechtskonforme Ausgestaltung einer solchen Gruppenbesteuerung auch nach der Entscheidung Oy AA möglich, vgl. *Hey*, in: FS Schaumburg, S. 767, 784 (Fn. 90).

586 *Pache/Englert*, IStR 2007, 47, 50.

587 So i.E. auch *Herzig/Englisch/Wagner*, Der Konzern 2005, 298, 317.
Eine Darstellung möglicher Reformmodelle findet sich auch bei *Hey*, StuW 2011, 131, 138 f.

Letztendlich stellen aber alle Modelle nur eine Zwischenlösung bis zur Verabschiedung einer Einheitlichen Konsolidierten Körperschaftsteuer-Bemessungsgrundlage (GKKB/CCCTB) dar.[588] Die Umsetzung dieses Projekts scheint allerdings derzeit realpolitisch nicht wahrscheinlich.[589]

III. Außerdem: Die Regelung des § 14 Abs. 1 S. 1 Nr. 5 KStG

Wenn sie auch nicht direkt von der Marks & Spencer-Entscheidung betroffen ist, so weist doch auch die Regelung des § 14 Abs. 1 S. 1 Nr. 5 KStG eine gemeinschaftsrechtliche Problematik auf. Nach dieser Vorschrift bleibt ein negatives Einkommen des Organträgers bei der inländischen Besteuerung außer Betracht, soweit es in einem ausländischen Staat im Rahmen einer Besteuerung, die der deutschen Besteuerung des Organträgers entspricht, berücksichtigt wird. Ursprünglich war mit der Regelung beabsichtigt worden, die doppelte Verlustnutzung bzw. die Verlustnutzung stets allein zu Lasten Deutschlands durch doppelansässige Organträgergesellschaften mit Geschäftsleitung im Inland zu verhindern.[590] Abgesehen von der Frage, ob der Wortlaut diesem Ziel gerecht wird,[591] deutet der maßgebliche Anknüpfungspunkt der grenzüberschreitenden Betätigung bzw. der Zugehörigkeit zu einer grenzüberschreitenden Unternehmensgruppe wiederum auf einen Verstoß gegen die europäische Niederlassungsfreiheit hin.[592] Dies vor folgendem Hintergrund:[593]

---

588 So auch die Europäische Kommission in ihrer Mitteilung an den Rat, das Europäische Parlament und den Europäischen Wirtschafts- und Sozialausschuss zur steuerlichen Behandlung von Verlusten bei grenzübergreifenden Sachverhalten, KOM (2006), 824 endgültig, unter 3.3.1.

589 Mittlerweile hat die EU-Kommission zumindest einen entsprechenden Entwurf vorgelegt (s. den Vorschlag für eine Richtlinie des Rates über eine Gemeinsame konsolidierte Körperschaftsteuer-Bemessungsgrundlage (GKKB), KOM (2011) 121/4). Das EU-Parlament hat die Entschließung über diesen Entwurf (m. Änderungswünschen) angenommen; es schließt sich die Verhandlung im Ministerrat an. Auch weiterhin ist aber mit Widerstand einiger Mitgliedstaaten zu rechnen, so dass sich das Verfahren – soweit der Vorschlag letztendlich überhaupt durchgesetzt werden kann – jedenfalls noch hinziehen dürfte, vgl. FAZ v. 17.03.2011, S. 11. S.a. *Hey*, StuW 2011, 131, 142.

590 D/J/P/W/*Dötsch* § 14 Rn. 240; Frotscher/Maas/*Frotscher* § 14 Rn. 478; *Klarmann*, Körperschaftsteuerliche Organschaft – Entstehung, Inhalt und Problematik der bestehenden deutschen Regelung –, S. 114 f.; *Endres/Thies*, RIW 2002, 275, 276; *Meilicke*, DB 2002, 911, 912; *Herzig/Wagner*, DB 2005, 1, 7.

591 Hierzu D/J/P/W/*Dötsch* § 14 Rn. 240 f.; Frotscher/Maas/*Frotscher* § 14 Rn. 478, 480; *Endres/Thies*, RIW 2002, 375, 376; *Meilicke*, DB 2002, 911, 912.

592 Frotscher/Maas/*Frotscher* § 14 Rn. 536 f.; HHR-*Pache* § 14 Rn. 254; *Herzig/Wagner*, DB 2005, 1, 7; *Meilicke*, DB 2002, 911, 916; *Micker*, DB 2003, 2734, 2737 f.
Im Übrigen ist die Vorschrift auch verfassungsrechtlichen Bedenken ausgesetzt, so D/J/P/W/*Dötsch* § 14 Rn. 241; Frotscher/Maas/*Frotscher* § 14 Rn. 532-534; HHR-*Pache* § 14 Rn. 253; *Klarmann*, Körperschaftsteuerliche Organschaft – Entstehung, Inhalt und Problematik der bestehenden deutschen Regelung –, S. 123-125; *Meilicke*, DB 2002, 911, 916. Zur Kritik auch *Endres/Thies*, RIW 2002, 275-280.

593 Frotscher/Maas/*Frotscher* § 14 Rn. 536 f.

Im reinen Inlandsfall kommt es zu einer Einmalbesteuerung von Gewinnen bzw. einer Einmalberücksichtigung von Verlusten. Tritt eine Auslandsbeziehung hinzu, kann dies zu einer Doppelbesteuerung der Gewinne, aber auch zu einer Doppelberücksichtigung der Verluste führen, so dass insoweit eine Wertungsgleichheit mit dem reinen Inlandsfall gegeben ist. Die Anwendung von § 14 Abs. 1 S. 1 Nr. 5 KStG hat nun aber zur Folge, dass eben diese Wertungsgleichheit gestört wird, indem der doppelte Abzug der Verluste ausgeschlossen wird. Für den Steuerpflichtigen ergibt sich daraus eine zweifache Benachteiligung. Zum einen setzt er sich dem Risiko aus, Gewinne doppelt versteuern zu müssen, Verluste aber nur einmal abziehen zu können. Zum anderen geht er das weitere Risiko ein, dass sich Verluste im Ergebnis überhaupt nicht auswirken (worin allein bereits ein Verstoß gegen die Niederlassungsfreiheit liegt). Diese Risiken bestehen für den Steuerpflichtigen im reinen Inlandsfall nicht, was ihn dazu veranlassen könnte, bei risikobehafteten Investitionen entweder keine Betriebsstätte im Ausland zu gründen oder die Doppelansässigkeit des Organträgers zu vermeiden. In beidem ist eine Beeinträchtigung der Niederlassungsfreiheit zu sehen, für die keine Rechtfertigungsgründe ersichtlich sind; insbesondere kommt das Missbrauchsargument in diesem Fall nicht in Betracht.[594]

594 Nach *Herzig/Wagner*, DB 2005, 1, 7 (Fn. 56) könnte sich diese Frage der Gemeinschaftsrechtswidrigkeit allerdings im Hinblick auf den vom EuGH auch in der Rechtssache Marks & Spencer unterstrichenen Aspekt der staatenübergreifenden Gesamtschau wieder entschärfen. Vgl. auch *Kaufer*, Grenzüberschreitende Organschaft kraft Gemeinschaftsrecht, S. 149 f.; *Klarmann*, Körperschaftsteuerliche Organschaft – Entstehung, Inhalt und Problematik der bestehenden deutschen Regelung –, S. 125.

Sechstes Kapitel: Die Körperschaftsteuerpflichtigkeit der Drittstaaten-Scheinauslandsgesellschaft

Um den Kreis der Behandlung der Scheinauslandsgesellschaft auch steuerrechtlich zu schließen, widmet sich das letzte Kapitel – korrespondierend zur Darstellung der gesellschaftsrechtlichen Ausgangslage – der Frage nach der Körperschaftsteuerpflichtigkeit doppelansässiger Kapitalgesellschaften aus Drittstaaten.

Nachdem die steuerliche Behandlung der EU-Scheinauslandsgesellschaft ebenso wie ihre gesellschaftsrechtliche Behandlung stark von den europarechtlichen Grundfreiheiten geprägt wird, ist dies bei Scheinauslandsgesellschaften aus Drittstaaten naturgemäß nicht so (s. a. Drittes Kapitel D.II.). Mangels Einschlägigkeit kann das Gemeinschaftsrecht also nicht – wie bei den EU-Auslandsgesellschaften geschehen – zur Entwicklung einer einheitlichen Beurteilung der Körperschaftsteuersubjektfähigkeit der Drittstaaten-Gesellschaft beitragen und zu einer Einordnung derselben in den Katalog des § 1 Abs. 1 Nr. 1 KStG führen. Stattdessen können aber für diese Konstellationen Doppelbesteuerungsabkommen herangezogen werden, um möglicherweise einen den europarechtlichen Grundfreiheiten entsprechenden Schutz gegen steuerliche Benachteiligungen zu gewährleisten.

Im Folgenden wird untersucht, ob es vor diesem Hintergrund zu einer anderen steuerlichen Beurteilung für solche Drittstaaten-Scheinauslandsgesellschaften kommt oder ob ein weitgehender Gleichlauf mit den europäischen Scheinauslandsgesellschaften zu konstatieren ist.

A. DBA-rechtliche Einflüsse

Anknüpfungspunkt für einen abkommensrechtlichen Schutz ist das Diskriminierungsverbot des Art. 24 OECD-MA, insbesondere dessen Abs. 1, der die steuerliche Diskriminierung aufgrund der Staatsangehörigkeit untersagt.[595]

Ein wesentlicher Unterschied zu den europarechtlichen Grundfreiheiten ergibt sich dabei zunächst daraus, dass nur direkte, d.h. unmittelbar an die Staatsangehörigkeit anknüpfende Diskriminierungen verboten sind, nicht hingegen

---

595 S. hierzu *Engert*, in: Eidenmüller, Ausländische Kapitalgesellschaften im deutschen Recht, § 8 Rn. 15-17. Dabei meint „Staatsangehöriger" eines Vertragsstaates in Bezug auf juristische Personen, Personengesellschaften und andere Personenvereinigung all solche, die nach dem Recht dieses Vertragsstaates gegründet wurden, Art. 3 Abs. 1 lit. g ii) OECD-MA. Unerheblich ist, ob ein Unternehmen im Anwenderstaat als juristische Person eingeordnet wird; die Vereinbarung gilt für jede nach der Rechtsordnung einer der Vertragsparteien ordnungsgemäß errichtete Organisationsform, *Schmidt/Sedemund*, DStR 1999, 2057, 2063.

sog. versteckte oder mittelbare Diskriminierungen. Aber auch im Falle einer direkten Diskriminierung muss noch ein weiterer Aspekt hinzukommen, um eine Verletzung des Diskriminierungsverbots annehmen zu können: Die Behandlung des ausländischen Staatsangehörigen muss für diesen belastender oder auch nur anders sein als für einen inländischen unter gleichen bzw. ähnlichen rechtlichen oder tatsächlichen Verhältnissen, wobei Anknüpfungspunkt für eine zulässige unterschiedliche Behandlung insbesondere die steuerliche Ansässigkeit sein soll.[596] Der Schutzbereich auf abkommensrechtlicher Ebene ist mithin im Gegensatz zum Schutzbereich der gemeinschaftsrechtlichen Grundfreiheiten sehr eng gefasst. Dementsprechend besteht aber auch auf der Rechtfertigungsseite kein Spielraum, denn das Diskriminierungsverbot wirkt absolut, so dass bei Einschlägigkeit des Schutzbereichs auch stets eine Verletzung zu bejahen ist mit der Folge, dass der Ausländer gleich dem Inländer zu behandeln ist.

Es stellt sich somit die Frage, wie sich die Anwendung des DBA-rechtlichen Diskriminierungsverbots bei der Einordnung der Drittstaaten-Scheinauslandsgesellschaft im Rahmen des § 1 Abs. 1 KStG auswirkt, insbesondere inwieweit auch eine Qualifikation als Kapitalgesellschaft gemäß § 1 Abs. 1 Nr. 1 KStG in Betracht kommt.

Dabei gilt für das Verhältnis von Zivil- und Steuerrecht grundsätzlich das bereits zur EU-Auslandsgesellschaft Ausgeführte. Dass in diesem Zusammenhang für das Steuerrecht vom Gesellschaftsrecht abweichende Wertungen eine Rolle spielen, die eine eigenständige Beurteilung erfordern, zeigt sich auch sehr deutlich am Beispiel der sog. Delaware-Entscheidung des BFH vom 29.01.2003[597], der eine Drittstaaten-Konstellation zugrunde lag.

B. Die Delaware-Entscheidung des BFH

Dabei ging es um eine nach dem Recht des amerikanischen Bundesstaates Delaware gegründete Aktiengesellschaft, die ihren Verwaltungssitz nach Deutschland verlegte. Die Gesellschaft sollte in ihrem Unternehmerverbund als Organträger fungieren. Dieses Organschaftsverhältnis erkannte jedoch die Finanzverwaltung nicht an und zog dementsprechend die als Organgesellschaft vorgesehene deutsche GmbH eigenständig zur Körperschaftsteuer heran.

Der BFH, der mit dieser Sache zunächst im Wege einer Beschwerde im vorläufigen Rechtsschutzverfahren befasst war, bestätigte die Einschätzung der Finanzverwaltung.

Im Hauptsacheverfahren hatte der BFH dann erneut über den Fall zu entscheiden. Dabei bekräftigt er zwar zu Beginn seine Feststellungen des Beschwerdeverfahrens, dass weder die Voraussetzungen des § 14 Nr. 3 KStG a.F. noch die des § 18 KStG erfüllt seien, vertritt jedoch in der Folge die Auffassung, dass

596 Hierzu ausführlich *Engert*, in: Eidenmüller, Ausländische Kapitalgesellschaften im deutschen Recht, § 8 Rn. 18-25.

597 BFH DStRE 2003, 865. Die oben (Drittes Kapitel D.II.2.) dargestellte Entscheidung des BGH zur gleichen Kernfrage erging ebenfalls an diesem Tag.

die Versagung der Organträgereigenschaft für die amerikanische Gesellschaft gegen das Diskriminierungsverbot des Art. 24 Abs. 4 DBA-USA 1989 verstößt, so dass § 14 Nr. 3 S. 1 KStG a.F. insoweit verdrängt wird.[598]

Als Auslöser dieser Rechtsprechungsänderung benennt das Gericht selbst die Überseering-Entscheidung des Europäischen Gerichtshofs.[599] Zwar habe diese unmittelbar nur für die EG-Mitgliedstaaten Bedeutung, jedoch bewirke das bilaterale Diskriminierungsverbot des Art. 24 Abs. 4 DBA-USA 1989, dass die amerikanische Gesellschaft als juristische Person eines Drittstaates eine Gleichbehandlung mit Angehörigen des Mitgliedstaates einfordern könne. Um dem Erfordernis der Vergleichbarkeit der Verhältnisse gerecht zu werden (wie es Art. 24 Abs. 4 ebenso wie Abs. 1 DBA-USA 1989 verlange), müsse auf die im Inland nach wie vor mit Sitz und Geschäftsleitung residierende Gesellschaft abgestellt werden, nicht hingegen auf eine wegziehende inländische Gesellschaft.[600] Im Verhältnis zu dieser inländischen Gesellschaft ergebe sich aber eine Benachteiligung der ausländischen Gesellschaft, was – vor dem Hintergrund der in Überseering festgestellten Verletzung des EGV – auch zu einer Verletzung des absolut wirkenden abkommensrechtlichen Diskriminierungsverbots des Art. 24 Abs. 4 DBA-USA 1989 führe. Die in Rede stehende inländische Beteiligungsgesellschaft eines US-amerikanischen Unternehmens dürfe keiner anderen oder belastenderen Besteuerung unterworfen werden als andere ähnliche inländische Unternehmen, auch nicht in Bezug auf deren Ansässigkeit.[601]

Unterstützend greift das Gericht zudem auf Art. XXV Abs. 5 S. 2 FHSV zurück, der ein anderes Ergebnis ebenfalls verbiete.[602] Ob sich darüber hinaus ein Diskriminierungsschutz auch aus Art. 24 Abs. 1 DBA-USA 1989 und Art. XI Abs. 1 FHSV ergibt, lässt der BFH allerdings mangels Entscheidungserheblichkeit offen.[603]

---

598 BFH DStRE 2003, 865, 866, 868.

599 BFH DStRE 2003, 865, 866.

600 BFH DStRE 2003, 865, 867 f. Dabei unterscheidet auch der BFH deutlich zwischen Zu- und Wegzugsfall und betont die Unvergleichbarkeit dieser Sachverhalte.

601 BFH DStRE 2003, 865, 868.

602 BFH DStRE 2003, 865, 868. In dem vorangegangenen Beschwerdebeschluss hatte der BFH einen Verstoß gegen dieses Diskriminierungsverbot noch ausdrücklich verneint, die nun fallentscheidende Regelung des Art. 24 Abs. 4 DBA-USA 1989 erwähnte der BFH in dieser Entscheidung nicht einmal.
Vergleicht man die beiden Entscheidungen des BFH und des BGH, so fällt auf, dass sich der BFH von der Sitztheorie allgemein distanziert, während sich der BGH grundsätzlich zur Sitztheorie bekennt und von deren Weitergeltung ausgeht, vgl. auch *Pache*, IStR 2003, 808, 810 f.

603 BFH DStRE 2003, 865, 866 (wobei Art. 24 Abs. 1 OECD-MA im Leitsatz zunächst noch genannt wird).

C. Folgerungen für die steuerrechtliche Qualifikation

Die Entscheidung wirft die Frage nach ihren Auswirkungen auf die Qualifikation von Drittstaaten-Gesellschaften auf.

I. Drittstaaten-Gesellschaft als Körperschaft im Sinne des § 1 Abs. 1 KStG

Obwohl die Entscheidung des BFH direkt zur Frage der möglichen Organträgereigenschaft einer amerikanischen Aktiengesellschaft erging, geht sie in ihren Wirkungen über den konkreten Bezug zu § 14 Nr. 3 S. 1 KStG a.F. hinaus. Das Gericht macht vielmehr deutlich, dass es jedenfalls für den Bereich des Steuerrechts die Sitztheorie nicht mehr anwenden will und einen vollständigen Übergang zur Gründungstheorie für angezeigt hält. Anderenfalls hätte es sich mit der Frage der Rechtsfähigkeit der zugezogenen Gesellschaft bzw. dem zugrunde liegenden Theorienstreit nicht in dieser Ausführlichkeit auseinandergesetzt und entsprechenden Begründungsaufwand betrieben.

Diese Tendenz des BFH zur generellen Anknüpfung an das Recht des Gründungsstaates entwickelt zunächst Ausstrahlungswirkung dergestalt, dass jedenfalls amerikanische Kapitalgesellschaften in Deutschland für Zwecke des Steuerrechts in der Rechtsform ihrer Gründung anzuerkennen sind. Darüber hinaus ergibt sich diese Folge aber auch für Kapitalgesellschaften aus einer Vielzahl weiterer Staaten, mit denen die Bundesrepublik Deutschland ein an dem OECD-MA orientiertes Doppelbesteuerungsabkommen geschlossen hat.[604] Denn Art. 24 Abs. 4 DBA-USA 1989, auf den der BFH seine Argumentation maßgeblich stützt, entspricht exakt Art. 24 Abs. 5 OECD-MA. Diese vom BFH für das Steuerrecht befürwortete Linie bestätigt der Gesetzgeber nun auch mit dem Gesetzentwurf zum Internationalen Privatrecht der Gesellschaften, Vereine und juristischen Personen für die gesellschaftsrechtliche Ebene.[605]

II. Erfordernis des Typenvergleichs

Nachdem die Drittstaaten-Gesellschaften also regelmäßig als solche anzuerkennen sind, stellt sich auch hier die Frage, ob die Einordnung als Körperschaft-

604 *Pache*, IStR 2003, 808, 810. Für eine gänzliche, d.h. auch auf Drittstaaten-Gesellschaften bezogene Aufgabe der Sitztheorie im Steuerrecht spricht darüber hinaus auch das rechtssystematische Prinzip einheitlicher Tatbestandsauslegung, s. *Schmidt/Sedemund*, DStR 1999, 2057, 2063.

605 Abgesehen von den bereits angeführten Gründen, die für einen Übergang zur Gründungstheorie sprechen, hilft diese auch gesellschaftsrechtliche Festschreibung der Gründungstheorie, ein krasses Auseinanderfallen von Steuer- und Zivilrecht zu vermeiden, das bei einer Weiterverfolgung der unterschiedlichen Ansätze von BFH und BGH drohen würde, s. *Pache*, IStR 2003, 808, 811.

steuersubjekt im Sinne des § 1 Abs. 1 Nr. 1 KStG für diese Gesellschaften weiterhin von einem Typenvergleich abhängig gemacht werden darf. In Anbetracht dessen, dass der Verzicht auf diesen Typenvergleich für den Fall der EU-Auslandsgesellschaften in den europäischen Grundfreiheiten, speziell der Niederlassungsfreiheit, begründet liegt, kommt dies für Gesellschaften aus Drittstaaten dann in Betracht, wenn die Grundfreiheiten eine gewisse Ausstrahlwirkung bei der Auslegung DBA-rechtlicher Vorschriften entfalten. Ein solches Einfallstor könnte sich insbesondere über die abkommensrechtlichen Diskriminierungsverbote oder bilateral vereinbarte Meistbegünstigungsklauseln eröffnen.

1. Das Diskriminierungsverbot des Art. 24 OECD-MA

Zunächst soll daher geprüft werden, ob sich die EG-rechtlichen Grundfreiheiten über das Diskriminierungsverbot des Art. 24 OECD-MA derart mittelbar auf Scheinauslandsgesellschaften aus Drittstaaten auswirken, dass auch bei diesen die Anwendung des Typenvergleichs zu versagen ist und sie „automatisch" mit ihrer Anerkennung als Körperschaftsteuersubjekt im Sinne des § 1 Abs. 1 Nr. 1 KStG zu qualifizieren sind.

a) Voraussetzungen des Art. 24 OECD-MA

Als Anknüpfungspunkte im Rahmen von Art. 24 OECD-MA kommen dessen Absätze 1 und 5 in Betracht.

aa) Art. 24 Abs. 1 OECD-MA

Die Regelung des Art. 24 Abs. 1 OECD-MA bestimmt, dass Staatsangehörige eines Vertragsstaates im anderen Vertragsstaat keiner Besteuerung oder damit zusammenhängenden Verpflichtungen unterworfen werden dürfen, die anders oder belastender ist als die Besteuerung und die damit zusammenhängenden Verpflichtungen, denen Staatsangehörige des anderen Staates unter gleichen Verhältnissen, insbesondere hinsichtlich der Ansässigkeit unterworfen sind oder unterworfen werden können.

α) Staatsangehöriger eines Vertragsstaates

Dabei sei vorab nochmals darauf hingewiesen, dass neben den natürlichen auch die juristischen Personen, Personengesellschaften und anderen Personenvereinigungen von Abs. 1 erfasst sind (vgl. Art. 3 Abs. 1 lit. g OECD-MA). Kapitalgesellschaften mit ausländischem Gründungsstatut sind demnach grundsätzlich abkommensberechtigt und dürfen somit von der Bundesrepublik Deutschland als anderer Vertragsstaat steuerlich nicht anders oder belastender behandelt werden als nach deutschem Recht gegründete Kapitalgesellschaften, die sich in gleichen Verhältnissen befinden.

β) andere oder belastendere Besteuerung

Da die Merkmale „anders oder belastender" zueinander in einem Alternativverhältnis stehen, reicht es für das Eingreifen des Diskriminierungsschutzes bereits aus, wenn die Staatsangehörigen des anderen Vertragsstaates nach anderen rechtlichen Grundlagen besteuert werden, was beispielsweise die Bemessungsgrundlage, den Steuersatz, die Art der Steuerfestsetzung oder die Formalitäten betreffen kann.[606] Das Diskriminierungsverbot bzw. sein Schutz erstreckt sich auf das gesamte steuerliche Pflichtenverhältnis einschließlich aller für die Besteuerung relevanten Regelungen.[607] Darunter ließe sich auch das Erfordernis des Typenvergleichs als mit der Besteuerung zusammenhängende Verpflichtung im weiteren Sinne noch fassen. Dieses Erfordernis ist zwar nicht gesetzlich vorgeschrieben, entspricht aber (im Einklang mit der Rechtsprechung) der gängigen Praxis und bedeutet – wie bereits erläutert – für die betroffenen Gesellschaften erhöhte Nachweiserfordernisse und damit einen erhöhten Aufwand. Denn es muss für den Typenvergleich im Rahmen einer Gesamtwürdigung jeweils im Einzelfall geprüft werden, ob die im Ausland rechtsfähige Körperschaft dem Typ und der tatsächlichen Handhabung nach einer Kapitalgesellschaft oder einer juristischen Person entspricht, wofür eine Reihe von Beurteilungsmerkmalen entwickelt wurde.[608]

γ) in gleichen Verhältnissen

Voraussetzung für eine Gleichbehandlung des Steuerpflichtigen mit dem Staatsangehörigen des anderen Vertragsstaates ist aber zudem, dass er sich mit diesem „in gleichen Verhältnissen" befindet.

αα) Definition und Anwendung auf Kapitalgesellschaften

Darunter versteht man eine nahezu vollständige Identität der Umstände mit Ausnahme der Staatsangehörigkeit.[609] Dagegen führen Unterschiede anderer Art als die Staatsangehörigkeit zu ungleichen Verhältnissen und berechtigen zu einer Ungleichbehandlung durch den anderen Vertragsstaat, ohne dass damit ein Verstoß gegen Art. 24 Abs. 1 OECD-MA angenommen werden könnte.

Es kommt demnach für eine Verletzung dieses Diskriminierungsverbots entscheidend darauf an, ob allein die Staatsangehörigkeit das nach innerstaatlichem Steuerrecht für die Schlechterstellung des Steuerschuldners ausschlaggebende Merkmal ist. Um dies letztlich festzustellen, bedient man sich der sog. Gegenprobe, bei der – ohne Veränderung der sonstigen Umstände – das jeweils verbotene Inlandskriterium hinzugedacht wird.[610] Ein Verstoß ist danach nur dann zu

606 Vogel/Lehner/*Rust*, DBA, Art. 24 Rn. 42; s. auch MA-Komm Art. 23 Ziffer 10.
607 Vogel/Lehner/*Rust*, DBA, Art. 24 Rn. 45; s. auch MA-Komm Art. 24 Ziffer 10.
608 Vgl. hierzu nochmals BFH DStR 2008, 2151, 2153.
609 Vogel/Lehner/*Rust*, DBA, Art. 24 Rn. 48.
610 Vogel/Lehner/*Rust*, DBA, Art. 24 Rn. 48.

bejahen, wenn bei unterstellter Staatsangehörigkeit des anderen Vertragsstaates die Benachteiligung entfiele.

Auf Kapitalgesellschaften übertragen würde dies bedeuten, dass für die Gegenprobe eine Gründung nach deutschem Recht zu unterstellen ist (vgl. hierzu erneut Art. 3 Abs. 1 lit. g) ii) OECD-MA); eine Diskriminierung, die darauf abstellen würde, dass eine Gesellschaft nicht nach deutschem Recht gegründet wurde, ist untersagt.[611] Nach deutschem Recht gegründete Kapitalgesellschaften fallen jedoch ohne weitere Voraussetzungen unter § 1 Abs. 1 Nr. 1 KStG, was für eine Unterscheidung nach dem Errichtungsstatut sprechen würde. Allerdings könnte (auch wenn § 1 Abs. 1 KStG dies nicht direkt als Anknüpfungskriterium wählt) als Unterscheidungsmerkmal weiterhin auf den ausländischen Satzungssitz bzw. die Doppelansässigkeit verwiesen werden.

An dieser Stelle ist jedoch problematisch, dass der satzungsmäßige Sitz zwar einerseits als Synonym für die Staatsangehörigkeit eine unterschiedliche Behandlung gerade untersagen könnte,[612] andererseits aber eben diese Ansässigkeit einer Gesellschaft ausdrücklich zugelassenes Anknüpfungsmerkmal für eine zulässige Differenzierung aufgrund ungleicher Verhältnisse ist. Um aus diesem Kreis herauszufinden, muss man sich vor Augen führen, dass Art. 24 Abs. 1 OECD-MA die Grundwertung zum Ausdruck bringt, dass die steuerliche Ansässigkeit stets als erheblich anzusehen ist und eine Differenzierung hiernach von Doppelbesteuerungsabkommen nicht versagt, sondern gleichsam erlaubt werden soll.[613] Hierhinter muss der Umgehungsgedanke zurückstehen, auf dem allein die Annahme beruht, eine Unterscheidung nach Synonymen der Staatsangehörigkeit könne eine unzulässige direkte Diskriminierung darstellen.

ββ) Typenvergleich zur Feststellung der gleichen Verhältnisse

Im Zusammenhang mit der Frage des Typenvergleichs scheint es aber ohnehin entscheidender zu sein, ob die Prüfung der gleichen Verhältnisse nicht gerade auch einen den Kriterien der deutschen Praxis entsprechenden Typenvergleich voraussetzt.[614] Denn wenn die Gesellschaften ausländischen Rechts – auch bei Anerkennung ihrer Rechtsfähigkeit – nicht dem Typus einer deutschen Kapitalgesellschaft entsprechen, befinden sie sich mit diesen auch nicht in den geforderten „gleichen Verhältnissen", was aber Voraussetzung ist, um überhaupt

---

611 BFH BStBl II 1984, 9, 10 zu Art. 12 A Abs. 1 DBA 1931/59 (bzw. Art. 25 Abs. 1 DBA Schweiz 1971 und Art. 11 Abs. 1 ErbSt-DBA), die Art. 24 Abs. 1 OECD MA entsprechen.

612 Teilweise wird insoweit vertreten, dass bei nicht natürlichen Personen neben dem Verbot der Diskriminierung nach der „Staatsangehörigkeit" bzw. dem Errichtungsort auch eine steuerliche Differenzierung nach dem Satzungssitz untersagt ist, s. z.B. *Schilcher/Stefaner*, in: Lang/Schuch/Staringer, Die Diskriminierungsverbote im Recht der Doppelbesteuerungsabkommen, S. 137, 146.

613 So auch *Engert*, in: Eidenmüller, Ausländische Kapitalgesellschaften im deutschen Recht, § 8 Rn. 25. I.E. auch Vogel/Lehner/*Rust*, DBA, Art. 24 Rn. 54-56, 57.

614 Zu diesem Ansatz auch *Schilcher/Stefaner*, in: Lang/Schuch/Staringer, Die Diskriminierungsverbote im Recht der Doppelbesteuerungsabkommen, S. 137, 153. Vgl. zudem *Schmidt/Sedemund*, DStR 1999, 3057, 2063.

vom Schutz des Diskriminierungsverbots erfasst zu sein. Der abkommensrechtliche Diskriminierungsschutz steht der Anwendung des Typenvergleichs für die Einordnung von Gesellschaften aus Drittstaaten damit nicht entgegen, vielmehr eignet sich der Typenvergleich – weil er bereits vorab in das Kriterium der „gleichen Verhältnisse" hineinzulesen ist – schon gar nicht als Anknüpfungspunkt für eine Diskriminierung.

bb) Art. 24 Abs. 5 OECD-MA

Jedenfalls im Ergebnis Entsprechendes gilt auch für das Diskriminierungsverbot des Art. 24 Abs. 5 OECD-MA. Danach dürfen Unternehmen eines Vertragsstaates, deren Kapital ganz oder teilweise unmittelbar oder mittelbar einer im anderen Vertragsstaat ansässigen Person oder mehreren solchen Personen gehört oder ihrer Kontrolle unterliegt, steuerlich nicht anders oder belastender behandelt werden als andere ähnliche Unternehmen des erstgenannten Staates. Damit untersagt diese Regelung mit der Formulierung „andere ähnliche Unternehmen" ebenfalls nur eine Ungleichbehandlung unter vergleichbaren Verhältnissen.[615] Um genau dies aber beurteilen zu können, bedarf es auch hier einer Überprüfung anhand der Merkmale des Typenvergleichs.

b) Zwischenergebnis

Das Diskriminierungsverbot des Art. 24 OECD-MA steht der Anwendung des Typenvergleichs mithin nicht entgegen, sondern setzt diesen vielmehr voraus.

c) Unterschiede zwischen DBA- und EU-rechtlichen Diskriminierungsverboten

Auch generell sprechen gewichtige Argumente gegen eine Ausstrahlwirkung des Schutzes der Grundfreiheiten auf Drittstaaten-Gesellschaften über das Diskriminierungsverbot des Art. 24 OECD-MA. Diese ergeben sich aus den strukturellen Unterschieden zwischen den europarechtlichen und den abkommensrechtlichen Grundfreiheiten.

aa) Schutzbereich und Rechtfertigungsmöglichkeit

Wie bereits angesprochen, besteht ein wesentlicher Unterschied in der Auslegung des Schutzbereichs: Dieser wird bei den gemeinschaftsrechtlichen Diskriminierungsverboten weit gefasst, bei den abkommensrechtlichen hingegen eng; hierzu korrespondierend ist auf europarechtlicher Ebene eine Rechtfertigung über die vierstufige Prüfung des Europäischen Gerichtshofs möglich, auf DBA-Ebene ist eine Rechtfertigung wegen des Absolutheitsanspruchs jedoch ausgeschlossen.

---

615 Vogel/Lehner/*Rust*, DBA, Art. 24 Rn. 165, 168.

bb) Zielrichtung/Zweck

Diese Auslegung beruht nicht zuletzt auf den verschiedenen Zielrichtungen der Vorschriften: Die Grundfreiheiten sind auf die Errichtung eines europäischen Binnenmarkts ausgerichtet, die abkommensrechtlichen Vorschriften auf die Vermeidung der Doppelbesteuerung und die Verhinderung von Steuerhinterziehung. Schon dies steht der teilweise vertretenen Auffassung[616] entgegen, die Diskriminierungsverbote des AEU-Vertrags ergänzten diejenigen der Doppelbesteuerungsabkommen und sollten in diese einfließen.[617] Vielmehr verbieten die unterschiedlichen mit den Diskriminierungsverboten verfolgten Zwecke eine Übertragung der Auslegungsgrundsätze des europarechtlichen Diskriminierungsschutzes auf die Interpretation auf abkommensrechtlicher Ebene.

cc) Erstreckung des Anwendungsbereichs des Art. 24 OECD-MA auf auf EU-Recht beruhenden Vergünstigungen

Abschließend im Zusammenhang mit dem Diskriminierungsverbot des Art. 24 OECD-MA könnte man noch die Frage aufwerfen, ob sich der Anwendungsbereich dieses Diskriminierungsverbots auch auf Vergünstigungen erstreckt, die auf EU-Recht beruhen. Dies wird jedenfalls bei nationalen Steuerrechtsvorschriften mit europarechtlichem Hintergrund diskutiert.[618]

Ob möglicherweise auch der auf der Niederlassungsfreiheit beruhende Verzicht auf den Typenvergleich bei EU-Gesellschaften als eine solche „Vergünstigung" angesehen werden kann, muss an dieser Stelle nicht entschieden werden. Denn dies ist im Ergebnis eine Frage der Meistbegünstigung, die jedoch jedenfalls im Diskriminierungsverbot des Art. 24 OECD-MA nicht verankert ist.[619]

Im Gegensatz zum Inländergleichbehandlungsgebot, das auf die Gleichstellung mit den Staatsangehörigen des verpflichteten Staates abzielt, geht es bei der Gewährung von Meistbegünstigung um die Gleichbehandlung von Ausländern unterschiedlicher Herkunft, d.h. in einer Dreierkonstellation sichert der gewährende Staat dem begünstigten Staat eine mit einem bestimmten oder unbestimmten Staat vergleichbare Behandlung zu und verpflichtet sich damit, den Vertragspartner so zu behandeln wie den bestbehandelten Dritten.[620]

In erster Linie steht einer solchen Auslegung der DBA-Diskriminierungsverbote als Meistbegünstigung entgegen, dass der AEUV auf dem Prinzip der Gegenseitigkeit basiert und Ausdruck eines gegenseitigen Abtauschs von Zuge-

---

616 *Gosch*, DStR 2007, 1553, 1560; ebenso (wenn auch mit einer nicht unwesentlichen Einschränkung) *Toifl*, SWI 2004, 325, 330 f.

617 Vogel/Lehner/*Rust*, DBA, Art. 24 Rn. 18. In diese Richtung auch *Hahn*, BB 2005, 521, 526; *Hahn/Koch*, SWI 2005, 431, 433 f.

618 Ablehnend z.B. Vogel/Lehner/*Rust*, DBA, Art. 24 Rn. 53; *Rust*, in: Cordewener/Enchelmaier/Schindler, Meistbegünstigung im Steuerrecht der EU-Staaten S. 77, 91; a.A. *Lüdicke*, in: FS Wassermeyer, S. 473, 485 f.

619 *Lüdicke*, in: FS Wassermeyer, S. 473, 487; *Rust*, IStR 2003, 658, 659.

620 *Hofbauer*, in: Lang/Schuch/Staringer, Die Diskriminierungsverbote im Recht der Doppelbesteuerungsabkommen, S. 289, 291.

ständnissen ist. Die Grundfreiheiten sind im Gesamtregelungsgehalt des AEUV zu sehen, einem Vertrag, dem sich nur die Mitgliedstaaten unterworfen haben, die gleichzeitig auch an den Willensbildungs- und Entwicklungsprozessen innerhalb der Gemeinschaft beteiligt sind.

Zudem lässt sich auch der Wortlaut des abkommensrechtlichen Diskriminierungsverbots gegen eine Interpretation als Meistbegünstigungskonzept anführen, verbietet doch Art. 24 OECD-MA eine steuerliche Andersbehandlung im Verhältnis zum „anderen" (Abs. 1) bzw. zum „erstgenannten" Vertragsstaat. Dies verdeutlicht, dass das Diskriminierungsverbot auf dem Gedanken der Inländergleichbehandlung beruht.[621]

Auch die Delaware-Entscheidung des BFH steht hierzu nicht im Widerspruch. Das Ergebnis, dass letztlich die US-amerikanische Gesellschaft gleichbehandelt wird wie die EU-Auslandsgesellschaften, beruht wohl nicht auf einem direkten Vergleich zwischen Gesellschaften aus Dritt- und Mitgliedstaaten, sondern ist lediglich die Folge des sowohl auf abkommens- wie auf gemeinschaftsrechtlicher Ebene vereinbarten Gebots der Inländergleichbehandlung.[622] Die Entscheidung des EuGH diente dem BFH insoweit zur Ermittlung des richtigen Vergleichspaares. Insbesondere lässt sich aus der Entscheidung nicht schließen, dass aus dem Diskriminierungsverbot des Art. 24 OECD-MA ein generelles Meistbegünstigungsgebot zugunsten von Gesellschaften aus Drittstaaten abgeleitet werden soll.[623] Vielmehr hat der BFH in einer nachfolgenden Entscheidung – nachdem er zunächst noch einmal darauf hingewiesen hat, dass Drittstaatenangehörige sich nicht auf die gemeinschaftsrechtlichen, sondern nur auf diejenigen Diskriminierungsverbote berufen können, die im Verhältnis zwischen Deutschland und dem Drittstaat gelten – ausdrücklich klargestellt, dass sich weder aus dem DBA(-USA), noch aus dem Freundschafts-, Handels- und Schifffahrtsvertrag ein allgemeiner Grundsatz herleiten lasse, wonach es über die dort getroffenen Regelungen hinaus unzulässig ist, in den USA ansässige Personen höher zu besteuern als – unter ansonsten vergleichbaren Umständen – einen in Deutschland Ansässigen. Das Diskriminierungsverbot sei auf die dortigen speziellen Tatbestände begrenzt, auf die es sich beziehe.[624]

Einige Vertragsstaaten gehen jedoch von diesem Prinzip ab und vereinbaren stattdessen das der Meistbegünstigung. Zu prüfen bleibt daher, ob sich aus von der Bundesrepublik Deutschland bilateral explizit vereinbarten Meistbegünstigungsklauseln ein Anspruch der Drittstaatengesellschaft auf Gleichbehandlung mit EU-Gesellschaften ergeben kann.

---

621 *Schilcher/Stefaner*, in: Lang/Schuch/Staringer, Die Diskriminierungsverbote im Recht der Doppelbesteuerungsabkommen, S. 137, 159; s. auch MA-Komm, Art. 24 Ziffer 1.

622 So *Hofbauer*, in: Lang/Schuch/Staringer, Die Diskriminierungsverbote im Recht der Doppelbesteuerungsabkommen, S. 289, 295. In diese Richtung auch *Rust*, IStR 2003, 658, 659 f.; ihm folgend *Lüdicke*, in: FS Wassermeyer, S. 473, 486; zudem *Sedemund*, BB 2006, 2781, 2785.

623 *Sedemund*, BB 2006, 2781, 2786.

624 BFH IStR 2004, 379, 382, bestätigt durch BFH IStR 2011, 504.

2. Meistbegünstigungsklauseln

Solche Meistbegünstigungsklauseln, die die Bundesrepublik Deutschland im Verhältnis zu Drittstaaten verpflichten, sind zwar weitaus weniger verbreitet als eine dem Diskriminierungsverbot des Art. 24 OECD-MA nachgebildete Vereinbarung, so dass sich die Auswirkungen des in Rede stehenden Gleichbehandlungsanspruchs durchaus in einem überschaubaren Rahmen halten würden.[625] Nichtsdestotrotz bleibt das Problem für die wenigen einschlägigen Fälle durchaus von Relevanz.

a) Zugang zu auf EU-Recht beruhenden Vorteilen oder Vorbehalt zugunsten von EU-Gesellschaften?

Allein der Wortlaut der Meistbegünstigungsklauseln wird einem Verständnis, das Drittstaaten-Gesellschaften den Zugang zu auf EU-Recht beruhenden Vorteilen ermöglicht, in der Regel nicht entgegenstehen.[626]

Möglicherweise ergibt sich aber – wenn auch nicht ausdrücklich, so doch immanent – aufgrund der besonderen Struktur der Europäischen Union mit ihrem Ziel der Schaffung bzw. Verwirklichung des Binnenmarkts ein Vorbehalt zugunsten europäischer Gesellschaften.[627] Zu berücksichtigen ist nämlich, dass sich die Mitgliedstaaten – wie oben bereits angesprochen – mit der Absicht größtmöglicher Harmonisierung unter gegenseitigen Verzichtsleistungen und Zugeständnissen zusammengeschlossen haben und damit gleichzeitig in eine umfassende ebenfalls von Wechselseitigkeit geprägte Rechte- und Pflichtenstellung eingetreten sind. Würde man dem Drittstaat per se über die Meistbegünstigungsklausel auf dem AEU-Vertrag beruhende Vergünstigungen zukommen lassen, so könnte der Drittstaat an diesen teilhaben, ohne seinerseits ebensolche Zugeständnisse zu machen. Dieses Prinzip, das sich kurz als „Keine Leistung ohne Gegenleistung" zusammenfassen ließe, muss jedenfalls dann gelten, wenn es sich bei den auf europäischer Ebene gewährten Vorteilen um solche gewichtiger Art und von hoher Intensität handelt. Dabei scheint klar, dass Drittstaaten insbesondere die Berufung auf solche Vorteile verwehrt ist, die auf den gemeinschaftsrechtlichen Grundfreiheiten als Kernstück des europäischen Primärrechts beruhen.

Diese Überlegungen, die zumeist für auf europäischem Recht basierende nationale Steuervorschriften angestellt werden, lassen sich uneingeschränkt auch auf die Vergünstigung bzw. Erleichterung des Verzichts auf den Typenvergleich übertragen, der unmittelbar auf der Niederlassungsfreiheit gründet.

---

625 Vgl. aber bspw. das DBA Schweiz (Notenwechsel zum Protokoll aus dem Jahre 1989) oder den mit den USA abgeschlossenen Freundschafts-, Handels- und Schifffahrtsvertrag (Präambel und Art. V Abs. 5, IX Abs. 4).

626 *Rust*, in: Cordewener/Enchelmaier/Schindler, Meistbegünstigung im Steuerrecht der EU-Staaten S. 77, 85.

627 Zu diesem Ansatz auch *Rust*, in: Cordewener/Enchelmaier/Schindler, Meistbegünstigung im Steuerrecht der EU-Staaten, S. 77, 85-87.

b) Ergebnis

Für das Erfordernis des Typenvergleichs bedeutet dies folglich, dass es Drittstaatengesellschaften auch über eine Meistbegünstigungsklausel nicht möglich ist, ihre Anerkennung als Kapitalgesellschaft im Sinne des § 1 Abs. 1 Nr. 1 KStG ohne zusätzliches Abstellen auf den Typenvergleich zu verlangen.

3. „Vereinbarte" Niederlassungsfreiheit

Ein anderes Ergebnis bezüglich des Typenvergleichs könnte sich schließlich noch dann ergeben, wenn mit einem Drittstaat auf Abkommensebene insgesamt ein der europäischen Niederlassungsfreiheit entsprechender Schutz festgelegt wird.

Möglicherweise könnte man dies z.B. wiederum für den mit den USA abgeschlossenen Freundschafts-, Handels- und Schifffahrtsvertrag annehmen. Insbesondere der BGH sah in der oben (Drittes Kapitel D.II.2.) dargestellten Entscheidung Inländerbehandlung, Meistbegünstigung und Niederlassungsfreiheit vereinbart und bezog sich unter Verweis gerade auf die Niederlassungsfreiheit bei Bestimmung des abkommensrechtlichen Schutzbereichs auf die diesbezügliche Anerkennungsdoktrin des Europäischen Gerichtshofs.[628]

Es stellt sich jedoch die Frage, ob mit den USA tatsächlich die Niederlassungsfreiheit in Form der europäischen Grundfreiheit vereinbart wurde. Als maßgeblich erweist sich in diesem Zusammenhang vor allem die Vorschrift des Art. VII Abs. 1 FHSV, der die geschäftliche Freizügigkeit für die Staatsangehörigen und Gesellschaften der Vertragsstaaten garantiert. Diese Regelung weist sicherlich eine gewisse Ähnlichkeit mit der Niederlassungsfreiheit der Art. 49, 54 AEUV auf.

Zu berücksichtigen ist allerdings, dass die Auslegung bzw. Ausformung des Gewährleistungsgehalts der europarechtlichen Grundfreiheiten in erster Linie durch den Europäischen Gerichtshof erfolgt, der sich dabei wiederum auch an den Zielen des AEU-Vertrags orientiert. Es erscheint daher zweifelhaft, ob das so geprägte Verständnis der europäischen Niederlassungsfreiheit sich eins zu eins auf die abkommensrechtliche Vereinbarung übertragen lässt. Dies gilt auch vor dem Hintergrund, dass die Niederlassungsfreiheit als Beschränkungsverbot ausgestaltet ist, während der Wortlaut des Art. VII Abs. 1 FHSV mit der Forderung nach Inländerbehandlung ein Diskriminierungsverbot nahe legt. Je nach Reichweite des Schutzbereichs ändern sich aber auch die Rechtfertigungsmöglichkeiten. All dies spricht gegen eine Auslegung im Sinne der Niederlassungsfreiheit mit hohem europäischem Schutzstandard.

Auch der Verweis des BGH steht dem nicht unbedingt entgegen: Die Entscheidung beruht in erster Linie auf Art. XXV Abs. 5 S. 2 FHSV. Dieser selbst besagt zunächst „nur", dass Gesellschaften, die gemäß den Gesetzen und sonstigen Vorschriften des einen Vertragsteils in dessen Gebiet errichtet sind, als Gesellschaften dieses Vertragsteils gelten; ihr rechtlicher Status wird in dem Gebiet

628 BGHZ 153, 353, 357 f.

des anderen Vertragsteils anerkannt. Damit gilt – wovon die deutsche Rechtsprechung wie gezeigt auch ausgeht[629] – zwischen Deutschland und den USA kollisionsrechtlich die Gründungstheorie. Insoweit könnte die Inbezugnahme der Rechtsprechung des Europäischen Gerichtshofs zum Inhalt der Niederlassungsfreiheit auch lediglich zur Unterstützung erfolgt sein, weil es bei der Bestimmung des Personalstatuts auch und gerade um die Anerkennung der Gesellschaften als Ausprägung der Niederlassungsfreiheit geht.

Ergibt eine Abkommensauslegung allerdings tatsächlich einmal die Geltung der Niederlassungsfreiheit im Sinne des Europarechts, so könnte die Argumentation zur Unzulässigkeit des Typenvergleichs auch auf Drittstaaten-Fälle übertragen werden.

4. Ergebnis

Damit bleibt zu konstatieren, dass für Gesellschaften aus Drittstaaten, mit denen im Rahmen eines DBA ein dem Art. 24 (Abs. 1, 5) OECD-MA entsprechender Diskriminierungsschutz oder bilateral ausdrücklich eine Meistbegünstigungsklausel vereinbart wurde, weiterhin – auch bei vollständigem Übergang zur Gründungstheorie – für die Einordnung im Rahmen des § 1 Abs. 1 KStG an dem Erfordernis des Typenvergleichs festgehalten werden kann.[630] Etwas anderes kann allenfalls dann gelten, wenn sich aus einem Abkommen tatsächlich die Geltung eines der europäischen Niederlassungsfreiheit entsprechenden Schutzstandards ergibt.

Für Kapitalgesellschaften aus Drittstaaten, mit denen solche Vereinbarungen nicht getroffen wurden, bestehen von vornherein keine Anknüpfungspunkte, aufgrund derer der Typenvergleich möglicherweise entfallen könnte; für sie gilt dieses Erfordernis also ohnehin fort.

Damit bleibt es für alle Drittstaaten-Gesellschaften grundsätzlich dabei, dass ihre Einordnung im Rahmen des § 1 Abs. 1 KStG unter Rückgriff auf den Typenvergleich erfolgt.

Der Typenvergleich entscheidet dann auch darüber, ob sich die Drittstaaten-Scheinauslandsgesellschaften auf solche Regelungen berufen können, die gerade eine Kapitalgesellschaft im Sinne des § 1 Abs. 1 Nr. 1 KStG voraussetzen (wie z.B. § 8 Abs. 2 oder § 8a KStG).

---

629 Vgl. hierzu auch noch einmal BGH DStR 2004, 2113, 2114.

630 Auch der BFH geht ohne jede Diskussion vom Fortbestand des Typenvergleichs aus (wobei er diesen auch für EU-Gesellschaften weiterhin für anwendbar hält), vgl. BFH DStR 2008, 2151, 2153 für eine US-amerikanische LLC.

Siebtes Kapitel: Schlussthesen

1. Nach Deutschland zuziehende europäische Gesellschaften sind in der Rechtsform ihrer Gründung anzuerkennen. Damit folgt das deutsche Internationale Gesellschaftsrecht bei Zuzugsfällen von Scheinauslandsgesellschaften mit EU- bzw. EWR-Bezug jedenfalls faktisch in der Regel nunmehr der Gründungstheorie. Bei Wegzugsfällen dürfte die Bundesrepublik Deutschland vor dem Hintergrund der Rechtsprechung des Europäischen Gerichtshofs mit der Sitzverlegung ins Ausland auch weiterhin die Rechtsfolge der Auflösung oder Liquidation verbinden, der Gesetzgeber hat allerdings mit dem MoMiG die Wahl eines ausländischen Verwaltungssitzes ermöglicht. Im Übrigen ist eine einheitliche Regelung auf internationalprivatrechtlicher Ebene durchaus wünschenswert bzw. im Sinne der Gebote von Rechtssicherheit und Rechtsklarheit vielmehr dringend erforderlich. Daher sollte ein vollständiger Übergang zur Gründungstheorie erfolgen, der sich dann auch auf Drittstaatenfälle erstreckt.
2. Die zuziehende EU-Scheinauslandsgesellschaft ist ohne weiteres als Kapitalgesellschaft im Sinne des § 1 Abs. 1 Nr. 1 KStG einzuordnen. Das Erfordernis des Typenvergleichs ist europarechtswidrig und daher in diesem Zusammenhang aufzugeben.
3. Der Gesetzgeber hat sich im Zuge des JStG 2010 für eine Ergänzung des § 12 Abs. 1 KStG um einen S. 2 entschieden, der die Zuordnung eines bisher einer inländischen Betriebsstätte einer Körperschaft, Personenvereinigung oder Vermögensmasse zuzuordnenden Wirtschaftsgutes zu einer ausländischen Betriebsstätte als Hauptanwendungsfall der Entstrickungsregelung festschreibt. Die Regelung des § 12 Abs. 1 KStG ist jedoch als europarechtswidrig einzustufen. Gegen die Besteuerung der stillen Reserven dem Grunde nach bestehen zwar europarechtlich ebenso wenig Bedenken wie gegen die Nichtberücksichtigung nachträglicher Wertminderungen in Deutschland als Wegzugsstaat, jedoch stellt die Ausgestaltung in Form der Sofortversteuerung einschließlich der Sicherheitsleistung einen Verstoß gegen die europarechtlichen Vorgaben dar.
4. Eine originär handelsrechtlich begründete Pflicht zur Buchführung nach dem HGB besteht für die europäische Scheinauslandsgesellschaft nicht, allerdings ergibt sich aus dem Steuerrecht eine Bilanzierungspflicht, die dann im Ergebnis zu der Notwendigkeit einer doppelten Buchführung nach heimatlichem und deutschem Recht führt.
5. Im Rahmen der Organschaft sollte von dem Erfordernis des Gewinnabführungsvertrags Abstand genommen werden; eine europarechtskonforme Alternative könnte dann in der Einführung eines bindenden Antragsrechts bestehen.

Das uneingeschränkte Erfordernis des doppelten Inlandsbezugs für die Organgesellschaft in § 14 Abs. 1 S. 1 KStG ist für die Zukunft ebenfalls aufzugeben.

Der Gesetzgeber ist in der Pflicht, Instrumentarien einzuführen, die eine „Ultima-Ratio-Verlustberücksichtigung" zulassen. Dazu sollte er langfristig den grundsätzlichen Weg über eine isolierte Verlustberücksichtigung ausländischer Tochtergesellschaften mit Nachversteuerungsmöglichkeit wählen.

Für den Fall des Gewinntransfers kann die deutsche Organschaft hingegen auf innerstaatliche Konzernsachverhalte beschränkt bleiben.

6. Für die Qualifikation von Drittstaaten-Gesellschaften im Rahmen des § 1 Abs. 1 KStG ist auch unter Zugrundelegung der Gründungstheorie weiterhin am Erfordernis des Typenvergleichs festzuhalten. Weder die Vereinbarung eines Art. 24 Abs. 1 bzw. Abs. 5 OECD-MA entsprechenden Diskriminierungsverbots noch einer Meistbegünstigungsklausel steht dem entgegen. Etwas anderes kommt allenfalls bei abkommensrechtlicher Festlegung der Niederlassungsfreiheit nach europarechtlichem Verständnis in Betracht. Damit bleibt der Typenvergleich grundsätzlich auch maßgeblich für die Frage, ob sich die Gesellschaften auf Regelungen berufen können, die eine Kapitalgesellschaft im Sinne des § 1 Abs. 1 Nr. 1 KStG voraussetzen.

In Europa leistet auch das Steuerrecht seinen Beitrag dazu, durch die Gleichbehandlung EU-ausländischer Kapitalgesellschaftsformen größtmögliche Mobilität für grenzüberschreitend tätige Gesellschaften zu schaffen und damit die Verwirklichung der Ziele der Europäischen Union voranzutreiben. Berechtigten nationalen Schutzinteressen der Mitgliedstaaten kann dabei im Wege von Sonderanknüpfungen weiterhin ausreichend Rechnung getragen werden.

Im Verhältnis zu Drittstaaten können und sollten insoweit größere Einschränkungen erfolgen, insbesondere weil mangels einer dem AEUV vergleichbaren Bindung ein erhöhtes Schutzbedürfnis besteht.

Literaturverzeichnis

Aigner, Dietmar Kofler, Georg	Steuerliche Folgen des Zuzugs von EU-Kapitalgesellschaften nach Österreich nach der Rechtsprechung des EuGH in der Rs. Überseering (C-208/00) IStR 2003, S. 570-576
Arnold, Arnd	Die Zukunft des Verhältnisses von Handelsbilanz und steuerlicher Gewinnermittlung StuW 2005, S. 148-157
Baetge, Jörg Kirsch, Hans-Jürgen Solmecke, Henrik	Auswirkungen des BilMoG auf die Zwecke des handelsrechtlichen Jahresabschlusses Wpg 2009, S. 1211-1222
Baetge, Jörg Kirsch, Hans-Jürgen Thiele, Stefan	Bilanzrecht Kommentar Bd. 1: Aktuelles, Einführung, §§ 238-289 HGB Losebl., Stand: Juni 2012 Bonn (zit.: *Bearbeiter,* in: Baetge/Kirsch/Thiele Abschnitt Rn.)
Bamberger, Heinz Georg Roth, Herbert	Kommentar zum Bürgerlichen Gesetzbuch Band 3, §§ 1297-2385, EGBGB, CISG 3. Auflage München 2012 (zit.: Bamberger/Roth/*Bearbeiter* § Rn.)
Baumbach, Adolf Hopt, Klaus J.	Handelsgesetzbuch 35. Auflage München 2012 (zit.: Baumbach/Hopt/*Bearbeiter* § Rn.)
	33. Auflage München (zit.: Baumbach/Hopt/*Bearbeiter* (33) § Rn.)
Baumbach, Adolf Hueck, Alfred	GmbH-Gesetz 19. Auflage München 2010 (zit.: Baumbach/Hueck/*Bearbeiter* § Rn.)

Beck'scher Bilanz-Kommentar — hrsg. v. Ellrott, Helmut; Förschle, Gerhart; Grottel, Bernd; Kozikowski, Michael; Schmidt, Stefan; Winkeljohann, Norbert
8. Auflage
München 2012
(zit.: Beck'scher Bil-Komm/*Bearbeiter* § Rn.)

Behme, Caspar — Der Weg deutscher Aktiengesellschaften ins Ausland – Goldene Brücke statt Stolperpfad
BB 2008, S. 70-73

Behme, Caspar; Nohlen, Nicolas — BB-Kommentar zu EuGH, Urt. v. 16.12.2008 – C-210/08 – Cartesio
BB 2009, S. 13 f.

Behrens, Peter — Die grenzüberschreitende Sitzverlegung von Gesellschaften in der EWG
IPRax 1989, S. 354-361

Das internationale Gesellschaftsrecht nach dem Centros-Urteil des EuGH
IPRax 1999, S. 323-331

Beinert, Stefanie; Werder, Alexander — Vormarsch ausländischer Gesellschaften – Gesetzgeberische Klarstellungen im Steuerrecht tun not
DB 2005, S. 1480-1486

Benecke, Andreas; Staats, Wendelin — Anmerkung zu BFH, Urt. v. 09.06.2010 – I R 107/09
IStR 2010, S. 668-670

Bergemann, Achim; Schönherr, Frank; Stäblein, Winfried — Die Rechtsprechung des EuGH im Ertragsteuerrecht – Chancen und Risiken für deutsche Unternehmen
BB 2005, S. 1706-1721

Beutel, David; Rehberg, Martin — National Grid Indus – Schlusspunkt der Diskussion oder Quell neuer Kontroverse zur Entstrickungsbesteuerung?
IStR 2012, S. 94-97

Binge, Christoph; Thölke, Ulrich — „Everything goes"? – Das deutsche Internationale Gesellschaftsrecht nach „Inspire Art"
DNotZ 2004, S. 21-33

Binz, Mark K.; Mayer, Gerd — Die Rechtsstellung von Kapitalgesellschaften aus Nicht-EU/EWR/USA-Staaten mit Verwaltungssitz in Deutschland
BB 2005, S. 2361-2368

Birk, Dieter
Steuerrecht
15. Auflage
Heidelberg 2012

Zuzug und Wegzug von Kapitalgesellschaften – Zu den körperschaftsteuerlichen Folgen der Überseeringentscheidung des EuGH –
IStR 2003, S. 469-473

Blumenberg, Jens
Lechner, Florian
Der Regierungsentwurf des SEStEG: Entstrickung und Sitzverlegung bei Kapitalgesellschaften, Neuerungen beim Einlagekonto, Körperschaftsteuerminderung und -erhöhung sowie sonstige Änderungen im Körperschaftsteuerrecht
BB-Special 8/2006, S. 25-36

Blümich
EStG, KStG, GewStG
hrsg. v. Heuermann, Bernd; Brandis, Peter
Bd. 4, KStG und GewStG
Losebl., Stand: April 2012
München
(zit.: Blümich/*Bearbeiter* § Rn.)

Bonner Kommentar zum Grundgesetz
hrsg. v. Dolzer, Rudolf; Kahl, Wolfgang; Waldhoff, Christian; Graßhof, Karin
Bd. 1, Einleitung – Art. 3 GG
Losebl., Stand: Juni 2012
Heidelberg
(zit.: BK/*Bearbeiter* Art. Rn.)

Breitenstein, Jürgen
Meyding, Bernhard
Der Regierungsentwurf zum MoMiG: Die Deregulierung des GmbH-Rechts schreitet voran
BB 2007, S. 1457-1461

Breuninger, Gottfried E.
Ernst, Markus
Abschied vom Abzug endgültig gewordener ausländischer Betriebsstättenverluste im Inland? – Kein „Import-Stopp" nach der EuGH-Entscheidung Wannsee!
DStR 2009, S. 1981-1986

Brocke, Klaus von
Abzug definitiver Verluste ausländischer Tochtergesellschaften im Rahmen der körperschaftsteuerlichen Organschaft?
Zwei FG-Entscheidungen zur Anwendung der Grundsätze des EuGH in der Rs. Marks & Spencer
DStR 2010, S. 964-968

Brocke, Klaus von
Auer, Jakob
Praxisrelevante Probleme in Zusammenhang mit dem Abzug finaler ausländischer Betriebsstättenverluste
DStR 2011, S. 57-60

Bungert, Hartwin
Konsequenzen der Centros-Entscheidung des EuGH für die Sitzanknüpfung des deutschen internationalen Gesellschaftsrechts
DB 1999, S. 1841-1844

Buyer, Christoph
Die „Repatriierung" ausländischer beschränkt steuerpflichtiger Kapitalgesellschaften durch Sitzverlegung ins Inland
DB 1990, S. 1682-1693

Calliess, Christian
Ruffert, Matthias
EUV/AEUV
Kommentar
4. Auflage
München 2011
(zit.: Calliess/Ruffert/*Bearbeiter* Art. Rn.)

Campos Nave, José A.
Das Ende der gegenwärtigen Wegzugsbesteuerung – Der zweite Blick auf Cartesio
BB 2009, S. 870-872

Claussen, Carsten P.
Crezelius, Georg
Hennrichs, Joachim u.a.
Arbeitskreis Bilanzrecht der Hochschullehrer Rechtswissenschaft
Stellungnahme zu dem Entwurf eines BilMoG: Grundkonzept und Aktivierungsfragen
BB 2008, S. 152-158

Zur Maßgeblichkeit der Handelsbilanz für die steuerliche Gewinnermittlung gem. § 5 Abs. 1 EStG i.d.F. durch das BilMoG
DB 2009, S. 2570-2573

Cordewener, Axel
Europäische Grundfreiheiten und nationales Steuerrecht
Köln 2002

Crezelius, Georg
Steuerrechtliche Rechtsanwendung und allgemeine Rechtsordnung
Herne; Berlin 1983

Steuerrecht II
2. Auflage
München 1994

Dautzenberg, Norbert — Anmerkung zu EuGH, Urt. v. 09.03.1999 – C-212/97 – Centros
FR 1999, S. 451-453

Steuerliche Folgen des Wechsels zur „Gründungstheorie" in Europa
StuB 2003, S. 405-409

Debatin, Helmut — Subjektfähigkeit ausländischer Wirtschaftsgebilde im deutschen Steuerrecht
BB 1988, S. 1155-1160

Die grenzüberschreitende Sitzverlegung von Kapitalgesellschaften
GmbHR 1991, S. 164-170

Deininger, Rainer — Körperschaftsteuerliche Auswirkungen der Überseering-Entscheidung des EuGH
IStR 2003, S. 214-216

Dierksmeier, Jochen — Die englische Ltd. in Deutschland – Haftungsrisiko für Berater
BB 2005, S. 1516-1523

Dietrich, Holger — Sitzverlegung im Binnenmarkt und ihre Besteuerung
Frankfurt am Main; Berlin; Bern; Bruxelles; New York; Oxford; Wien 2001

Ditz, Xaver — Aufgabe der finalen Entnahmetheorie – Analyse des BFH-Urteils vom 17.7.2008 und seiner Konsequenzen
IStR 2009, S. 115-121

Döllerer, Georg — Das Verhältnis des Steuerrechts zum Zivilrecht in der Rechtsprechung des Bundesfinanzhofs
in: Festschrift 75 Jahre Reichsfinanzhof – Bundesfinanzhof, S. 497-517
Bonn 1993
(zit.: *Döllerer*, in: FS 75 Jahre RFH-BFH, S.)

Dörfler, Oliver; Ribbrock, Martin — Grenzüberschreitende Verluste, Wegzugsbesteuerung sowie Koordinierung von steuerlichen Regelungen im Binnenmarkt – eine Bestandsaufnahme
BB 2008, S. 304-309

Dörrfuß, Peter	Die Sitzverlegung von Kapitalgesellschaften, zugleich Anmerkung zum Urteil des BFH vom 17.5.2000 IStR 2001, S. 147-149
Dötsch, Ewald	Körperschaftsteuerliche Behandlung der Verlegung des Sitzes bzw. der Geschäftsleitung einer Kapitalgesellschaft über die Grenze DB 1989, S. 2296-2303
Dötsch, Ewald Jost, Werner F. Pung, Alexandra Witt, Georg	Die Körperschaftsteuer Bd. 3, §§ 9-33 KStG Losebl., Stand: September 2012 Stuttgart (zit.: D/J/P/W/*Bearbeiter* § Rn.)
Dreissig, Hildegard	Verlegung der Geschäftsleitung einer deutschen Kapitalgesellschaft ins Ausland DB 2000, S. 893-899
Drobnig, Ulrich	Gemeinschaftsrecht und internationales Gesellschaftsrecht »Daily Mail« und die Folgen in: Bar, Christian von Europäisches Gemeinschaftsrecht und Internationales Privatrecht, S. 185-206 Köln; Berlin; Bonn; München, 1991 (zit.: *Drobnig*, in: v. Bar, Europäisches Gemeinschaftsrecht und Internationales Privatrecht, S.)
Drygala, Tim	Die Mauer bröckelt – Bemerkungen zur Bewegungsfreiheit deutscher Unternehmen in Europa ZIP 2005, S. 1995-2000
Dubovizkaja, Elena	„Überseering"-Rechtsprechung: Gerichtliche Klarstellung zur Niederlassungsfreiheit von Gesellschaften GmbHR 2003, S. 694-698
Ebenroth, Carsten Thomas Auer, Thomas	Grenzüberschreitende Verlagerung von unternehmerischen Leitungsfunktionen im Zivil- und Steuerrecht RIW 1992, Beilage 1 zu Heft 3, S. 1-23

Ebenroth, Carsten Thomas Boujong, Karlheinz Joost, Detlev (Hrsg.) Strohn, Lutz (Hrsg.)	Handelsgesetzbuch §§ 1-342e (Bd. 1) 2. Auflage München 2008 (zit.: Ebenroth/Boujong/Joost/Strohn/*Bearbeiter* § Rn.)
Ebenroth, Carsten Thomas Eyles, Uwe	Die innereuropäische Verlegung des Gesellschaftssitzes als Ausfluß der Niederlassungsfreiheit? DB 1989, S. 363-372 (Teil I) DB 1989, S. 413-417 (Teil II)
Ebert, Sabine Levedag, Christian	Die zugezogene „private company limited by shares (Ltd.)" nach dem Recht von England und Wales als Rechtsformalternative für in- und ausländische Investoren in Deutschland GmbHR 2003, S. 1337-1346
Ebke, Werner F.	Die Würfel sind gefallen: Die Sanktionen der Sitztheorie sind europarechtswidrig! BB 2003, Heft 1, Die Erste Seite (I)
Eickmann, Marco	Der Wegzug von Kapitalgesellschaften im Steuerrecht Aachen 2007
Eickmann, Marco Stein, Thomas	Die Wegzugsbesteuerung von Kapitalgesellschaften nach dem SEStEG DStZ 2007, S. 723-729
Eidenmüller, Horst	Ausländische Kapitalgesellschaften im deutschen Recht München 2004 (zit.: *Bearbeiter,* in: Eidenmüller, Ausländische Kapitalgesellschaften im deutschen Recht, § Rn.)
	Wettbewerb der Gesellschaftsrechte in Europa ZIP 2002, S. 2233-2245
Eidenmüller, Horst Rehberg, Markus	Rechnungslegung von Auslandsgesellschaften ZVglRWiss 105(2006), S. 427-454
Eisenbarth, Markus Hufeld, Ulrich	Die grenzüberschreitende Verlustverrechnung in der Konsolidierungsphase Das Verfahren „X Holding" und die Grenzen der negativen Integration IStR 2010, S. 309-313

Eisenhardt, Ulrich	Gesellschaftsrecht 14. Auflage München 2009
Endres, Dieter Thies, Angelika	Bekämpfung doppelter Verlustnutzung im UntStFG – Oder: Wer danebenschießt, muss eine Strafrunde laufen RIW 2002, S. 275-280
Englisch, Joachim	Anmerkung zu EuGH, Urt. v. 25.02.2010 – C-337/08 – X Holding BV IStR 2010, S. 215-217
Erle, Bernd Sauter, Thomas	Heidelberger Kommentar zum Körperschaftsteuergesetz 3. Auflage Heidelberg 2010 (zit.: Erle/Sauter/*Bearbeiter* § Rn.)
Erman	Bürgerliches Gesetzbuch Handkommentar hrsg. v. Westermann, Harm Peter Band II 13. Auflage Köln 2011 (zit.: Erman/*Bearbeiter* § Rn.)
Ernst&Young AG (Hrsg.)	Körperschaftsteuergesetz Kommentar Band 1, §§ 1-13 KStG Losebl., Stand: September 2011 Bonn (zit.: Ernst&Young/*Bearbeiter* § Rn.)
Ettinger, Jochen	Die Bestimmung des deutschen Steuerrechts durch die Rechtsprechung des Europäischen Gerichtshofs RIW 2006, S. 94-101
Ettinger, Jochen Eberl, Tobias	Die deutsche Wegzugsbesteuerung nach der EuGH-Rechtsprechung und wesentliche Gestaltungsüberlegungen im Zusammenhang mit einem Wegzug ins Ausland GmbHR 2005, S. 152-159
Fischer, Michael	Europarecht und Körperschaftsteuerrecht DStR 2006, S. 2281-2288.

Fischer, Peter	Durchleitung inländischer Einnahmen durch eine ausländische Basisgesellschaft jurisPR-SteuerR 21/2008 Anm. 2
Fleischer, Holger Schmolke, Ulrich	Die Rechtsprechung zum deutschen internationalen Gesellschaftsrecht seit 1991 JZ 2008, S. 233-242
Flick, Hans F.W. Heinsen, Oliver	Steuerliche Behandlung von Einkünften deutscher Gesellschafter aus der Beteiligung an einer US-Limited Company – Anmerkungen zum BFH-Urteil vom 20. August 2008, I R 34/08, in diesem Heft S. 811 IStR 2008, S. 781-787
Flume, Werner	Steuerwesen und Rechtsordnung in: Rechtsprobleme in Staat und Kirche, Festschrift für Rudolf Smend zum 70. Geburtstag S. 59-101 Göttingen 1952 (zit.: *Flume*, in: FS Smend, S.)
Forsthoff, Ulrich	EuGH fördert Vielfalt im Gesellschaftsrecht DB 2002, S. 2471-2477
Franz, Theresa	Körperschaftsteuerliche Behandlung der grenzüberschreitenden Betätigung von Kapitalgesellschaften innerhalb der EG Frankfurt am Main; Berlin; Bern; Bruxelles; New York; Oxford; Wien 2006
Freitag, Robert	Der Wettbewerb der Rechtsordnungen im Internationalen Gesellschaftsrecht EuZW 1999, S. 267-270
Frotscher, Gerrit	Internationales Steuerrecht 3. Auflage München 2009
	Grenzüberschreitende Organschaft – wo stehen wir? IStR 2011, S. 697-703

Frotscher, Gerrit (Hrsg.) Maas, Ernst	Körperschaftsteuergesetz, Umwandlungssteuergesetz Bd. 2, § 8b bis § 40 KStG Losebl., Stand: August 2011 Freiburg (zit.: Frotscher/Maas/*Bearbeiter* § Rn.)
Gebert, Daniel Fingerhuth, Jörn	Die Verlegung des Ortes der Geschäftsleitung ins Ausland – Steuerliche Fallstricke im Licht aktueller gesellschaftsrechtlicher Entwicklungen IStR 2009, S. 445-449
Germelmann, Claas Friedrich	Konkurrenz von Grundfreiheiten und Missbrauch von Gemeinschaftsrecht – Zum Verhältnis von Kapitalverkehrs- und Niederlassungsfreiheit in der neueren Rechtsprechung EuZW 2008, S. 596-600
Geßler, Ernst Hefermehl, Wolfgang Eckardt, Ulrich Kropff, Bruno	Aktiengesetz Band I, §§ 1-75 München 1973 (zit.: Geßler/Hefermehl/Eckardt/Kropff/*Bearbeiter* § Rn.)
Geyrhalter, Volker Gänßler, Peggy	„Inspire Art" – Briefkastengesellschaften „on the Move" DStR 2003, S. 2167-2172
Geyrhalter, Volker Weber, Thomas	Die Schlussanträge des Generalanwalts in Sachen SEVIC Systems AG – Niederlassungsfreiheit über Alles NZG 2005, S. 837 f.
Gosch, Dietmar	Anmerkungen zum EuGH-Urteil vom 5.11.2002, Rs. C-208/00 „Überseering" StBp 2002, S. 374-379
	Vielerlei Gleichheiten – Das Steuerrecht im Spannungsfeld von bilateralen, supranationalen und verfassungsrechtlichen Anforderungen DStR 2007, S. 1553-1561
Göttsche, Max	Das Centros-Urteil des EuGH und seine Auswirkungen DStR 1999, S. 1403-1408

Grabitz
Hilf, Meinhard
Das Recht der Europäischen Union
hrsg. v. Nettesheim, Martin
Losebl., Stand: Oktober 2009
München
(zit.: Grabitz/Hilf/*Bearbeiter* Art. Rn.)

Grabitz
Hilf, Meinhard
Nettesheim, Martin (Hrsg.)
Das Recht der Europäischen Union
Losebl., Stand: April 2012
München
(zit.: Grabitz/Hilf/Nettesheim/*Bearbeiter* Art. Rn.)

Graf, Helmut
Bisle, Michael
Besteuerung und Rechnungslegung der britischen „private company limited by shares" (Limited) – Teil II
IStR 2004, S. 873-875

Groeben, Hans von der
Schwarze, Jürgen
Kommentar zum Vertrag über die Europäische Union und zur Gründung der Europäischen Gemeinschaft
Band 1,
Art. 1-53 EUV, Art. 1-80 EGV
6. Auflage
Baden-Baden 2003
(zit.: von der Groeben/Schwarze/*Bearbeiter* Art. Rn.)

Großerichter, Helge
Ausländische Kapitalgesellschaften im deutschen Rechtsraum: Das deutsche Internationale Gesellschaftsrecht und seine Perspektiven nach der Entscheidung „Überseering"
DStR 2003, S. 159-169

Großfeld, Bernhard
Luttermann, Claus
Anmerkung zu EuGH, Urt. v. 27.09.1988 – Rs. 81/87 – Daily Mail
JZ 1989, S. 386 f.

Rechtsfähigkeit und Qualifikation ausländischer Gesellschaften im Internationalen Steuerrecht
IPRax 1993, S. 229-231

Haase, Florian F.
Die Steuersubjektfähigkeit von Kapitalgesellschaften nach grenzüberschreitenden Sitzverlegungen nach dem Urteil des EuGH vom 5. 11. 2002
SteuerStud 2003, S. 198-202

Habersack, Mathias
Verse, Dirk A.
Europäisches Gesellschaftsrecht
4. Auflage
München 2011

Hachenburg	Gesetz betreffend die Gesellschaften mit beschränkter Haftung (GmbHG) hrsg. v. Ulmer, Peter Erster Band, Allgemeine Einleitung; §§ 1-34 8. Auflage Berlin; New York 1992 (zit.: Hachenburg/*Bearbeiter* § Rn.)
Hahn, Hartmut	DBA- und EG- rechtliche Diskriminierungsverbote – zwei Paar Schuhe BB 2005, S. 521-529
	Überlegungen zum Urteil des EuGH in der Rechtssache National Grid Indus BB 2012, S. 681-687
Hahn, Hartmut Koch, Silke	Die Reaktion der deutschen Finanzverwaltung auf das *Delaware*-Urteil des Bundesfinanzhofs SWI 2005, S. 431-436
Halen, Curt Christian von	Das internationale Gesellschaftsrecht nach dem Überseering-Urteil des EuGH WM 2003, S. 571-578
Hallerbach, Dorothee	Der Einfluß des Zivilrechts auf das Steuerrecht DStR 1999, S. 2125-2130
Haslehner, Werner Christof	Das Konkurrenzverhältnis der Europäischen Grundfreiheiten in der Rechtsprechung des EuGH zu den direkten Steuern IStR 2008, S. 565-575
Heckschen, Heribert	Gründungserleichterungen nach dem MoMiG – Zweifelsfragen in der Praxis DStR 2009, S. 166 -174
Hein, Oliver Suchan, Stefan Geeb, Christoph	MoMiG auf der Schnittstelle von Gesellschafts- und Steuerrecht DStR 2008, S. 2289-2298
Henke, Ulf Lang, Michael	Qualifizierung ausländischer Rechtsgebilde am Beispiel der Delaware-LLC IStR 2001, S. 514-520

Hennrichs, Joachim	Wahlrechte im Bilanzrecht der Kapitalgesellschaften Köln 1999
	Bilanzgestützte Kapitalerhaltung, HGB- Jahresabschluss und Maßgeblichkeitsprinzip – Dinosaurier der Rechtsgeschichte StuW 2005, S. 256-264
	Bilanz- und steuerrechtliche Aspekte der sog. Scheinauslandsgesellschaften in: Festschrift für Norbert Horn Zivil- und Wirtschaftsrecht im Europäischen und Globalen Kontext, S. 387-402 Berlin 2006 (zit.: *Hennrichs*, in: FS Horn, S.)
	Bilanzrechtsmodernisierung – erste Grundsatzfragen aus handels- und gesellschaftsrechtlicher Sicht in: Festschrift für Karsten Schmidt, S. 581-599 Köln 2009 (zit.: *Hennrichs*, in: FS Schmidt, S.)
	Besteuerung von Personengesellschaften – Transparenz- oder Trennungsprinzip FR 2010, S. 721-731
Hennrichs, Joachim Pöschke, Moritz von der Laage, Gudrun Kļaviņa, Zane	Die Niederlassungsfreiheit der Gesellschaften in Europa – Eine Analyse der Rechtsprechung des EuGH und ein Plädoyer für eine Neuorientierung – WM 2009, S. 2009-2016
Henze, Hartwig Hoffmann-Becking, Michael	Gesellschaftsrecht 2003 RWS-Forum 25 Köln 2003 (2004) (zit.: *Bearbeiter*, in: Henze/Hoffmann-Becking, Gesellschaftsrecht 2003, S.)
Herdegen, Matthias	Europarecht 14. Auflage München 2012

Herrler, Sebastian
Schneider, Susanne
Go ahead, come back – von der Limited (zurück) zur GmbH – Zivil- und steuerrechtliche Grundlagen mit Erfahrungsbericht
DStR 2009, S. 2433-2440

Herrmann/Heuer/Raupach
Einkommensteuer- und Körperschaftsteuergesetz
hrsg. v. Hey, Johanna; Prinz, Ulrich; Wendt, Michael
Band X, §§ 11-40 KStG
Losebl., Stand: August 2012
Köln
(zit.: HHR-*Bearbeiter* § Rn.)

Herzig, Norbert
CCCTB-Projekt und Zukunft der Konzernbesteuerung (III)
FR 2009, S. 1037-1042

Die Organschaft im Umbruch
DStR-Beihefter 30/2010, S. 61-67

Herzig, Norbert
Englisch, Joachim
Wagner, Thomas
Steuerliche Berücksichtigung von Verlusten ausländischer Konzerntöchter
Der Konzern 2005, S. 298-318

Herzig, Norbert
Wagner, Thomas
Zukunft der Organschaft im EG-Binnenmarkt
DB 2005, S. 1-9

EuGH-Urteil „Marks & Spencer" – Begrenzter Zwang zur Öffnung nationaler Gruppenbesteuerungssysteme für grenzüberschreitende Sachverhalte
DStR 2006, S. 1-12

EuGH-Urteil Marks & Spencer – Grenzüberschreitende Verlustverrechnung in der Gruppe
Der Konzern 2006, S. 176-186

Heurung, Rainer
Engel, Benjamin
Thiedemann, Bastian
Ertragsteuerliche Organschaft im Lichte des Europarechts
FR 2011, S. 212-219

Hey, Johanna
Personalstatut und Steuerrecht
Der Konzern 2004, S. 577-586

Perspektiven der Unternehmensbesteuerung in Europa
StuW 2004, S. 193-211

Die EuGH-Entscheidung in der Rechtssache Marks & Spencer und die Zukunft der deutschen Organschaft
Haben die Mitgliedstaaten den EuGH domestiziert?
GmbHR 2006, S. 113-123

Spezialgesetzliche Missbrauchsgesetzgebung aus steuersystematischer, verfassungs- und europarechtlicher Sicht
StuW 2008, S. 167-183

Vorrecht des Quellenstaates und binnenmarktkonforme Besteuerung von Kapitalgesellschaften in der Europäischen Union
in: Festschrift für Harald Schaumburg
Steuerzentrierte Rechtsberatung,
S. 767-791
Köln 2009
(zit.: *Hey*, in: FS Schaumburg, S.)

Umsetzung der Rechtsprechung des Europäischen Gerichtshofs im nationalen Steuerrecht
StuW 2010, S. 301-320

Perspektiven der Unternehmensbesteuerung
Gewerbesteuer – Gruppenbesteuerung – Verlustverrechnung – Gewinnermittlung
StuW 2011, S. 131-143

Hirte, Heribert
Bücker, Thomas
Grenzüberschreitende Gesellschaften
2. Auflage
Köln; Berlin; München 2006
(zit.: *Bearbeiter*, in: Hirte/Bücker, Grenzüberschreitende Gesellschaften, § Rn.)

Hobe, Stephan
Europarecht
7. Auflage
Köln 2012

Hochheim, Stephanie Marie-Christine
Der Typenvergleich aus europarechtlicher Sicht
Frankfurt am Main 2009

Hofbauer, Ines	DBA-Diskriminierungsverbote und gemeinschaftsrechtliche Grundfreiheiten in: Lang, Michael; Schuch, Josef; Staringer, Claus Die Diskriminierungsverbote im Recht der Doppelbesteuerungsabkommen, S. 289-318 Wien 2006 (zit.: *Hofbauer*, in: Lang/Schuch/Staringer, Die Diskriminierungsverbote im Recht der Doppelbesteuerungsabkommen, S.)
Hoffmann, Wolf-Dieter	Anmerkung zu BFH, Urt. v. 17.7.2008 – I R 77/06 DB 2008, S. 2286 f.
Hofmeister, Ferdinand	Sind die Rechtsfolgen des § 12 Abs. 1 KStG mit Art. 43, 48 EG-Vertrag vereinbar? in: Festschrift für Franz Wassermeyer Körperschaftsteuer, Internationales Steuerrecht, Doppelbesteuerung, S. 437-449 München 2005 (zit.: *Hofmeister*, in: FS Wassermeyer, S.)
Hohenwarter-Mayr, Daniela	Die Rs. X Holding – ein weiterer Teil im Puzzle der grenzüberschreitenden Gruppenbesteuerung SWI 2010, S. 163-175
Homburg, Stefan	AWD – ein deutscher Anwendungsfall für Marks & Spencer IStR 2009, S. 350-353
	Die unheimliche Nummer Sechs – Eine Entscheidung zum Ausgleich grenzüberschreitender Konzernverluste IStR 2010, S. 246-252
	Anmerkung zum BFH-Beschluss v. 9.11.2010 – I R 16/10, IStR 2011, 110 (= DStR 2011, 169) IStR 2011, S. 111 f.

Jung, Peter	Anwendung der Gründungstheorie auf Gesellschaften schweizerischen Rechts? – Zugleich eine Anmerkung zu den beim BGH anhängigen Revisionsverfahren II ZR 158/06 und II ZR 290/07 – NZG 2008, S. 681-685
Just, Clemens	Die englische Limited in der Praxis 3. Auflage München 2008
Just, Clemens Krämer, Joachim	Limited: Besonderheiten der Buchführung und Abschlusserstellung – im Unterschied zur Handelsbilanz BC 2006, S. 29-32
Kaeser, Christian	Der Gewinnabführungsvertrag als formale Hürde der Organschaft DStR-Beihefter 30/2010, S. 56-61
Kahle, Holger Franke, Verona	Überführung von Wirtschaftsgütern in ausländische Betriebsstätten IStR 2009, S. 406-411
Kallmeyer, Harald	Tragweite des Überseering-Urteils des EuGH vom 5. 11. 2002 zur grenzüberschreitenden Sitzverlegung DB 2002, S. 2521 f.
Kaufer, Svenja	Grenzüberschreitende Organschaft kraft Gemeinschaftsrecht Frankfurt am Main 2006
Kegel, Gerhard Schurig, Klaus	Internationales Privatrecht 9. Auflage München 2004
Kessler, Wolfgang Eicke, Rolf	Die Limited – Fluch oder Segen für die Steuerberatung? DStR 2005, S. 2101-2108
	Gedanken zur grenzüberschreitenden Verlustnutzung nach Lidl Belgium IStR 2008, S. 581-584
Kessler, Wolfgang Huck, Friederike Obser, Ralph Schmalz, Andrea	Wegzug von Kapitalgesellschaften – Teil II – Gesellschafts- und steuerrechtliche Aspekte der Unternehmensverlagerung ins Ausland nach de Lasteyrie du Saillant DStZ 2004, S. 855-868

Kessler, Wolfgang Philipp, Moritz	Zur gemeinschaftsrechtlichen Notwendigkeit der inländischen Berücksichtigung „finaler" Verluste aus EU-Betriebsstätten Anmerkung zur BFH-Judikatur und deren Folgefragen IStR 2010, S. 865-870
	Rechtssache National Grid Indus BV – Ende oder Bestätigung der Entstrickungsbesteuerung? DStR 2012, S. 267-272
Kindler, Peter	Niederlassungsfreiheit für Scheinauslandsgesellschaften? NJW 1999, S. 1993-2000
	Rechtsfähigkeit und Haftungsverfassung der Scheinauslandsgesellschaft in: Festschrift für Werner Lorenz zum 80. Geburtstag, S. 343-355 München 2001 (zit.: Kindler, in: FS Lorenz, S.)
	„Anerkennung" der Scheinauslandsgesellschaft und Niederlassungsfreiheit IPRax 2003, S. 41-44
Klarmann, Stefanie	Körperschaftsteuerliche Organschaft – Entstehung, Inhalt und Problematik der bestehenden deutschen Regelung – IFSt-Schrift Nr. 440 Bonn 2006
Klein, Friedrich	Steuerwesen und Rechtsordnung Finanzarchiv N.F. Bd. 14 (1953/1954), S. 1-20
Kleinert, Jens Nagler, Jürgen Rehm, Helmut	Gewinnbesteuerung nach „Art des Hauses" mittels grenzüberschreitender Organschaft DB 2005, S. 1869-1875
Kleinert, Jens Probst, Peter	Endgültiges Aus für steuerliche Wegzugsbeschränkungen bei natürlichen und juristischen Personen DB 2004, S. 673-675
Kluge, Volker	Das Internationale Steuerrecht 4. Auflage München 2000

Knobbe-Keuk, Brigitte | Umzug von Gesellschaften in Europa
ZHR 154 (1990), S. 325-356

Der Wechsel von der beschränkten zur unbeschränkten Körperschaftsteuerpflicht und vice versa
StuW 1990, S. 372-379

Anmerkung zu BFH, Urt. v. 23.06.1992 – IX R 182/87
DB 1992, S. 2070 f.

Koch, Dirk | Bilanzierung und Gewinnrealisierung bei Einbringung einer 100 %igen Beteiligung in eine ausländische Betriebsstätte
Zugleich Besprechung des Urteils des BFH vom 17.07.2008 – I R 77/06, BB 2008, 2452
BB 2008, S. 2450-2452

Koch, Hans Steffen
Köngeter, Matthias | Grenzüberschreitende Sitzverlegung von Gesellschaften innerhalb der EG – (k)ein Ende der Kontroverse
JURA 2003, S. 692-699

Köhler, Stefan | Der Wegzug von Unternehmen und Unternehmensteilen in die EU
in: Festschrift für Harald Schaumburg
Steuerzentrierte Rechtsberatung,
S. 813-833
Köln 2009
(zit.: *Köhler*, in: FS Schaumburg, S.)

Grenzüberschreitende Outbound-Verschmelzung und Sitzverlegung vor dem Hintergrund der jüngsten BFH-Rechtsprechung
IStR 2010, S. 337-344

Kokott, Juliane
Ost, Hartmut | Europäische Grundfreiheiten und nationales Steuerrecht
EuZW 2011, S. 496-503

Kölner Kommentar zum Aktiengesetz | hrsg. v. Zöllner, Wolfgang; Noack, Ulrich
Einleitungsband
Köln; Berlin; Bonn; München 1984
(zit.: Kölner Komm. AktG/*Bearbeiter* § Rn.)

Körner, Andreas | Europarecht und Beteiligungsaufwendungen
IStR 2006, S. 376-378

	Ent- und Verstrickung IStR 2009, S. 741-750
	Neue Erkenntnisse zur Ent- und Verstrickung Kurze Replik zu Mitschke, IStR 2010, 95 ff. IStR 2010, S. 208-210
	Sofortige Entstrickungsbesteuerung bei Sitzverlegung? Anmerkung zum Aussetzungsbeschluss des FG Rheinland-Pfalz vom 7.1.2011, 1 V 1217/10, IStR 2011, 308 ff. – Zugleich Erwiderung zu Mitschke, IStR 2011, 294 ff. IStR 2011, S. 527-532
	Europarechtliches Verbot der Sofortbesteuerung stiller Reserven beim Transfer ins EU-Ausland Anmerkung zum Urteil des EuGH vom 29.11.2011, C-371/10, IStR 2012, 27 IStR 2012, S. 1-5
Korts, Sebastian Korts, Petra	Die steuerrechtliche Behandlung der in Deutschland tätigen englischen Limited BB 2005, S. 1474-1477
Kropholler, Jan	Internationales Privatrecht 6. Auflage Tübingen 2006
Kube, Hanno	Grenzüberschreitende Verlustverrechnung und die Zuordnung von Verantwortung IStR 2008, S. 305-312
Kußmaul, Heinz Ruiner, Christoph	Ausgewählte Charakteristika der Limited mit ausschließlicher Geschäftstätigkeit in Deutschland im Licht der aktuellen Gesetzesänderungen IStR 2007, S. 696-699
Kußmaul, Heinz Niehren, Christoph	Grenzüberschreitende Verlustverrechnung im Lichte der jüngeren EuGH-Rechtsprechung IStR 2008, S. 81-87

Die Organschaft im Spannungsfeld der EG-Grundfreiheiten – Eine Analyse der organschaftlichen Tatbestandvoraussetzungen
in: Festschrift für Christiana Djanani
Deutsches und internationales Steuerrecht
Gegenwart und Zukunft, S. 177-204
Wiesbaden 2009
(zit.: *Kußmaul/Niehren*, in: FS Djanani, S.)

Lausterer, Martin — Die deutsche Wegzugsbesteuerung nach dem EuGH-Urteil *de Lasteyrie du Saillant*
DStZ 2004, S. 299-302

Lehner, Moris — Die steuerliche Ansässigkeit von Kapitalgesellschaften
RIW 1988, S. 201-214

Leible, Stefan
Hoffmann, Jochen — „Überseering" und das (vermeintliche) Ende der Sitztheorie
RIW 2002, S. 925-936

Cartesio – fortgeltende Sitztheorie, grenzüberschreitender Formwechsel und Verbot materiellrechtlicher Wegzugsbeschränkungen
BB 2009, S. 58-63

Leuering, Dieter — Neue Entwicklungen im internationalen Gesellschaftsrecht
NJW-Spezial 2008, S. 111 f.

Von Scheinauslandsgesellschaften hin zu „Gesellschaften mit Migrationshintergrund"
ZRP 2008, S. 73-77

Lieber, Bettina — Abzugsfähigkeit von Beträgen, die eine Gesellschaft als Konzernbeitrag gezahlt hat („Oy AA")
jurisPR-SteuerR 39/2007 Anm. 5

Besteuerung latenter Wertzuwächse
jurisPR-SteuerR 46/2006 Anm. 5

Lüdicke, Jürgen — Darf im Internationalen Steuerrecht noch differenziert werden?
in: Festschrift für Franz Wassermeyer
Körperschaftsteuer, Internationales Steuerrecht, Doppelbesteuerung,
S. 473-488
München 2005
(zit.: *Lüdicke*, in: FS Wassermeyer, S.)

Lutter, Marcus — „Überseering“ und die Folgen
BB 2003, S. 7-10

Maul, Silja
Schmidt, Claudia — Inspire Art – Quo vadis Sitztheorie?
BB 2003, S. 2297-2300

Mayr, Gunter — Moderne Konzernbesteuerung im Lichte der EuGH-Rechtsprechung
BB 2008, S. 1312-1317

Endgültige Verluste im Sinne von Marks & Spencer
BB 2008, S. 1816-1819

Moderne Gruppenbesteuerung für Deutschland? – zehn Vorschläge aus den Praxiserfahrungen Österreichs
IStR 2010, S. 633-638

Meilicke, Wienand — Anmerkung zu EuGH, Urt. v. 09.03.1999 – C-212/97 – Centros
DB 1999, S. 627 f.

Die Neuregelung der steuerlichen Organschaft über die Grenze
DB 2002, S. 911-917

Die Niederlassungsfreiheit nach Überseering
GmbHR 2003, S. 793-809

Kommentar zu EuGH, Urt. v. 30.09.2003 – C-167/01 – Inspire Art
GmbHR 2003, S. 1271-1273

Vertragsverletzungsverfahren wegen Diskriminierung von nach ausländischem Recht errichteten Gesellschaften
DB 2009, S. 653

Meincke, Jens Peter
Anmerkung zu BVerfG, StuW 1992, 186-188
StuW 1992, S. 188-190

Micker, Lars
Europarechtswidrigkeit der Organschaftsbesteuerung im Körperschaft- und Gewerbesteuerrecht
DB 2003, S. 2734-2738

Mitschke, Wolfgang
Aufgabe der „finalen Entnahmetheorie"
FR 2008, S. 1144-1146

Nochmals: Aufgabe der „finalen Entnahmetheorie" – Nachlese zum BFH-Urteil I R 77/06, FR 2008, 1149
FR 2009, S. 326-331

Keine grenzüberschreitende Organschaft zum europarechtlichen „Nulltarif"! Erwiderung auf den Beitrag von Klaus von Brocke in DStR 2010, 964 ff.
DStR 2010, S. 1368-1372

Anmerkung zu BFH, Urt. v. 09.06.2010 – I R 100/09
IStR 2010, S. 672

Ergebnisabführungsvertrag „über die Grenze" und Abzug finaler Verluste ausländischer Tochtergesellschaften – Zugleich eine Erwiderung auf die Anmerkung von Homburg zu BFH-Urteil I R 16/10 (IStR 2011, 111)
IStR 2011, S. 185-189

Kein steuerfreier Exit stiller Reserven bei Sitzverlegung einer SE von Deutschland nach Österreich Anmerkungen zum Aussetzungsbeschluss des FG Rheinland-Pfalz vom 7.1.2011, 1 V 1217/10
IStR 2011, S. 294-299

Keine Diskriminierung nach Art. XX Abs. 4 DBA-Großbritannien in Fällen ausländerbeherrschter Inlandskapitalgesellschaften
IStR 2011, S. 537-542

National Grid Indus – Ein Phyrrussieg für die Gegner der Sofortversteuerung? Zugleich eine Erwiderung auf Körner, IStR 2012, 1
IStR 2012, S. 6-12

Möhlenbrock, Rolf	Die Behandlung einer britischen „Schein"-Limited im deutschen Recht in: Festschrift für Harald Schaumburg Steuerzentrierte Rechtsberatung, S. 913-938 Köln 2009 (zit.: *Möhlenbrock*, in: FS Schaumburg, S.)
Möllmann, Peter	Anmerkung zu EuGH, Urt.v. 25.02.2010 – C-337/08 – X Holding BV SteuK 2010, S. 194
Mörsdorf, Oliver	Beschränkung der Mobilität von EU-Gesellschaften im Binnenmarkt – eine Zwischenbilanz EuZW 2009, S. 97-102
Mössner, Jörg	Anmerkung zu BFH IStR 2011, 345-349 (= DStR 2011, 762) IStR 2011, S. 349 f.
Müller, Klaus J.	Die englische Limited in Deutschland – für welche Unternehmen ist sie tatsächlich geeignet? BB 2006, S. 837-843
Müller, Wolfgang Müller, Sebastian	Begrenzte Möglichkeiten einer grenzüberschreitenden Verlustanrechnung – eine Nachbetrachtung zur EuGH-Entscheidung in der Rechtssache Marks & Spencer GmbHR 2006, S. 301-303
Münchener Kommentar	Aktiengesetz §§ 1-75 (Bd. 1) hrsg. v. Goette, Wulf; Habersack, Mathias; Kalss, Susanne 3. Auflage München 2008 (zit.: MünchKommAktG/*Bearbeiter* § Rn.)
Münchener Kommentar	Internationales Wirtschaftsrecht Art. 50-245 EGBGB (Bd. 11) Redakteur: Sonnenberger, Hans Jürgen 5. Auflage München 2010 (zit.: MünchKomm/*Bearbeiter* Bereich Rn.)
Neye, Hans-Werner	Kurzkommentar zum Vorlageverfahren in der Rechtssache „Cartesio" EwiR 2006, S. 459 f.

Oppermann, Robert — Steuerrechtliche Folgen der Verlegung des Sitzes und des Orts der Geschäftsleitung von ausländischen Kapitalgesellschaften in das Inland
DB 1988, S. 1469-1472

Pache, Sven — Die Urteile des BFH und des BGH vom 29.1.2003 als erste Reaktionen auf die Überseering-Entscheidung des EuGH
IStR 2003, S. 808-812

Pache, Sven
Englert, Max — Grenzüberschreitende Verlustverrechnung deutscher Konzernspitzen – Ist die Organschaft noch zu retten?
IStR 2007, S. 47-53

„Das Spiel ist aus!" – Kein positives Signal des EuGH für ein binnenmarktorientiertes Konzernbesteuerungsrecht
IStR 2007, S. 844-850

Die Rechtssache X Holding BV – das endgültige Ende der Hoffnungen auf ein vom EuGH postuliertes europäisches Gruppenbesteuerungssystem
IStR 2010, S. 448-452

Pahlke, Armin
Koenig, Ulrich — Abgabenordnung
2. Auflage
München 2009
(zit.: Pahlke/Koenig/*Bearbeiter* § Rn.)

Palandt, Otto — Bürgerliches Gesetzbuch
71. Auflage
München 2012
(zit.: Palandt/*Bearbeiter* § Rn.)

Pohl, Dirk — Die „deutsche Limited"
in: Festschrift für Arndt Raupach
Steuer- und Gesellschaftsrecht zwischen Unternehmerfreiheit und Gemeinwohl,
S. 375-389
Köln 2006
(zit.: *Pohl,* in: FS Raupach, S.)

Prinz, Ulrich — Gesetzgeberische Wirrungen um Grundsätze der Betriebsstättenbesteuerung
DB 2009, S. 807-812

Gedankensplitter zur konzeptionellen Fortentwicklung des steuerlichen Organschaftsrechts Diskussionsbeitrag zum 2. Münchner Unternehmenssteuerforum
DStR-Beihefter 30/2010, S. 67-72

Prinz, Ulrich
Freeden, Arne von
Steuer- und bilanzrechtliche Auswirkungen der EuGH-Entscheidung >>Inspire Art Ltd.<<
Der Konzern 2004, S. 318-325

Rainer, Anno
Anmerkung zu EuGH, Urt. v. 25.02.2010 – C-337/08 – X Holding BV
EuZW 2010, S. 515-517

Rauscher, Thomas
Internationales Privatrecht
4. Auflage
Heidelberg 2012

Raupach, Arndt
Pohl, Dirk
Die Rechtssache Marks & Spencer
Konzernsteuerrecht auf dem Prüfstand des EuGH – Rückwirkungen auf das Konzernrecht
NZG 2005, S. 489-492

Rehm, Helmut
Nagler, Jürgen
Kommentar zu BFH GmbHR 2008, 1174
GmbHR 2008, S. 1175 f.

Richter, Dirk
Die französische Wegzugsbesteuerung auf dem EuGH-Prüfstand
IStR 2003, S. 157-159

Richter, Lutz
Anmerkung zu EuGH, Urt. v. 16.12.2008 – C-210/06 – Cartesio
IStR 2009, S. 64-66

Riegger, Bodo
Centros – Überseering – Inspire Art: Folgen für die Praxis
ZGR 2004, S. 510-530

Rödder, Thomas
Steuerfreier Exit von stillen Reserven beim Wegzug von Unternehmen aus Deutschland?
IStR 2005, S. 297-299

Rödder, Thomas
Schönfeld, Jens
Abschied (auslandsbeherrschter) inländischer Kapitalgesellschaften von der deutschen Ertragsteuerpflicht? Erste Anmerkungen zum überraschenden Urteil des BFH v. 9.2.2011 (I R 54, 55/10, DStR 2011, 762)
DStR 2011, S. 886-890

Rödder, Thomas
Schumacher, Andreas

Das kommende SEStEG – Teil I: Die geplanten Änderungen des EStG, KStG und AStG – Der Regierungsentwurf eines Gesetzes über steuerliche Begleitmaßnahmen zur Einführung der Europäischen Gesellschaft und zur Änderung weiterer steuerrechtlicher Vorschriften
DStR 2006, S. 1481-1494

Das SEStEG – Überblick über die endgültige Fassung und die Änderungen gegenüber dem Regierungsentwurf
DStR 2007, S. 369-377

Rohde, Andreas

Limited versus GmbH – ein Rechtsformvergleich
INF 2006, S. 24-29

Roser, Frank

Überführung von Wirtschaftsgütern ins Ausland – eine Grundsatzentscheidung mit vielen Fragen
DStR 2008, S. 2389-2397

Rowedder, Heinz
Schmidt-Leithoff, Christian

Gesetz betreffend die Gesellschaften mit beschränkter Haftung (GmbHG)
4. Auflage
München 2002
(zit.: Rowedder/Schmidt-Leithoff/*Bearbeiter* § Rn.)

Rust, Alexander

Meistbegünstigungsklauseln in Doppelbesteuerungsabkommen
in: Cordewener, Axel; Enchelmaier, Stefan; Schindler, Clemens Philipp
Meistbegünstigung im Steuerrecht der EU-Staaten
Münchener Schriften zum Steuerrecht, Heft 26, S. 77-92
München 2006
(zit.: *Rust*, in: Cordewener/Enchelmaier/Schindler, Meistbegünstigung im Steuerrecht der EU-Staaten, S.)

Ermöglichen Diskriminierungsverbote eine Organschaft über die Grenze?
– Anmerkung zum Urteil des BFH vom 29.01.2003, IStR 2003, 422 – IStR 2003,
S. 658-661

Rechtsfolgen EG-rechtswidriger Normen
IStR 2009, S. 382-386

Sack, Rolf	Auswirkungen der Art. 52, 58 EWGV auf das internationale Gesellschaftsrecht – EuGH, NJW 1989, 2186 JuS 1990, S. 352-356
Sandrock, Otto	BB-Forum: Nach Inspire Art – Was bleibt vom deutschen Sitzrecht übrig? BB 2003, S. 2588 f.
Schanze, Erich Jüttner, Andreas	Anerkennung und Kontrolle ausländischer Gesellschaften – Rechtslage und Perspektiven nach der Überseering-Entscheidung des EuGH AG 2003, S. 30-36
	Die Entscheidung für Pluralität: Kollisionsrecht und Gesellschaftsrecht nach der EuGH-Entscheidung „Inspire Art" AG 2003, S. 661-671
Schärf, Wolf-Georg	Steuerliche Folgen grenzüberschreitender Sitzverlegungen und Niederlassungsfreiheit SWI 2004, S. 548-554
Schaumburg, Harald	Internationales Steuerrecht 2. Auflage Köln 1998 3. Auflage Köln 2011
	Systemdefizite im internationalen Steuerrecht StuW 2000, S. 369-377
	Zuzug und Wegzug von Kapitalgesellschaften im Steuerrecht in: Lutter, Marcus Europäische Auslandsgesellschaften in Deutschland, S. 403-431 Köln 2005 (zit.: *Schaumburg*, in: Lutter, Europäische Auslandsgesellschaften in Deutschland, S.)
	Zuzug von Unternehmen Der Konzern 2005, S. 347-356
Schaumburg, Heide Schaumburg, Harald	Steuerliche Leistungsfähigkeit und europäische Grundfreiheiten im internationalen Steuerrecht StuW 2005, S. 306-316

Scheunemann, Marc P. RIW-Kommentar zu EuGH, Urt. v. 13.12.2005 – C-446/03 – Marks & Spencer
RIW 2006, S. 79 f.

Praktische Anforderungen einer grenzüberschreitenden Verlustberücksichtigung im Konzern in Inbound- und Outboundfällen nach der Entscheidung Marks & Spencer
IStR 2006, S. 145-154

Schilcher, Michael
Stefaner, Markus C. Die Anwendung des Staatsangehörigendiskriminierungsverbots (Art. 24 Abs. 1 OECD-MA) auf juristische Personen und Personengesellschaften
in: Lang, Michael; Schuch, Josef; Staringer, Claus
Die Diskriminierungsverbote im Recht der Doppelbesteuerungsabkommen,
S. 137-165
Wien 2006
(zit.: *Schilcher/Stefaner* in: Lang/Schuch/Staringer, Die Diskriminierungsverbote im Recht der Doppelbesteuerungsabkommen, S.)

Schindler, Clemens Philipp Hughes de Lasteyrie du Saillant als Ende der (deutschen) Wegzugsbesteuerung
IStR 2004, S. 300-310

Schmidt, Karsten Gesellschaftsrecht
4. Auflage
Köln; Berlin; Bonn; München 2002
(zit.: K. Schmidt, Gesellschaftsrecht, § I 1a))

Publizität von „Schein-Auslandsgesellschaften" durch Firmenrecht und durch Angaben auf Geschäftsbriefen
in: Lutter, Marcus
Europäische Auslandsgesellschaften in Deutschland, S. 15-48
Köln 2005
(zit.: *K. Schmidt,* in: Lutter, Europäische Auslandsgesellschaften in Deutschland, S.)

Schmidt, Richard
Sedemund, Jan Der ertragsteuerliche Status doppelansässiger Kapitalgesellschaften vor und nach dem „Centros"-Urteil des EuGH
DStR 1999, S. 2057-2064

Schmidtbleicher, Roland	Verwaltungssitzverlegung deutscher Kapitalgesellschaften in Europa: 'Sevic' als Leitlinie für 'Cartesio'? BB 2007, S. 613-616
Schneider, Norbert Oepen, Wolfgang	Finale Entnahme, Sicherstellung stiller Reserven und Entstrickung FR 2009, S. 22-29
Schnitger, Arne	Verstoß der Wegzugsbesteuerung (§ 6 AStG) und weiterer Entstrickungsnormen des deutschen Ertragsteuerrechts gegen die Grundfreiheiten des EG-Vertrags BB 2004, S. 804-813
Scholz, Franz	Kommentar zum GmbH-Gesetz Bd. I, §§ 1-34 10. Auflage Köln 2006 (zit.: Scholz/*Bearbeiter* § Rn.)
Schön, Wolfgang	Besteuerung im Binnenmarkt – die Rechtsprechung des EuGH zu den direkten Steuern IStR 2004, S. 289-300
	Die zivilrechtlichen Voraussetzungen steuerlicher Leistungsfähigkeit StuW 2005, S. 247-255
	EU-Auslandsgesellschaften im deutschen Handelsbilanzrecht in: Festschrift für Andreas Heldrich, S. 387-403 München 2005 (zit.: *Schön*, in: FS Heldrich, S.)
Schulze-Osterloh, Joachim	Zivilrecht und Steuerrecht AcP 190 (1990), S. 139-164
Schumann, Alexander	Die englische Limited mit Verwaltungssitz in Deutschland: Buchführung, Rechnungslegung und Strafbarkeit wegen Bankrotts ZIP 2007, S. 1189-1196
Schwenke, Michael	Europarechtliche Vorgaben und deren Umsetzung durch das SEStEG DStZ 2007, S. 235-247

	Grenzüberschreitender Verlusttransfer – EuGH-Rechtsprechung und Reaktionen des Gesetzgebers – Ubg 2010, S. 325-329
Sedemund, Jan	Der BFH verabschiedet sich von der Sitztheorie im Steuerrecht BB 2003, S. 1362-1364
	Die mittelbare Wirkung der Grundfreiheiten für in Drittstaaten ansässige Unternehmen nach den EuGH-Urteilen Fidium Finanz AG und Cadburry Schweppes BB 2006, S. 2781-2786
	Grenzüberschreitende Berücksichtigung von Betriebsstättenverlusten DB 2008, S. 1120-1123
Seiler, Christian Axer, Georg	Die EuGH-Entscheidung im Fall „Lidl Belgium" als (Zwischen-)Schritt auf dem Weg zur Abstimmung von nationaler Steuerhoheit und europäischem Recht IStR 2008, S. 838-844
Siehr, Kurt	Internationales Privatrecht Heidelberg 2001
Sörgel, Michael	Körperschaftsteuerliche Auswirkungen der „Centros"-Entscheidung des EuGH DB 1999, S. 2236-2238
Soergel	Bürgerliches Gesetzbuch hrsg. v. Siebert, Wolfgang Band 10 Einführungsgesetz 12. Auflage Stuttgart; Berlin; Köln 1996 (zit.: Soergel/*Bearbeiter* Art. Rn.)
Spahlinger, Andreas Wegen, Gerhard	Internationales Gesellschaftsrecht in der Praxis München 2005 (zit.: *Bearbeiter,* in: Spahlinger/Wegen, Internationales Gesellschaftsrecht in der Praxis, Rn.)

Staudinger — Kommentar zum Bürgerlichen Gesetzbuch mit Einführungsgesetz und Nebengesetzen
EGBGB/IPR
Internationales Gesellschaftsrecht
Neubearbeitung 1998
Berlin 1998
(zit.: Staudinger/*Bearbeiter* Bereich Rn.)

Stefaner, Markus Christoph
Weninger, Patrick — Gruppenbesteuerung und Gemeinschaftsrecht
SWI 2004, S. 441-449

Stehle, Stefan — Keine Unternehmensmitbestimmung in zuziehenden EU-Scheinauslandsgesellschaften
JURA 2009, S. 8-18

Stein, Thomas — Doppelt ansässige Kapitalgesellschaften
Lohmar – Köln 2007

Stewen, Tobias — Europäisches Anerkennungsprinzip und deutscher Typenvergleich
FR 2007, S. 1047-1055

Der EuGH und die nationale Steuerhoheit – Spannungsverhältnis und Konfliktlösung
EuR 2008, S. 445-467

Streinz, Rudolf — Europarecht
9. Auflage
Heidelberg 2012

Stürner, Michael — Zur Anerkennung US-amerikanischer Gesellschaften in Deutschland
IPrax 2005, S. 305-308

Teichmann, Christoph — Anmerkung zu EuGH, Urt. v. 16.12.2008 – C-210/06 – Cartesio
LMK 2009, 275584

Thiel, Jochen — Der fortschreitende Einfluss des EuGH auf die Ertragsbesteuerung der Unternehmen – Aktuelle Urteile und anhängige Verfahren
DB 2004, S. 2603-2609

Thömmes, Otmar — EG-Grundfreiheiten und deutsches Steuerrecht
JbFStR 1997/1998, S. 90-126

Thömmes, Otmar
Linn, Alexander
Verzinsung und Sicherheitsleistung bei aufgeschobener Fälligkeit von Steuern im Wegzugsfall
IStR 2012, S. 282-289

Tiedtke, Klaus
Mohr, Martin
Die Grundfreiheiten als zulässiger Maßstab für die direkten Steuern
EuZW 2008, S. 424-428

Tipke, Klaus
Die Steuerrechtsordnung
Band I
2. Auflage
Köln 2000

Steuerrecht und bürgerliches Recht
JuS 1970, S. 149-154

Tipke, Klaus
Lang, Joachim
Steuerrecht
21. Auflage
Köln 2013
(zit.: *Bearbeiter*, in: Tipke/Lang, Steuerrecht, § Rn.)

Tippelhofer, Martina
Lohmann, Adrian
Niederlassungsfreiheit vs. Kapitalverkehrsfreiheit: Analyse der jüngeren Rechtsprechung des EuGH zu den direkten Steuern – Zugleich Anmerkung zum EuGH-Urteil in der Rechtssache Burda (C-284/06)
IStR 2008, S. 857-864

Toifl, Gerald
Gemeinschaftsrechtskonforme Interpretation der DBA-rechtlichen Diskriminierungsverbote
SWI 2004, S. 325-332

Triebel, Volker
Hase, Karl von
Wegzug und grenzüberschreitende Umwandlung deutscher Gesellschaften nach „Überseering" und „Inspire Art"
BB 2003, S. 2409-2417

Vogel, Klaus
Lehner, Moris
Doppelbesteuerungsabkommen
5. Auflage
München 2008
(zit.: Vogel/Lehner/*Bearbeiter*, DBA, Art. Rn.)

Wachter, Thomas
Die englische private limited company im deutschen Steuerrecht (Teil 2)
FR 2006, S. 393-406

Wagner, Klaus-R.
„Überseering" und die Folgen für das Steuerrecht
GmbHR 2003, S. 684-693

Wagner, Thomas	Finnische Gruppenbesteuerung vor dem EuGH – Das Urteil in der Rechtssache Oy AA und seine Folgen für die Organschaft IStR 2007, S. 650-654
Wassermeyer, Franz	Kann eine ausländische Kapitalgesellschaft im Inland unbeschränkt steuerpflichtig sein? DB 1990, S. 244 f.
	Überseering aus der Sicht des Steuerrechts EuZW 2003, S. 257
	Verliert Deutschland im Fall der Überführung von Wirtschaftsgütern in eine ausländische Betriebsstätte das Besteuerungsrecht? DB 2006, S. 1176-1180
	Das Besteuerungsrecht für nachträgliche Einkünfte im internationalen Steuerrecht IStR 2010, S. 461-466
Weber, Jörg-Andreas	Die Unternehmergesellschaft (haftungsbeschränkt) BB 2009, S. 842-848
Weis, Roland	Rechnungslegungspflichten von EU-Scheinauslandsgesellschaften im Land ihrer tatsächlichen wirtschaftlichen Betätigung Frankfurt am Main 2009
Weller, Marc-Philippe	Zum identitätswahrenden Wegzug deutscher Gesellschaften DStR 2004, S. 1218-1220
	Die „Wechselbalgtheorie" in: Festschrift für Wulf Goette, S. 583-599 München 2011 (zit.: *Weller*, in: FS Goette, S.)
Wernsmann, Rainer Nippert, Allit	Gemeinschaftsrechtliche Vorgaben für die grenzüberschreitende Verlustberücksichtigung im Konzern FR 2006, S. 153-163
Werra, Matthias Teiche, Andreas	Das SEStEG aus der Sicht international tätiger Unternehmen DB 2006, S. 1455-1462

Wiedemann, Herbert	Gesellschaftsrecht Band II, Recht der Personengesellschaften München 2004
Windbichler, Christine	Gesellschaftsrecht 22. Auflage München 2009
Wunderlich, Nina Blaschke, Christoph	Die Gewährleistung der Kapitalverkehrsfreiheit in Bezug auf Drittstaaten – Neuere Entwicklungen in der Rechtsprechung des EuGH IStR 2008, S. 754-762
Zimmer, Daniel	Internationales Gesellschaftsrecht Heidelberg 1996
	Nach „Inspire Art“: Grenzenlose Gestaltungsfreiheit für deutsche Unternehmen? NJW 2003, S. 3585-3592
Zimmer, Daniel Naendrup, Christoph	Das Cartesio-Urteil des EuGH: Rück- oder Fortschritt für das internationale Gesellschaftsrecht? NJW 2009, S. 545-550
Zöllner, Wolfgang	Konkurrenz für inländische Kapitalgesellschaften durch ausländische Rechtsträger, insbesondere durch die englische Private Limited Company GmbHR 2006, S. 1-12

Schriften zum Gesellschafts-, Bilanz- und Unternehmensteuerrecht

Herausgegeben von Joachim Hennrichs

Band 1 Moritz Pöschke: Eigenkapital mittelständischer Gesellschaften nach IAS/IFRS. 2009.

Band 2 Ulrike Lehmann: Gesellschaftsrechtliche Gestaltungen im Erbschaft- und Schenkungsteuerrecht. Eine Untersuchung der Erbschaft- und Schenkungsteuersubjektivität der Personengesellschaft sowie der mittelbaren Anteilsschenkung. 2009.

Band 3 Christian Graw: Das Konzept der Anteilseignerbesteuerung nach § 22 UmwStG 2006 – insbesondere im Vergleich zu § 21 UmwStG 1995. 2009.

Band 4 Christopher M. Picot: Die Rechte der Aktionäre beim Delisting börsennotierter Gesellschaften. 2009.

Band 5 Pascal Alexander Salomon: Regelungsaufträge in der Societas Privata Europea. Einführung in eine neue Rechtsform unter besonderer Berücksichtigung des Gesetzgebungsinstruments des Regelungsauftrages. 2010.

Band 6 Anna Sabrina Cryns: Gesellschafterfremdfinanzierung in Frankreich und Zinsschranke – ein Rechtsvergleich. 2011.

Band 7 Björn Karst: Das Marktmanipulationsverbot gem. § 20a WpHG. Unter besonderer Berücksichtigung der „Safe-Harbor"-Regelung. 2011.

Band 8 Ulrike Petig: Verdeckte Sacheinlagen im GmbH- und Aktienrecht. Die Veränderungen durch MoMiG und ARUG. 2012.

Band 9 Jochen Möller: Vorteilsanrechnung bei nützlichen Pflichtverletzungen im Kapitalgesellschafts- und Kartellrecht. 2012.

Band 10 Alexander Kersten: Zinsschranke und IFRS. Rechtssystematische Einordnung einer punktuellen Maßgeblichkeit der IFSR im Steuerrecht am Beispiel der Zinsschranke. 2012.

Band 11 Tobias Strohmeier: Special Purpose Acquisition Companies. SPACs im Spannungsfeld von deutschem Aktien- und Kapitalmarktrecht. 2012.

Band 12 Ruth Winter: Die steuerliche Behandlung von Scheinauslandsgesellschaften. Eine Untersuchung zur doppelansässigen Kapitalgesellschaft. 2013.

www.peterlang.de

www.ingramcontent.com/pod-product-compliance
Ingram Content Group UK Ltd.
Pitfield, Milton Keynes, MK11 3LW, UK
UKHW041823290926
8980IPUK00002B/17

9 783631 640678